TEOLOGÍA DE LA SANTIFICACIÓN

La espiritualidad del cristiano

Leopoldo Sánchez M. PhD

BIBLIOTECA TEOLÓGICA CONCORDIA

EDITORIAL CONCORDIA • SAINT LOUIS

3558 South Jefferson Avenue, Saint Louis, Missouri, 63118-3968 U.S.A.
1-877-450-8694 • www.editorial.cph.org

Editor: Rev. Héctor E. Hoppe
Ilustración de la tapa: por Dover Publications, Inc. Utilizada con permiso.

Editorial Concordia es la división hispana de Concordia Publishing House.

Impreso en los Estados Unidos de América

1 2 3 4 5 6 7 8 9 10 19 18 17 16 15 14 13

Sobre el autor

Leopoldo A. Sánchez M. nació en Chile, se crió en Panamá, y realizó estudios de teología en los Estados Unidos de América. Se graduó como Bachiller en Teología en Concordia University Wisconsin, Mequon, Wisconsin; realizó su Maestría en Divinidad en Concordia Theological Seminary, Fort Wayne, Indiana; y se hizo acreedor al Doctorado de Filosofía en Teología en Concordia Seminary, Saint Louis, Missouri. Durante su ministerio el Dr. Sánchez ha tenido el honor de convivir y trabajar con iglesias y misiones hispanas luteranas en Venezuela y en California. Actualmente forma parte de la facultad de Teología Sistemática de Concordia Seminary, Saint Louis, y es Director de su Centro de Estudios Hispanos. Vive con su esposa Tracy Lynn y sus hijos Lucas Antonio y Ana Victoria en Saint Louis.

CONTENIDO

DEDICATORIA

Dedico esta obra a la abuela Lita en Panamá y a la abuela Lola en Chile, mujeres de oración y vocación, por sus tantas plegarias y arduas labores –Dios sabe cuántas– en pro de sus familias.

A mamá Conzuelo y papá Carlos por enseñarnos mediante sus muchos sacrificios la dimensión moral de la vocación como servicio al prójimo. A mi hermano Vince, quien a través de los años ha sido agraciado con fe en el Señor, las oraciones y el amor de muchos, y el preciado don de la salud. A mis suegros Kathy y Tom por inculcar a sus hijos la importancia de dar gracias a Dios aún por las cosas más sencillas de esta vida.

A mis estudiantes y a todos los egresados del Instituto Hispano de Teología (hoy en día, Centro de Estudios Hispanos) del Seminario Concordia en este vigésimo quinto aniversario de labores y bendiciones. A su facultad y colaboradores a través de los años, por sus muchas plegarias y consciente labor educativa en pro de la formación de hispanos e hispanas para ejercer las dignas vocaciones de pastor y diaconisa en la iglesia.

Finalmente, a mi esposa Tracy, maestra y ancla del hogar Sánchez Von Behren, quien por medio de sus oraciones nos pone en las manos del Padre a diario y mediante sus vocaciones como madre y esposa ha traído gozo a la vida de Lucas, Ana y Leopoldo, haciendo de nuestra casa una escuela de fe y amor.

Concordia en este vigésimo quinto aniversario de labores y bendiciones. A su facultad y colaboradores a través de los años, por sus muchas plegarias y consciente labor educativa en pro de la formación de hispanos e hispanas para ejercer las dignas vocaciones de pastor y diaconisa en la iglesia.

Finalmente, a mi esposa Tracy, maestra y ancla del hogar Sánchez Von Behren, quien por medio de sus oraciones nos pone en las manos del Padre a diario y mediante sus vocaciones como madre y esposa ha traído gozo a la vida de Lucas, Ana y Leopoldo, haciendo de nuestra casa una escuela de fe y amor.

INTRODUCCIÓN

En mi primer libro *Pneumatología* exploré las bases de una teología del Espíritu Santo desde una perspectiva cristológica. Mi intención fue desarrollar la siguiente tesis: "A la luz de la presencia del Espíritu de Dios en la creación y sobre todo en la humanidad de Cristo, argumento que la espiritualidad del cuerpo de Cristo, la iglesia en el mundo, tiene una dimensión personal y dinámica de carácter corporal y comunitario."[1] Este argumento de corte cristológico-trinitario, inspirado en la inhabitación del Espíritu en el Hijo encarnado (cristología pneumatológica) y el envío del Espíritu al mundo por parte del Hijo glorificado (pneumatología cristológica), fue la suposición que guió, y el hilo que entretejió toda la presentación del Espíritu Santo en relación a las doctrinas de la creación y la Trinidad, así como la cristología y la eclesiología.

De forma general, ese tratado empieza a sugerir también una espiritualidad, una forma de pensar y ser iglesia, que se inspira en una visión del Espíritu Santo muy despegada de lo que se considera "espiritual" hoy en día. Según el pensamiento filosófico platónico o derivados, que sitúan la idea o la forma de alguna realidad por encima de la realidad material percibida por los sentidos, es común aún entre la gente hoy en día pensar acerca del "espíritu" como el antónimo de la "materia". Sin embargo, la íntima relación del Espíritu Santo con el Hijo en su realidad histórica y humana, no nos permite "espiritualizar" a lo platónico el discurso bíblico acerca del Espíritu. Divorciar al Espíritu de la materia, por decirlo así, es perder la asociación de la tercera persona con el misterio de Cristo y su iglesia en la economía divina de la nueva creación. El Espíritu actúa por medios de la creación, santificándola, llevándola a su fin en Cristo según el plan de Dios Padre. Por eso me encanta cómo Congar se refiere a la visión bíblica del Espíritu en términos de "corporeidad sutil".[2]

---

1 Leopoldo Sánchez, *Pneumatología. El Espíritu Santo y la espiritualidad de la iglesia* (St. Louis: Editorial Concordia, 2005), p. 12.

2 Yves M. J. Congar, *El Espíritu Santo*, vol. 1. Traducido por Abelardo Martínez de Lapera (Barcelona: Editorial Herder, 1983), p. 30.

Aunque el Espíritu Santo se distingue de la creación, y se puede hablar de éste en términos de inmaterialidad, tal discurso es penúltimo. Más crítico es decir que el Espíritu actúa entre nosotros, en la creación, en la historia, morando en la carne del Hijo unigénito y los hijos adoptados por gracia. El Espíritu "se ensucia las manos", por decirlo así, como el granjero que no teme ponerse en contacto con la tierra para llevar a cabo su importante oficio. El Espíritu no se esfuma en las nubes. Habita en el Hijo que nace en pobre pesebre y sufre hasta la cruz. Así también camina con los discípulos del Hijo en el mundo cuando hay que cargar la cruz. El Espíritu no se revela en un Cristo espiritual desencarnado sino mediante el cuerpo espiritual del Cristo resucitado. Así también se ha hecho para el creyente arras de su resurrección corporal, haciéndolo hermano del Hijo primogénito. El Espíritu se digna asociarse con el misterio de la encarnación sin asumir en su propia persona la naturaleza humana que sólo el Hijo asume. Actúa el Espíritu en la economía de la creación y la redención sin reducir su obra santificadora al mundo y la historia. Así pues, se evitan pneumatologías de tipo espiritualista como la gnóstica (o la neo-gnóstica de la Nueva Era) que desea trascender el cuerpo y el mundo para hacerse más "espiritual" o divino, pero también la de tipo materialista o secularista que pretende reducir el Espíritu Santo a procesos sociopolíticos.

Al tratar de la presencia y actividad del Espíritu Santo en Jesús (realidad a la que me refiero a menudo como la vida del Hijo *in spiritu* o "en el Espíritu"), mi primera obra se aparta de visiones individualistas de la vida cristiana y propone una pneumatología para la iglesia más personalista y comunitaria. Después de todo, la misión del Hijo *in spiritu* se caracteriza por el servicio a los demás hasta la cruz y por el envío de una comunidad de discípulos al mundo cuyo fin es vivir no para sí mismos sino en fidelidad al Padre y su misión en el mundo; cada quien según su vocación cristiana. La vida de la iglesia adquiere entonces una forma cristológica –y más allá, cruciforme– que le da el Espíritu en el mundo. La vida en el Espíritu es un negarse a sí mismo para darle espacio al prójimo que nos necesita, que Dios ha puesto en nuestro camino para servirle con el evangelio de Cristo y las buenas obras que de éste fluyen.

Este segundo libro *Teología de la santificación* debe verse como una continuación del primero, una extensión de su tesis original. Aquel cimentaba y desarrollaba las bases cristológicas de la doctrina del Espíritu Santo, hablando de la espiritualidad de la iglesia sólo en sus rasgos generales y amplios con algunos ejemplos por aquí y allá de la forma eclesial de tal espiritualidad en el mundo que más que nada adornaban las bases de un edificio en construcción.

Partiendo de la tesis de la pneumatología cristocéntrica, se ofrecieron pautas para aproximarse a y discernir la obra del Espíritu Santo en relación a la antropología de la nueva creación en Cristo, el problema histórico del *filioque* y la cuestión del adopcionismo en la cristología, el tema del fruto y los dones del Espíritu, y la problemática del discurso inclusivista y pluralista contemporáneo del Espíritu que lo busca fuera de su acción mediante los medios de gracia. Todos los temas son fundamentales cuando hablamos de ser y pensar como iglesia guiada por el Espíritu de Cristo. Así pues, se planteó la importancia de la pneumatología para la dogmática en todo su conjunto.

En tal metodología, sin embargo, se pierde algo del enfoque personal, algo de la palabra acerca del Espíritu Santo no sólo para el cuerpo de Cristo en general sino para cada uno de sus miembros en particular. Por ello, la presente obra se enfoca en las formas de la vida del creyente en el Espíritu, atendiendo a la espiritualidad del cristiano. Se trata de una elaboración de la doctrina de la santidad o santificación más accesible. En todo su conjunto, la obra sugiere que la santidad no es un don que sólo le pertenece a "santos" de especial renombre sino una promesa de Dios a todo cristiano que se le otorga con el don del Espíritu Santo en su bautismo. Por la fe en Cristo, todo cristiano sin distinción alguna recibe el derecho de ser hijo de Dios y es declarado santo. Todo cristiano recibe por pura gracia el don de la santidad, a la cual también ha sido llamado según las vocaciones en el mundo que Dios le ha dado para servir a su prójimo. Describir las distintas dimensiones de la santidad cristiana nos ha llevado a dividir la presente obra en tres partes. La primera parte trata de los fundamentos de la teología de la santificación, enfocándose en la oración y la vocación como dimensiones intrínsecas de la religiosidad humana, elementos constitutivos de nuestro ser criatura que el pecado ha opacado y desorientado (capítulo 1). Luego se trata la santificación del cristiano en su sentido evangélico, de estrecha relación con la justificación ante Dios por la fe en Cristo que el evangelio proclama y ofrece. Se presenta también la doctrina de la santificación en sus dos aspectos, a saber, como don divino y tarea o responsabilidad del cristiano ante el prójimo (capítulo 2).

La segunda parte de la obra presenta tres modelos de la vida cristiana que, aunque pueden relacionarse entre sí, tienen ciertas características que nos permite considerarlos por separado. En distintos momentos de su vida, el cristiano de repente se identificará más con un modelo que con otro a pesar de que todos son bíblicos y tienen su venerable lugar en la tradición teológica de la iglesia. La vida en el Espíritu Santo puede verse, por ejemplo, como un ciclo de vida y muerte, de arrepentimiento y perdón diarios, según el modelo de Pablo en Romanos 6 que Lutero utiliza en su catequesis bautismal (capítulo 3). Puede verse la santificación además en términos dramáticos, como un duro conflicto entre el cristiano y el maligno donde la vigilancia es importante. La vida en el Espíritu se nos presenta como una lucha, una batalla constante con el diablo y un pararse firme ante el maligno, pero también como victoria sobre la tentación y el mal, como en el caso de la tentación de Jesús en el desierto y en el jardín. Aquí la oración y la palabra son armas para el combate que le espera a todo hijo de Dios en su peregrinaje por el mundo, como Lutero lo afirma en su visión realista de la vida cristiana en términos de un ciclo de aflicción espiritual (*tentatio*, *Anfechtung*) constante que nos lleva a (y se enfrenta con) la oración y la palabra de Dios (capítulo 4).

El tercer modelo de la vida cristiana muestra la santificación en términos de sacrificio y servicio. Las imágenes predominantes son de tipo eucarístico, la del sacrificio u ofrenda agradable a Dios, la de la entrega del cristiano al Padre y al prójimo en la iglesia y el mundo como acción de gracias por todos los dones recibidos en el sacrificio propiciatorio de Cristo y en los beneficios de su cuerpo y su sangre en la Eucaristía, Santa Cena o Comunión. Así pues, Lutero habla de la Comunión como el sacramento que une al cristiano con Cristo y con sus hermanos y hermanas a tal punto que todo lo tienen y comparten en común, incluyendo no sólo sus oraciones sino también sus necesidades. La vida cristiana es un recibir de Cristo auxilio por medio de sus santos entre nosotros y un dar amor a Cristo quien nos visita en sus santos necesitados. Los confesores evangélicos luteranos hablan además del "sacrificio eucarístico" del cristiano, que incluye su fe en Cristo como culto agradable al Padre pero también sus oraciones, obras de misericordia y evangelización en el mundo (capítulo 5).

Finalmente, la tercera parte de la obra trata temas de actualidad en torno a la santificación. Se discursa acerca de la vocación del cristiano –desde el marco de la distinción luterana entre los dos tipos de justicia– ante el problema del mal, el escándalo de la pobreza y la tarea de humanización a la que han llamado teólogos e intelectuales del mundo latino. Se critican teodiceas o defensas de Dios, visiones utilitarias y románticas de los pobres, e intentos de humanización que reducen la esperanza cristiana al plano horizontal. Se trata de recobrar la dimensión social de la santificación sin confundirla con la justificación por la fe en Cristo (capítulo 6). En diálogo con el debate en el mundo evangélico entre el "teísmo clásico" y el "teísmo abierto", y con la teología de Tomás de Aquino acerca de la oración de Cristo como trasfondo histórico-dogmático, se propone una teología de la oración menos fundamentada en los atributos divinos y más arraigada en la narrativa trinitaria de "filiación" como nuestra participación en la oración del Hijo. Se presenta la oración como don divino, confianza filial y clamor escatológico (capítulo 7).

El último capítulo elabora una vez más los temas de vocación y oración con los que empieza la obra, concentrándose en el problema del individualismo pero también la idolatría del trabajo. Se empieza a apreciar la necesidad de la vida en el Espíritu como testimonio de servicio en un mundo egoísta y la importancia del tiempo de oración y el descanso en la palabra del Padre como antídotos contra la adicción al trabajo. Vemos cómo la vida del cristiano ha de anclarse en la del Cristo que se entrega en la cruz por nosotros como Siervo sufriente y que labora sin dejar de pasar tiempo como Hijo con su Padre en oración. Concluye el texto con un llamado a recobrar el Sabbat o día de reposo en la aproximación del cristiano a su vocación y servicio en el mundo (capítulo 8).

Como lo apreciará el lector, la presente obra en todo su conjunto se inspira en el pensamiento de Martín Lutero, quien se apoya significativa mas no exclusivamente en la enseñanza paulina de la vida cristiana. Se dice a menudo que el énfasis que se le ha dado históricamente a la doctrina de la justificación por la fe en la enseñanza de las iglesias luteranas ha tenido como consecuencia inesperada e infortunada una débil doctrina de la santificación y por ende una pobre exhortación a la santidad. Nuestras reflexiones en este libro pretenden dar por vencida esta crítica popular o formal, mostrando no sólo la importancia sino también la vitalidad de la doctrina de la santificación en el pensamiento evangélico luterano. Se espera, sin embargo, que esta presentación no sólo sea útil para luteranos, quienes ciertamente se beneficiarán de volver a beber de las aguas de su propia tradición cuando ésta ha sido olvidada, sino también de provecho a hermanos y hermanos de otras iglesias. Más que nada, nos interesa promover por medio de esta obra una apropiación personal de la santificación como don divino y tarea cristiana en nuestro quehacer cotidiano. Para tal efecto, las preguntas al final de cada capítulo sirven como punto de partida para la reflexión personal o en comunidad.

Agradezco a los editores de Concordia Seminary Press, *Concordia Journal* y *LOGIA: A Journal of Lutheran Theology* por permitirme incluir en la tercera parte de esta obra versiones reeditadas de artículos (o partes de los mismos) que fueron elaborados inicialmente en inglés.[3] El manuscrito acerca

---

3 Partes de la sección 6.2 acerca de la pobreza vienen del artículo aún por publicarse "'The Poor You Will Always Have With You': A Biblical View of People in Need", escrito para el proyecto "A People Called to Love: Christian Charity in North American Society" de *Concordia Seminary Press* en alianza con *Biblical Charities Institute*; El capítulo 8 es una revisión de mi artículo "Individualism, Indulgence, and the Mind of Christ: Making Room for the Neighbor and the Father," pp. 54-66, en *The American Mind Meets the Mind of Christ*. Editado por Robert Kolb (St. Louis: Concordia Seminary Press,

de la posición luterana ante la pobreza fue una contribución a un proyecto de educación continuada del Seminario Concordia de St. Louis que se empezó a elaborar hacia el 2005 con el patrocinio de *Biblical Charities Institute* para el uso de pastores en sus congregaciones. El ensayo acerca de la humanización se presentó originalmente como un diálogo entre la antropología teológica y la escatología en el mundo hispano-latino durante el 1er Simposio Multiétnico bajo el tema "Expresiones de la esperanza" que se celebró en el Seminario Concordia de St. Louis en enero de 2008 con el Centro de Estudios Hispanos como uno de los auspiciantes. Después del tsunami de 2004 e impactado por mi visita en 2005 a una de las regiones devastadas en la isla de Sumatra, Indonesia –visita auspiciada por la oficina de Asistencia Mundial y Ayuda Humanitaria de la Iglesia Luterana del Sínodo de Missouri– presenté el ensayo acerca de la oración en diálogo con el "teísmo clásico" y el "teísmo abierto" en el décimo sexto Simposio Anual del Seminario Concordia de St. Louis que se celebró en septiembre de 2005 bajo el tema "No tiene sentido: Luchando con la voluntad de Dios en un mundo trágico." El ensayo acerca de la vocación en torno a la problemática del individualismo se presentó por primera vez como parte de un diálogo patrocinado por el "College of Fellows" del *Institute for Mission Studies* del Seminario Concordia de St. Louis, donde colegas teólogos y misiólogos exploraron respuestas críticas y constructivas de la Iglesia Luterana a diversas corrientes filosóficas influyentes en el pensamiento norteamericano.

Como es de costumbre en todo proyecto que requiere de tiempo y sacrificio, es importante dar gracias también a los que caminan más de cerca con el autor. En primer lugar, agradezco a mi estimado colega, el Rev. Héctor Hoppe de Editorial Concordia, su edición del manuscrito, su paciencia conmigo y la gran confianza que puso en mi durante el tiempo que tomó la preparación y finalización del mismo. En segundo lugar, un agradecimiento a todos mis colegas y estudiantes por permitirme compartirles muchas de las ideas plasmadas en esta obra dentro y fuera de las aulas de clases y simposios. Mil gracias a mi esposa e hijos por su amor incondicional y generosa paciencia conmigo durante la elaboración de esta obra, ¡asunto que requirió de libros regados por toda la casa en más de una ocasión! Y finalmente, doy

2010); La sección 6.3 acerca del llamado a la humanización en perspectiva escatológica es una revisión de mi ensayo "The Struggle to Express Our Hope," *LOGIA: A Journal of Lutheran Theology* 19/1 (Epiphany 2010): 25-31; Finalmente, el capítulo 7 es una revisión de mi artículo "Praying to God the Father in the Spirit: Reclaiming the Church's Participation in the Son's Prayer Life," *Concordia Journal* 32/3 (2006): 274-295.

gracias a Dios Padre por santificarnos, haciéndonos su pueblo, hijos adoptados por gracia, nueva creación en Cristo, templos del Espíritu Santo, y testimonios de su santidad en el mundo.

Leopoldo A. Sánchez M.

Día de Reyes

6 de enero de 2012

PRIMERA PARTE

FUNDAMENTOS DE LA TEOLOGÍA DE LA SANTIFICACIÓN

CAPÍTULO 1

FUIMOS CREADOS PARA ORAR Y LABORAR: Oración y vocación como fundamento y plenitud del ser humano

Existen experiencias que los seres humanos comparten, que forman parte, por decirlo así, de su ser criatura, entre ellas, la religiosidad. La religión nos refiere a la experiencia de lo divino que nos trasciende, al conocimiento de Dios hasta cierto punto accesible al sujeto humano, pero también al marco moral que norma nuestra postura o relación ante los demás y ante el mundo. Por ello no debe sorprendernos que en las Sagradas Escrituras Santiago hablara del cuidado a los huérfanos y a las viudas como expresiones concretas de "la religión pura y sin mancha" (Stg 1:27), o que San Juan advirtiera que nadie puede pretender a amar al Dios que no ha visto si no ama al hermano que ve a diario (1 Jn 4:20). Ser religioso no es sólo bendecir a Dios con la lengua sino también aprender a domarla o frenarla para no maldecir con la misma "a las personas, creadas a imagen de Dios" (Stg 3:9; cf 1:26). La religión tiene sus aspectos vertical y horizontal, su orientación a lo divino y luego a lo humano a la luz del designio divino. A continuación introducimos nuestro estudio con la historia de la creación del ser humano para la oración y la vocación, resaltando lo extraña que tal historia nos parece a menudo hoy en día por la realidad de nuestro pecado y la consecuente idolatría que nos aleja de Dios como objeto de nuestras oraciones y del prójimo como objeto de nuestras labores.

Orientados a la oración y la vocación: La dimensión religiosa de la criatura por el conocimiento de Dios y su ley

La teología de la iglesia siempre ha reconocido la dimensión religiosa del ser humano independientemente de que éste sea o no cristiano. Se trata de un argumento acerca del ser humano como tal, en su ser criatura, el cual enfatiza que Dios lo creó desde el principio con una orientación hacia él y las demás criaturas. Sin su orientación a Dios, quien es "la felicidad del hombre", no se puede plantear lo que fue, es, o será el ser humano: su origen, propósito en este mundo, y fin.[1] Este marco antropológico coloca el fenómeno religioso humano dentro de un relacionarse con el otro, ya sea con el Creador o con las criaturas. Se habla en la antropología teológica contemporánea de una trascendencia del sujeto humano hacia alguien que está más allá de su subjetividad, a quien es posible conocer porque se nos comunica a sí mismo, y quien le da orientación a nuestras vidas.[2] Se fundamenta tal trascendencia de la persona humana hacia el objeto que es Dios mismo en el hecho de que fuimos creados por Dios para él y por ende con la posibilidad de recibir su revelación. Esta revelación a su vez tiene sus implicaciones no sólo epistemológicas sino también éticas.

Volvamos al plano vertical de la religiosidad humana. Se ha visto a más de uno que dice no profesar religión o culto exclamar un "¡Dios mío!" o un "¿Por qué yo?" con la mirada al cielo en medio de algún evento trágico de la vida. ¿A quién o a qué se dirige el ser humano, sea cual sea su religión, inconsciente o conscientemente, al hablar de esa manera? De algún modo notamos en tales plegarias y lamentos –en estas formas de oración, por decirlo así– un vestigio y hasta un reconocimiento implícito de una dimensión intrínseca a nuestra naturaleza humana, ligada siempre a un punto de referencia que nos dirige a una realidad y ayuda que va más allá de nuestros propios recursos y límites. ¿Por qué no ver en tales expresiones, aunque imperfectas y confusas, un vestigio de lo que Dios siempre quiso desde el principio al crear al hombre y a la mujer a su imagen y semejanza? Fuimos creados para orar.

"No es bueno que el hombre esté solo" (Gn 2:18). La experiencia del ser humano como ser social, el vivir en relación a nuestros semejantes, es otra

---

1 "Conocer de un modo general y no sin confusión que Dios existe, está impreso en nuestra naturaleza en el sentido de que Dios es la felicidad del hombre; puesto que el hombre por naturaleza quiere ser feliz, por naturaleza conoce lo que por naturaleza desea." Tomás de Aquino, *Suma de Teología* (*ST*), 1, q. 2, a. 1, ad. 1. 4ta edición (Madrid: BAC, 2001).

2 Véase, por ejemplo, Karl Rahner, "Reflexiones teológicas sobre la antropología y la protología", en *Mysterium Salutis: Manual de teología como historia de la salvación*, vol. 2. 3ra edición. Editado por Johannes Feiner y Magnus Löhrer (Madrid: Ediciones Cristiandad, 1971, 1992), pp. 341-353; "Si no queremos hablar de la gracia en un lenguaje de sabor mitológico y con un verbalismo que no traduce experiencia ninguna, sólo comprenderemos lo que es gracia a partir del sujeto, de su trascendentalidad y de su experiencia: como orientación a la realidad de la verdad absoluta, como inmediatez al misterio absoluto de Dios; en resumen como realización absoluta –posibilitada por Dios con su comunicación referida terminalmente a sí mismo– de la trascendentalidad del hombre" (p. 345).

vivencia universal que compartimos con los demás. Es el aspecto horizontal de la religiosidad. La familia, la empresa, la escuela, el gobierno, y la iglesia suponen y dan forma concreta a esta orientación social del ser humano. A pesar de nuestras tendencias individualistas, generalmente nos resulta insuficiente, poco pragmático y a veces hasta inmoral vivir para nosotros mismos sin tener a algún sujeto humano concreto en mente que dependa de nosotros o de quien dependamos. Somos interdependientes. En el génesis de la creación, la unión conyugal entre el hombre y la mujer para ser "una sola carne" es la institución más fundamental y el ejemplo más claro, no sólo en el sentido emocional-sicológico sino también físico-biológico, de tal interdependencia. Pero todas las relaciones humanas de algún modo se derivan de ésta y se inspiran en ella. No fuimos creados para la soledad sino para la relación, la interacción, la ayuda mutua. El padre y la madre trabajan para mantener a los hijos, médicos y enfermeras tratan a pacientes para que se conserven sanos y con vida, supervisores de planta siguen reglas de seguridad ocupacional para evitar accidentes y muertes de empleados que pongan obstáculos a la misión y productividad de la empresa. Los hijos son a su vez el gozo de sus padres, el reflejo y plenitud de su amor conyugal; los pacientes no sólo dan a sus médicos y enfermeras la satisfacción de usar la ciencia para preservar vidas sino también su identidad laboral, además de garantizarles su pan de cada día; y en fin, sin empleados saludables y contentos, no puede haber producción, ni supervisores para controlar el flujo o la calidad de algún producto, ni distribuidores y consumidores satisfechos. Así es la vida.

No sería difícil encontrar en el mundo una valorización del vivir en relación al otro, de la interdependencia humana, y por último del beneficio para el prójimo y la sociedad del trabajo. Se celebra en muchos de nuestros países el día del trabajo. En la modernidad hemos sido testigos de la formación de movimientos y cooperativas de trabajadores, de la vital importancia no sólo del derecho al trabajo sino también de los derechos del trabajador. Toda la formación del niño en el hogar y la escuela pretenden llevarlo a su desarrollo integral como persona con la firmeza moral y el dote intelectual para contribuir a la sociedad. Existe entonces en el ser humano, de manera consciente o inconsciente, una orientación intrínseca a la vocación, es decir, a la actividad en pro de alguna causa que desemboque en algún bien para alguien. Se reconozca o no, cada ser humano recibe su "llamado" implícito de parte de su prójimo que lo necesita, y por ende, en cuanto criatura, lo recibe también de Dios mismo quien le ha enviado su prójimo. La vocación –no reducimos el término al plano eclesial– nos puede llevar aún al sacrificio por alguna causa. Ni siquiera la noción o el ideal del servicio, la idea del bien no sólo personal sino común, ha sido extinguida del todo por la corrupción del pecado. ¿Por qué no ver en aspiraciones de servir, aunque imperfectas y confusas, un vestigio de lo que Dios siempre quiso desde el principio al crear al hombre y a la mujer a su imagen y semejanza? Fuimos creados para laborar.

La teología de la iglesia define la experiencia trascendental y fundamental que hemos descrito en términos de lo que se denomina el "conocimiento natural de Dios". Se habla de pruebas en la creación de la existencia de Dios; p ej, todo tiene alguna causa en el mundo, lo cual implica que debe existir una causa primera a la cual todos llaman Dios.[3] Usando el texto clásico de Romanos 1:18-32 como inspiración, se puede hablar además de cómo la creación –su majestuosidad pero sobretodo en el contexto paulino, su calidad como teatro del juicio divino contra el pecado– da testimonio del poder y la deidad del Creador.[4] Todavía en algunos lugares las pólizas de seguro denominan "acto de Dios" a algún evento natural, sea huracán, terremoto o inundación. Tal poder y majestad que apreciamos a nuestro derredor, de magnitud divina, inspira y da miedo a la vez.

La enseñanza acerca del conocimiento de la deidad –de su poder y hasta de su juicio por el pecado– por medio de la naturaleza, de lo observable, implica una orientación del ser humano al Creador, una dependencia por parte nuestra de lo que está allá arriba o aquí abajo o en todos lados, sea cual sea el nombre que se le dé a esta deidad. Hablamos entonces de una experiencia universal de religiosidad que comparten todos los pueblos, una intuición fundamental de que estamos ligados a alguien que nos precede, de quien dependemos y en quien encontramos nuestra plenitud. La oración implícita de aquellos lamentos de toda persona ante un mundo trágico podría verse como una expresión de este conocimiento natural de Dios.

Acompaña estrechamente a tal experiencia una que llamamos teológicamente el conocimiento de la ley divina en el corazón, la cual nos da algún sentido de lo que es justo y por ende injusto, nos impulsa a discernir lo bueno y lo malo, lo que debemos hacer y lo que debemos dejar de hacer (Ro 2:12-16). Nos viene a la mente el término conciencia. Este conocimiento de la ley se describe como la tendencia innata del ser humano a tratar con la deidad –o en un plano secularizado, con el mundo o al menos consigo mismo– de tal manera que éste espera recibir premio si logra hacer lo justo o recibir

---

3 Para el texto clásico de las cinco pruebas tomistas, véase *ST*, 1, q. 2, a. 3.

4 Véase, por ejemplo, Juan Teodoro Mueller, *Doctrina Cristiana. Manual de teología doctrinal para pastores, maestros y legos*. 3ra edición. Traducido por Andrés A. Meléndez (St. Louis, Missouri: Editorial Concordia, 1948, 1973), pp. 92-94.

castigo o al menos crítica si hace lo injusto.[5] Tanto el conocimiento de la ley como la correspondiente realidad de tener alguna conciencia que discierna entre el bien y el mal, ya sea en algún sentido primitivo o complejo, ha sido impulso de todo deseo humano de hacer justicia o de articular sistemas de leyes en distintos tipos de tribus, sociedades o civilizaciones a través del tiempo. Desde esta perspectiva, el conocimiento natural de Dios por la ley escrita en el corazón "es de gran beneficio para el hombre porque es el fundamento de la justicia civil".[6]

Tenemos entonces como parte de la religiosidad, que se fundamenta en un tipo de conocimiento innato acerca de Dios y de su ley, una estructura (u orden de la creación) en la cual se sitúa el ser humano. Tal estructura le hace ver de alguna manera la importancia de actuar recta o justamente en relación a los demás, ya sea por miedo a ser castigado y juzgado o por deseo de recibir algún reconocimiento o bien de forma directa o indirecta. Si se nos hace difícil colocarnos en este marco antropológico, sólo nos toca referirnos a la vida cotidiana donde el ciudadano generalmente no desobedece leyes que le costarían el castigo de una multa o pena de cárcel; o por otro lado, hace lo que puede y debe para llevarse bien con el jefe, los vecinos o el cónyuge con el fin de recibir la recompensa de una vida relativamente placentera y feliz donde reine el respeto y la paz. Si bien es cierto, como diría Tomás de Aquino, que el fin del ser humano es su felicidad, la cual sólo puede encontrar plenamente en Dios, nada de malo tiene hablar además de lo que su fin implica para su vivir en el presente, es decir, su felicidad en relación al prójimo y la vocación y servicio al que éste nos llama día a día. De hecho, el conocimiento natural de Dios, de su ley, aunque imperfecto, no nos da otra opción que orientarnos a la "justicia civil" o, en términos más amplios, a ser justos o actuar rectamente ante los demás.

Esta orientación a la vocación en el corazón humano, el sentido de la necesidad de servir al prójimo o su simple realidad, se expresa de forma concreta en nuestro laborar en el mundo. En algunos casos, viene esta labor acompañada de un sentido de llamado a sacrificarse por alguna causa en pro de algún prójimo. En esto del trabajo la gente sabe que no se puede hacer lo que a uno le dé la gana. Hay límites. Por un lado, sabemos en cierta medida o tenemos alguna conciencia acerca de lo que no debemos hacer, de las restricciones y los frenos que nos impone la ley divina escrita en el corazón. No

---

5 Extendiendo el argumento tomista, y enfocándose en Ro 1:32 y 2:14-15, Mueller habla de la "prueba moral de la existencia de Dios". Ibíd., p. 92.

6 Ibíd., p. 93.

se nos permite, por ejemplo, la anarquía o la flojera en el trabajo. Así le evitamos problemas y penurias a aquellos que dependen de nosotros y esperan que seamos responsables y justos con ellos. Por otro lado, sabemos más o menos lo que se debe hacer mediante nuestra labor para agradar al prójimo, quedar bien con él –sea familiar, maestro, jefe o amigo– y todavía más para promover su bien. Se puede operar dentro de estos límites a medias o con ganas, mediocremente o de forma creativa. Sin embargo siempre es algún prójimo quien nos llama a la actividad y al trabajo, da sentido a alguna causa o inspira servicio y hasta sacrificio, y representa la meta en el hoy por hoy de nuestra felicidad. Y todo esto porque fuimos creados como seres sociales y por ende para laborar con y a favor de otros.

Orientados pero desorientados: Negación y extrañeza de nuestra naturaleza orante y vocacional

Hemos visto que la orientación del ser humano hacia el Creador y sus criaturas es fundamento de la religiosidad humana, que tal orientación puede definirse teológicamente como una experiencia universal impulsada por el conocimiento natural de Dios y su ley en el corazón y la conciencia. Hemos sugerido además que tal orientación puede verse manifiesta de diversas maneras y en varias culturas a través de los tiempos en formas de oración o vestigios de oración, así como en la promoción del trabajo y en la vocación o el sentirse llamado a servir. Las expresiones "vestigios de oración" y "sentirse llamado" tienen sus connotaciones religiosas. Por un lado, deben situarse en su plano antropológico amplio, como parte de nuestro ser criatura, porque Dios nos creó precisamente para la relación con él y con sus criaturas. Describen algo fundamental acerca de nuestra naturaleza humana y a la vez apuntan a la forma plena de tal naturaleza. Por otro lado, tales expresiones quieren comunicar cierta ambigüedad, desean ser tentativas. Sugieren que uno puede estar orientado a la oración o a la vocación sin conocerse a sí mismo como ser orante o vocacional, sin saber plenamente lo que es orar o ser llamado, y aún sin reconocer al único y verdadero Dios como el fin de nuestra oración o la fuente de nuestra vocación.

En lo profundo de su ser, ¿se conoce la criatura como ser orante? Aparte del "Dios mío" o el "¿Por qué yo?" que pronuncia de vez en cuando en sus momentos de zozobra o dolor, la oración no parece ser una experiencia que defina necesariamente a todo ser humano o que le ayude de algún modo. Algunos oran a alguna deidad cuando la necesidad apremia, pero muchos no sienten la necesidad de hacerlo. Podríamos decir que pocos –aún aquellos que pertenecen a alguna religión formal– ven la oración como experiencia que los define fundamentalmente. Más que nada, la oración se tiende a ver como una obligación o realidad externa al ser humano que se debe emular por alguna razón (digamos, por esa necesidad urgente que nos visita de vez en cuando), pero no como parte básica de la identidad o el ritmo diario de la criatura que fue hecha para la comunicación con su Creador. Algo no está bien. Hemos perdido la noción de que fuimos creados para orar, para el diálogo con Dios, como aspecto central de nuestro ser criatura humana. No vemos la oración como algo natural o espontáneo, sino como algo accidental y externo. No la vemos como realidad o práctica que nos hace plenamente humanos.

Ya no podemos situarnos en aquel Edén donde Dios recorría el jardín, siempre cerca del hombre y de la mujer quienes oían su voz, donde su Creador les hablaba, los bendecía, les ponía límites con sus mandatos que ellos recibían con alegría, donde Dios les proclamaba sus promesas, y en fin donde el Creador se comunicaba con ellos y éstos le respondían con gozo, oración y obediencia.[7] Ya no nos conocemos como las criaturas que fueron creadas para santificar el día de reposo y el nombre del Dios que lo santificó, es decir, santificadas para descansar en Dios gozosamente escuchando siempre su Palabra y respondiendo a la misma con la oración y muchas otras expresiones de santidad.[8] No nos conocemos a nosotros mismos. Por eso Dios tiene que advertirle a su pueblo mediante Moisés a no tomar su nombre en vano y a guardar el día de reposo (Dt 5:11-12). Por eso también, en el Padrenuestro, Dios nos enseña mediante su Hijo cómo se santifica su nombre y se guarda el día de reposo, a saber, orando para que su Padre santifique su nombre no

---

7 Véase Gn 1:28-30; 2:16-17, 23. Nótese que sólo después de la caída es que vemos la presencia de Dios, su caminar por el jardín, y sus mandatos como cargas pesadas y motivos de miedo (Gn 3:3, 8-13, 16-19). Antes de la caída, sólo imaginamos la gran felicidad que el caminar y la voz de Dios daba a sus criaturas.

8 Acerca de la santificación del séptimo día (Gn. 2:2), consulté la versión en inglés del comentario de Lutero al Génesis, a saber, *Lectures on Genesis—Chapters 1-5*, en *Luther's Works* [*LW*], vol. 1. Editado por Jaroslav Pelikan y traducido al inglés por George V. Schick (St. Louis, Missouri: Concordia Publishing House, 1958), pp. 79-82; Lutero observa además en su reflexión acerca del árbol del conocimiento del bien y del mal en Gn 2:9b (con referencia a los versículos 16-17) que la presencia santa de Dios en el jardín no sólo supone el culto espiritual al Creador, sino también la obediencia externa de la criatura al mismo, porque ésta aún no desea transgredir el límite que Dios le impone mediante su mandato (p. 94). Nótese que Lutero compara la presencia santa de Dios en el jardín del Edén con su presencia en el templo durante la historia de Israel.

sólo para sí mismo sino también entre nosotros y para que además nos venga su reino por la fe y la palabra (Mt 6:9-10).[9]

¿Y qué de nuestro ser vocacional? El trabajo tiende a ser más aceptado en el mundo, aspecto ineludible de la experiencia humana. Sin embargo, aparte del gozo que ocasionalmente se deriva de nuestra ocupación o de ciertos aspectos de la misma, y el reconocimiento general de la necesidad del trabajo para el sustento personal o familiar, todos hemos experimentado lo agotador y estresante que es laborar. Muchos ven su labor más como un mal inevitable pero necesario que algo natural que los hace plenamente humanos. En términos religiosos, muchos ven el trabajo como una maldición más que una bendición, más como fuente de dolor humano que de provisión divina.

> Al hombre le dijo:
> "Por cuanto le hiciste caso a tu mujer,
> y comiste del árbol del que te prohibí comer,
> ¡maldita será la tierra por tu culpa!
> Con penosos trabajos comerás de ella
> todos los días de tu vida.
> La tierra te producirá cardos y espinas,
> y comerás hierbas silvestres.
> Te ganarás el pan con el sudor de tu frente,
> hasta que vuelvas a la misma tierra
> de la cual fuiste sacado.
> Porque polvo eres, y al polvo volverás." (Gn 3:17-19)

Ciertamente el trabajo traerá consigo "el sudor de tu frente" y por ende no será del todo placentero. El texto nos señala a su manera que obstáculos y frustraciones harán del trabajo una experiencia muy difícil ya que "la tierra te producirá cardos y espinas". De hecho, el escritor pareciera decir que,

---

9 En cuanto a la primera petición del Padrenuestro ("Santificado sea tu nombre"), Lutero comenta que "en esta petición pedimos precisamente lo que Dios exige en el segundo mandamiento, a saber, no abusar de su nombre... sino usarlo provechosamente para alabanza y gloria de Dios... "santificar" significa... "alabar, glorificar, y honrar", sea con palabras como con obras". *Catecismo Mayor*, Primera Petición, 45-46, en el *Libro de Concordia: Las Confesiones de la Iglesia Evangélica Luterana* (*LC*). Editado por Andrés A. Meléndez (St. Louis, Missouri: Editorial Concordia, 1989), p. 454; Nótese además que la venida del reino de Dios en la segunda petición del Padrenuestro ("Venga tu reino") se manifiesta no sólo "aquí, temporalmente, por la palabra y la fe", y toda la santidad que de éstas fluye, sino también "eternamente" ante Dios en el nuevo Edén; por ende, concluimos que la venida del reino asume el retorno de la criatura al pleno cumplimiento del día de reposo cuando Cristo vuelva en su "revelación" final. *Catecismo Mayor*, Segunda Petición, 53, en *LC*, p. 455.

a causa de la caída en pecado, sólo le espera al hombre trabajo constante "todos los días de su vida" y después la muerte pues "al polvo volverás". Es como si Dios nos dijera: ¡Trabajarás hasta que te mueras! Viendo el trabajo de esta manera, vinculado tan estrechamente al juicio divino por el pecado de Adán y Eva, y por ende a la "maldita" tierra donde la labor se lleva a cabo, no es difícil imaginar que éste se vea como maldición.

Aunque hay que reconocer esta dimensión dolorosa del trabajo como juicio divino por el pecado, no hay que olvidar que éste es además medio de sustento dado por el Creador para nuestro bien. Aún antes de la Caída, "Dios el Señor tomó al hombre y lo puso en el jardín del Edén para que lo cultivara y lo cuidara" (Gn 2:15). Esto le da a nuestra labor, al trabajo, una dignidad importante. No se puede reducir a una maldición. Es vocación divina que hace de los seres humanos "máscaras de Dios" en el mundo, colaboradores con el Creador en cuestiones que competen al prójimo, los instrumentos de su cuidado y provisión en el mundo.[10] Debe verse nuestro trabajo de forma más positiva como parte de la obra continua de preservación del Creador mismo, quien "miró todo lo que había hecho, y consideró que era muy bueno" (Gn 1:31), y por ende aún desea saciar la tierra con el fruto de su trabajo (Sal 104:13). Aunque vivimos ya muy apartados en el tiempo de la primera creación, sólo vemos el mundo a partir de la caída, y por eso nos cuesta ver como positiva la noción del dominio de la tierra y las demás criaturas por parte del ser humano (Gn 1:26b, 28). Por los abusos al medio ambiente y de nuestros recursos naturales, nos cuesta aceptar la administración de bienes o mayordomía de la creación por parte del ser humano como parte del designio de Dios. Pero esto no cambia que hayamos sido creados para la vocación. Desde esta perspectiva, el propósito del ser humano en el mundo que Dios

---

10 "Así pues, diferencias en la esfera temporal no implican facciones, pues todos los órdenes y vocaciones vienen conjuntamente de arriba. Detrás de todos éstos tenemos un punto común del cual se originan, a saber, Dios, y todos éstos son "máscaras" suyas. De este centro común, sus funciones son dirigidas hacia fuera. La cooperación del hombre con Dios no se dirige hacia Dios, sino hacia fuera, hacia su prójimo. La acción del hombre es un medio para comunicar el amor de Dios a otros... En el ejercicio de su vocación, el hombre se convierte en máscara de Dios... [Lutero] presenta la vocación del hombre como algo positivo, afirmando que el hombre, mediante la labor y la oración, puede servir como una máscara de Dios, un colaborador con él, mediante el cual Dios efectúa su voluntad en cuestiones externas." Gustaf Wingren, *Luther on Vocation*. Traducido del sueco al inglés por Carl C. Rasmussen (Philadelphia: Muhlenberg, 1957; Evansville, Indiana: Ballast Press, 1994), p. 180. La traducción del inglés al español es mía. La expresión "cuestiones externas" se refiere a todo lo que tiene que ver con el prójimo en este mundo.

ha creado y preserva no es más que cultivar, cuidar, y utilizar responsablemente y para bien del prójimo y el mundo lo que el Creador nos ha dado.

La orientación de la vocación al servicio es crítica. Muchos ven la vocación sólo en términos del beneficio personal sin pensar en su fin social. Se justifica el trabajo si se puede ver su beneficio inmediato para el individuo. Y aunque no tiene nada de malo que el obrero coma de los frutos de su labor (Gn 1:29; cf 1 Ti 5:18b), y se alegre y alabe a Dios por darle tales frutos (Sal 104:14-15), no es difícil ver cómo la valorización del trabajo en términos del prójimo y nuestras responsabilidades hacia el mismo se ha perdido en cierta medida. Vemos a menudo cómo se anima a los jóvenes a considerar carreras que paguen bien más que vocaciones que sirvan a otros. Se ve el trabajo en función de su ganancia material más que su alcance humano. Algo no está bien. Nos hemos olvidado de que fuimos creados para laborar en la tierra que el Creador nos ha dado como hogar para administrarla en favor de algún prójimo y sus necesidades. Si fuimos creados como seres vocacionales, esto no es inmediatamente evidente. Al igual que la oración, ya no vemos claramente la vocación como una realidad intrínseca a la criatura, a nuestra naturaleza humana. No la vemos como parte constitutiva de nuestra identidad y práctica, como realidad que nos hace plenamente humanos.

Ahora bien, hablar de vocación como algo intrínseco a la criatura nos debe llevar a considerar las estructuras mediante las cuales Dios lleva a cabo su obra de preservación en el mundo. Dios las ha establecido para el bien de la humanidad y por eso pueden verse como los contextos concretos en los cuales se practica la vocación en todas sus diversas manifestaciones. Para Lutero, tales órdenes instituidos por su Palabra –u órdenes de la creación, si se les quiere llamar así– son básicamente el eclesial, el matrimonial y el civil (éste último se hace necesario después de la caída).[11] Aunque Lutero puede hablar

---

11 Véase, por ejemplo, *La autoridad secular*, en *Obras de Martín Lutero*, vol. 2. Traducido por Carlos Witthaus (Buenos Aires: Editorial Paidós, 1974), pp. 123-162. En este texto Lutero distingue entre los regímenes espiritual (eclesial) y temporal (secular o civil): "Por ello Dios dispuso los dos regímenes: el espiritual, que por el Espíritu Santo hace cristianos y gentes buenas bajo Cristo y el secular, que sujeta a los no cristianos y a los malos, de modo que aun contra su voluntad tienen que mantener la paz exteriormente y estarse quietos. Así entiende Pablo la espada secular, Romanos 13, diciendo que no hay que temer por las obras buenas sino por las malas. Y Pedro dice que ha sido instituida para castigo de los malos" (p. 135). La participación del cristiano en el plano civil se orienta totalmente al prójimo. A pesar de que "los cristianos no necesitan el derecho ni la espada ente sí y por causa de s11 en la tierra para sí mismo, sino que vive para su prójimo y le sirve..." (p. 137). Aunque el ser humano fue creado para someter la tierra y tener dominio sobre las demás criaturas (Gn 1:26, 28), y aunque Lutero habla de la existencia de la autoridad secular "desde el principio del mundo", éste no sitúa la necesidad del gobierno

en su comentario al Génesis acerca de la institución de la iglesia como anterior a la del matrimonio por la palabra que Dios le dirige a Adán en el jardín, lugar de su santa presencia, se podría decir además sin problema alguno y en otro sentido que del orden matrimonial nace la familia, y de ésta los órdenes eclesial y civil.[12] El orden eclesial pasa a ser una extensión del matrimonial, y tanto el matrimonio como la familia pasa a ser la primera iglesia donde se escucha, practica, y enseña la palabra de Dios. El gobierno pasa a ser en cierto sentido una extensión de la autoridad de los padres al plano de la sociedad donde se disciplinan a ciudadanos, se cumplen leyes que previenen la anarquía y se promueve la justicia. Ya que se puede incorporar más ampliamente a la familia en el orden matrimonial, se puede además derivar de la institución del matrimonio lo que tiene que ver con la economía y la educación. Por eso se dice a veces con razón que el hogar es la primera escuela donde se inculcan valores que han de durar toda la vida. O se dice con razón que el hogar es la unidad económica más básica de la sociedad. Hoy en día se habla hasta de amas (y amos) de casa como economistas del hogar.

En el contexto de estos órdenes instituidos por Dios se lleva a cabo la vocación, o mejor dicho, vocaciones, pues todos tenemos más de una. Así pues, tenemos infinidad de estados u oficios a los cuales Dios nos ha llamado. Somos madres, padres, hijos e hijas, maestras, profesores, granjeros, gentes de negocios, magistrados, legisladores, alcaldes, policías, pastores, diaconisas, obispos. Ya que Dios obra mediante sus criaturas en el desempeño de sus vocaciones para preservar al mundo, Lutero habla de los seres humanos como sus "máscaras" o "co-obreros" en el mundo. La madre amamanta al recién nacido y así preserva su vida. Por medio de ella, Dios mismo está obrando a favor de su creación. Como colaborador de Dios, el maestro enseña al joven lo necesario para que éste pueda en un futuro no muy lejano tener un buen trabajo que le ayude a proveer para su familia. El policía, una máscara de Dios en el plano del gobierno temporal, nos protege de personas que quieran hacernos daño. En el plano de la esfera eclesial, Dios

---

temporal sino hasta después de la caída y en particular a partir de Génesis 4 en adelante (pp. 131-132).

12 Para la reflexión de Lutero acerca de Gn 2:16-17, véase *Lectures on Genesis—Chapters 1-5*, en *LW* 1:103-110. Allí nos habla Lutero también de la institución divina del matrimonio (pp. 115-119). En su explicación al cuarto mandamiento, Lutero argumenta que "de la autoridad de los padres emana y se extiende toda la demás autoridad humana" (p 141), e identifica distintas formas de tal autoridad derivada (p ej, maestros, sirvientes, la autoridad secular, y los padres espirituales que nos dirigen por la palabra de Dios). Véase *Catecismo Mayor*, Cuarto Mandamiento, 141-163, en *LC*, pp. 405-408.

usa a pastores para preservarnos en la fe por medio del perdón de los pecados. Cuando éstos nos perdonan los pecados es Dios mismo quien nos los perdona.[13] Podríamos seguir citando instancias de cuidado divino que se suscitan mediante el ejercicio de la vocación, en el estado u oficio en que Dios nos ha puesto a laborar en servicio a los demás. La enseñanza acerca de los órdenes instituidos por Dios en su creación afirma que fuimos creados como seres vocacionales y que por medio de nuestros oficios Dios mismo bendice al mundo con todo lo necesario para esta vida y la vida venidera.

El ser humano fue creado para vivir en relación al Creador, al Dios que lo creó, para poder acercarse confiada y alegremente en oración. Fue creado también para vivir en relación al prójimo que Dios le ha puesto en su vida para servirlo desinteresadamente. Sin embargo, hoy en día el ser humano no reconoce estas dimensiones vertical y horizontal de su existencia como suyas, como propias a su naturaleza. Nos encontramos ahora ante una distorsión de nuestro marco antropológico ideal, ante un tipo de orientación del ser humano corrompido por su deseo de no querer ser criatura sino de querer "ser como Dios" (Gn 3:5). Se puede plantear el problema como una orientación desorientada de la criatura, su "encorvarse sobre sí" (lat. *incurvatus in se*), es decir, un orientarse ya no hacia Dios en oración y hacia las demás criaturas en vocación sino a sí mismo. Está tan enamorado de sí mismo el ególatra, como el Narciso de la mitología griega que se enamoró de su propia imagen, que ya no recuerda que fue creado a la imagen de Dios para la comunión con él y sus semejantes. El narcisista no ve la oración a Dios como necesaria porque él se ha vuelto su propio dios, se cree autosuficiente, y por ende si ora lo hace para exhibir hipócritamente su piedad y santidad.[14] No necesita de Dios porque como arrogante criatura pretende suplir sus necesidades por sí misma, usando el culto a Dios sólo de manera legalista como un tipo de obra meritoria que lo hace verse mejor ante Dios. Tampoco entiende el aspecto social de la vocación como necesario porque se ha vuelto egoísta. Ve el trabajo como un mal necesario, útil solamente en la medida que éste le dé algún beneficio propio.

---

13 "La confesión tiene dos partes. La primera es la confesión de los pecados, y la segunda, el recibir la absolución del confesor *como de Dios mismo*, no dudando de ella en lo más mínimo, sino creyendo firmemente que por ella los pecados son perdonados ante Dios en el cielo." El énfasis es mío. Martín Lutero, *Catecismo Menor*, Confesión y Absolución, 16, en *LC*, p. 364.

14 Un texto clásico es la parábola del fariseo y el cobrador de impuestos que subieron al templo a orar (Lc. 18:9-14).

Gran ironía. Es precisamente cuando el ser humano renuncia a lo que es, es decir, a su ser criatura, para hacerse como Dios, que deja de verse según su naturaleza y por ende como ser orante y vocacional. Lo que llamamos pecado, querer ser "como Dios", viene a ser fundamentalmente el rechazo por parte del ser humano de su identidad como criatura, es querer ser más de lo que Dios lo hizo, querer ser más como Dios y menos como la criatura humana que es.[15] Lo que era natural para el hombre y la mujer, a saber, la oración y la vocación, pasa a ser una realidad foránea, algo extraño, poco natural, como algo fuera de este mundo. Ahora hay que justificar que la oración y la vocación son de vital importancia, que son propias al ser humano y que lo llevan a su plenitud como criatura. Ya no se da por sentado este argumento. Hay que defenderlo en libros y ponencias, proclamarlo desde púlpitos y salas de estudio bíblico.

A pesar de todo, el ser humano reconoce que está orientado a la deidad y a algún prójimo, pero los busca en el lugar equivocado, a saber, en sí mismo. En otras palabras, su "naturaleza está completamente centrada en sí misma" que termina usando a Dios y al prójimo para sus propósitos egoístas.[16] La orientación del pecador hacia el otro (sea Dios o su semejante) es orientación desorientada o encorvada que necesita ser reorientada o enderezada.[17]

---

15 El pecado es no querer ser criatura a la "imagen de Dios" (lat. *imago dei*), para la relación con él y el prójimo, sino querer ser "como Dios" (lat. *sicut Deus*). Véase Dietrich Bonhoeffer, *Creation and Fall - Temptation: Two Biblical Studies* (New York: Touchstone, 1997), pp. 76-85. La discusión acerca del pecado como el rechazo a ser criatura se encuentra en su primer estudio bíblico acerca de la Creación y la Caída.

16 "...por culpa del primer pecado, nuestra naturaleza está tan completamente centrada en sí misma (lat. *in seipsam incurva*, 'encorvada sobre sí misma'), que no sólo acapara para sí y disfruta los más excelentes dones de Dios (prueba clara para ello son los legalistas e hipócritas) y no titubea en 'usar' al propio Dios para conseguirlos, sino que ni siquiera se da cuenta de que lo que la hace buscar de un modo tan inocuo, terco y depravado todas estas cosas y aun al propio Dios, no es ni más ni menos que su tremendo egoísmo." Martín Lutero, *Comentario de la carta a los Romanos*, en *Obras de Martín Lutero*, vol. 10. Traducido por Eric Sexauer (Buenos Aires: Editorial La Aurora, 1985), p. 203.

17 "...el nacido de Adán se llama 'viejo hombre' no sólo porque hace las obras de la carne, sino que es llamado así con más razón aún cuando se comporta correctamente, cuando trata de alcanzar sabiduría, cuando se ejercita en toda suerte de obras espiritualmente buenas, e incluso cuando ama al propio Dios y le rinde culto. Y ¿por qué? Porque en todo esto, el hombre 'disfruta' de los dones de Dios y 'usa' a Dios. De este abuso tan perverso que el hombre comete (y que en la Escritura es llamado encorvadura, iniquidad, perversidad) sólo lo puede 'enderezar' la gracia de Dios. 'Lo torcido difícilmente se puede enderezar', Ec 1:15; y esto se dice no sólo por la terquedad de los perversos, sino ante todo por el hecho de que el hombre está infectado en lo más profundo de su ser por ese

Se trata de la trascendencia antropológica fundamental del sujeto humano que se resuelve en la autosuficiencia y el egoísmo, en el uso del culto a Dios y el servicio a sus criaturas para intereses personales, y por ende la negación de su ser creado para vivir en comunión desinteresada con Dios y el prójimo. Ésta es una imagen negativa del ser humano, pero es bastante realista. No tratamos de exagerar, pero tampoco queremos presentar una visión romántica del ser humano que no tome en cuenta su pecaminosidad, el rechazo de su propia humanidad creada –y podríamos decir además, santificada– para que se expresase como persona orante y laboriosa.

Por lo general, sólo después de la caída acostumbramos a ver la santificación como tema doctrinal. Se habla de la santificación como dimensión de la nueva creación en Cristo, y esto sólo una vez que se haya dejado en claro su fundamento previo en la justificación ante Dios por la fe. Todo este proceder tiene su lógica bíblica, teológica, e histórica. Sin embargo, hay que recordar además que desde la perspectiva de la primera creación que antecede la corrupción del pecado, la creación, justificación, y santificación del ser humano son una sola realidad establecida por Dios al crearnos a su imagen. En el principio, fuimos –al mismo tiempo– creados por Dios, justos ante él, y hechos santos para él. A partir de la caída, Dios ciertamente tiene que restaurar su imagen en nosotros, recreándonos en justicia y santidad, por medio de Cristo. Debe entonces santificar una vez más –por decirlo así– la creación que el pecado ha hecho profana.

Fuimos creados y santificados para el diálogo y la comunión con el Creador que expresa la oración, así como para el diálogo y la comunión con el prójimo que expresa la vocación. Estos aspectos vertical y horizontal de nuestro ser criatura son al fin respuestas a la palabra de Dios, ya sea como su mandato o promesa, por medio de la cual éste estableció desde el principio nuestra identidad como sus criaturas. Dios nos manda a cultivar la tierra por medio de la cual también nos promete el alimento. Y la vocación es la respuesta a esta palabra de Dios. El Creador también bendice y santifica el día de reposo, y nos manda a la vez a guardarlo, buscando reposo en él y en su Palabra. El culto donde se escucha su Palabra y se responde a ésta en oración es la respuesta de la criatura a la voz del Dios que habla con Adán en el jardín, lugar de su santísima presencia y por ende lugar de adoración. ¿Pero hasta qué punto puede responder la criatura hoy en día a la palabra de Dios

vicio heredado de su primer padre y por ese veneno ancestral, lo que hace que por amor a sus concupiscencias, el hombre busque hasta en el propio Dios lo que pueda servir a sus intereses personales." Ibíd., pp. 228-229.

que lo llama a la oración y a la vocación? ¿Hasta qué punto, dado que ésta se encuentra encorvada sobre sí misma por su pecado y vive desorientada en lo que constituye el objeto propio de su plegaria y servicio?

Desorientados en el camino de la santificación: La idolatría del teólogo como obstáculo a su oración y vocación

A pesar de que fuimos creados en el principio para orar a Dios y laborar en favor del prójimo, orientados hacia el Creador y la criatura, hemos visto que la negación de nuestro ser criatura nos ha llevado irónicamente a ver la oración y la vocación como realidades foráneas a nuestra humanidad. No las reconocemos como nuestras. El pecado puede verse como tal negación o rechazo de nuestro ser criatura y por ende de nuestro ser orante y vocacional. El pecado nos corrompe, nos desorienta, llevándonos a buscar en nosotros mismos y no en el otro –tanto Dios como el prójimo– la felicidad, la plenitud de nuestra humanidad.

El rechazo a ser criatura es querer ser como Dios. Lo que se llama pecado puede definirse desde dos perspectivas, como dos lados de una misma moneda: no querer ser criatura o querer ser más como el Creador. Cuando es deseo de tomar el lugar de Dios, el pecado pasa a ser idolatría. Más que una caída en el pecado, tal idolatría podría verse como una "subida al pecado", a saber, un intento de rebelión en contra del verdadero Dios por parte de la criatura.[18] Pretende tomarse el trono divino el encorvado mismo o cualquier otra cosa creada que éste quiera poner en el lugar que sólo le pertenece a Dios. ¿En qué consiste entonces tal idolatría? "En aquello en que tengas tu corazón, digo, en aquello en que te confíes, eso será propiamente tu dios."[19] Así decía Lutero en su explicación al primer mandamiento, argumentando que la idolatría es el problema fundamental de todo ser humano. Desde esta

---

18 Para la idea del pecado como rebelión, o lo que hemos llamado la "subida al pecado", véase el uso del término "*upward fall*" (literalmente, "caída hacia arriba") en Gerhard Forde, *Theology Is for Proclamation* (Minneapolis, Minnesota: Augsburg Fortress, 1990), pp. 48-55. Forde critica el uso del término "caída" que fundamenta la salvación de la criatura en la posibilidad de su retorno voluntario (aunque con la asistencia de la gracia divina) a la perfección de la cual cayó. Estima Forde que tal argumento no toma en serio la cautividad del libre albedrío en cuestiones espirituales y por ende lleva al ser humano a esquivar su responsabilidad por su pecado. Tal argumento crea una actitud que no le permite al ser humano recibir de Dios la liberación de su cautividad al pecado mediante la dulce proclamación del evangelio.

19 Martín Lutero, *Catecismo Mayor*, Primer Mandamiento, 3, en *LC*, p. 382.

perspectiva, lo que es el pecado en su esencia sólo es accesible cuando nos arrepentimos de nuestra tendencia a la idolatría.

Es posible, por un lado, hablar de religiosidad, de un reconocimiento por parte de todo ser humano de que éste tiene o pertenece a algún "*zeos*" (dios), a alguna deidad o ser supremo, al cual clama en toda necesidad y del cual espera recibir todo los bienes, como diría Lutero.[20] Todo ser humano, y no sólo aquel que sirve como pastor en una parroquia o tiene un doctorado en teología, es "teólogo", pues toda criatura tiene su "*zeos*" e interpreta el mundo en base a su dios o deidad. Pero su pecado lo desorienta en cuanto al objeto verdadero de su culto, llevándolo a buscar su "*zeos*" en los lugares equivocados. En este u otro momento termina confiando en algún ídolo que le sirve como objeto de su fe, esperanza y oración, y aún como la motivación para su labor en el mundo. Por un lado, todo teólogo busca a la deidad incansablemente porque fue creado para Dios y su alma no encuentra descanso hasta descansar en Dios, como diría San Agustín al inicio de sus *Confesiones*.[21] Por otro lado, su "subida" al pecado lo lleva a buscar a "*zeos*" en las cosas creadas, comenzando a menudo por sí mismo.

Todo ser humano es teólogo. La pregunta es qué tipo de teólogo. La diferencia entre el teólogo fiel y el infiel radica en el objeto de su fe, hacia dónde ésta se orienta. ¿En qué o en quién confía? ¿A quién ora en su hora de necesidad? ¿De quién espera auxilio y beneficios? ¿A quién da gracias y alaba por los mismos? Todos creen en algo o alguien que toma prioridad en sus vidas. Todos tienen su "*zeos*". Por ello, la fe y la confianza, diría Lutero, pueden dirigirse tanto al Dios verdadero como a algún ídolo falso.[22]

---

20 "Dios es aquel de quien debemos esperar todos los bienes y en quien debemos tener amparo en todas las necesidades. Por consiguiente, "tener un dios" no es otra cosa que confiarse en él y creer en él de todo corazón." Ibíd., 2; "En efecto, no ha habido jamás un pueblo tan perverso como para no levantar y mantener un culto divino, pues cada uno ha erigido un dios particular, del cual se esperaban los bienes, la ayuda y el consuelo." Ibíd., 17, p. 384.

21 "*Nos creaste para ti y nuestro corazón andará siempre inquieto mientras no descanse en ti.*" San Agustín, *Confesiones* 1.1, 32a edición. Traducido por Antonio Brambila Z. (México: Ediciones Paulinas, 2000), p. 9.

22 "La confianza y la fe de corazón pueden hacer lo mismo a Dios que al ídolo. Si son la fe y la confianza justas y verdaderas, entonces tu Dios también será verdadero y justo. Por lo contrario, donde la confianza es errónea e injusta, entonces no está el verdadero Dios ahí. La fe y Dios son inseparables." *Catecismo Mayor*, Primer Mandamiento, 1, en *LC*, p. 382. En este contexto, una fe "justa" equivale a una fe recta ante Dios o con referencia al único y verdadero Dios, así como la confianza "injusta" o errónea equivale a una relación desorientada o sin referencia al único Dios.

¿Pero qué importa que la fe esté puesta en éste u otro dios? ¿Qué consecuencias trae consigo esta problemática para la vida diaria? Para responder a estas preguntas es instructivo ver los ejemplos principales de idolatría que Lutero nos ofrece. El ídolo "más común en el mundo" es el dinero y la posesión de bienes.[23] Pero "la mayor idolatría" es la salvación por las obras.[24] Ambos tipos de idolatría no sólo afectan la relación con Dios sino que además hieren al prójimo. Por un lado, el amor al dios "Mammón", patrono de la avaricia material, no inculca la oración al único Dios bondadoso que nos provee todo porque tal amor desorientado hacia el ídolo lleva a la criatura a verse como proveedora de sus propios bienes. Por otro lado, la dependencia al capital o a lo material no sólo lo hace a uno confiar demasiado en el dinero y los bienes como si éstos nos dieran el "paraíso" en la tierra, sino que también nos consume con obtener o mantener lo que poseemos a tal punto que no nos queda tiempo para ver lo que necesita el prójimo.[25] El egoísmo es la otra cara de la idolatría. El ídolo nos aleja de Dios y de sus criaturas. La dimensión horizontal del ser humano, su ser en relación y acción ante el prójimo, se ve afectada de forma negativa, por la fe en el ídolo. Cuando ponemos nuestra confianza en éste u otro dios falso, cuando hacemos del mismo el objeto de nuestra fe y oración, el prójimo sufre y ya no cumplimos cabalmente con nuestra vocación.

¿Y qué de "la mayor idolatría"? El amor a las obras como medio para recibir el favor de Dios, y por ende su ayuda, bendición o salvación. Tal seguridad en las obras humanas afecta la relación con Dios y el prójimo. Nos consume con lo que debemos hacer o dejar de hacer para quedar bien con un Dios justiciero que hace demandas y nos premia o castiga en base al cumplimiento o incumplimiento de las mismas. Esto no nos permite ver a Dios en última instancia como un Padre lleno de bondad y misericordia, y por ende como la única fuente de toda bendición temporal y eterna. En este caso, la idolatría nos aleja de Dios Padre, de su amor por nosotros, y por eso tampoco quiere poner la confianza en éste, no espera de él ayuda, y no lo puede ver como proveedor y salvador. Entonces no nos queda otra opción que recurrir

---

23 Ibíd., 5-9, pp. 382-383.

24 Ibíd., 22-23, pp. 384-385.

25 "Quien posee dinero y bienes, se considera muy seguro; es alegre e intrépido, como si viviera en medio del paraíso. Por lo contrario, el que no tiene de todo esto, está en dudas y se desespera, como si no conociese ningún dios. Pocos, muy pocos se encontrarán que tengan buen ánimo y que estén sin afligirse, ni quejarse, cuando no tengan Mammón, pues lo opuesto está adherido y es inherente a la naturaleza humana hasta la tumba". Ibíd., 8-9, pp. 382-383.

a nosotros mismos, a nuestras obras y productividad, para llenar el vacío. Se manifiesta esta actitud idólatra como autosuficiencia. Uno se ha vuelto su propio creador, proveedor y salvador. La dimensión vertical del ser humano, su ser en relación ante Dios, se ve afectada de forma negativa. No vemos a la única fuente de toda dádiva como el fin de nuestro culto.

Pero "la mayor idolatría" también trae consigo consecuencias negativas para el prójimo que depende de nosotros, porque al fin de cuentas la preocupación por las obras humanas como el camino a Dios no nos da tiempo para enfocarnos en las obras que el prójimo necesita de nosotros. Nuestras obras no nos deben encaminar a Dios para recibir algún beneficio de él, pues éste no necesita nuestras obras, sino que éstas nos deben dirigir al prójimo que Dios ha puesto en nuestro camino para servirle. El culto al ídolo de la "salvación por las obras" no sólo ofende al Dios que nos quiere salvar por los méritos de Cristo, sino que hiere al prójimo que sí necesita de nuestras obras, trabajo, y vocación. El desorientado amor por las obras que quiere ganarse el cielo de hecho tiende a promover una visión utilitaria del prójimo en la cual éste es sólo un medio para alcanzar al fin del cielo deseado. Como resultado, el prójimo ya no es el fin mismo de nuestro amor. No es la meta principal y última de nuestra vocación.

Tanto las posesiones como las obras son dones de Dios. Pero como ocurre con todas las cosas que el Creador nos da y obra mediante nosotros, éstas fácilmente se pueden volver ídolos cuando les damos el lugar del Creador. Si la criatura fue hecha para adorar a Dios por sus beneficios y para servir a sus criaturas, los ídolos, por el contrario, nos alejan de este plan divino y por ende del uso debido de la oración y la vocación. Así pues, la confianza en las obras humanas para la justificación ante Dios nunca puede lógicamente promover la oración que da gracias a Dios por sus obras inmerecidas a nuestro favor. Decimos "lógicamente" porque a menudo somos inconsistentes con nuestra teología en la práctica de la misma. Aún la persona que habla durante su vida de todo lo que ella hace o contribuye para recibir la salvación o aún los bienes temporales que sólo Dios le puede dar, termina poniendo su confianza sólo en Dios y elevando sus plegarias sólo a él en su lecho de muerte: "¡Dios mío, ayúdame! ¡Perdóname!" Tampoco es consistente "la mayor idolatría" con el ejercicio desinteresado de nuestra vocación. Es posible que una persona ayude al prójimo sólo para quedar bien con Dios o recibir su "visto bueno"; el prójimo de todos modos se beneficia (¡gracias a Dios!), pero la labor no está motivada por una fe recta ante Dios que sólo busca su favor en los méritos de Cristo.

En el caso del materialismo, el deseo por la acumulación de capital y posesiones, sucede algo similar. La confianza en este ídolo, el "más común en el mundo", no puede lógicamente promover un amor desinteresado por el prójimo ni la fe en Dios como único proveedor. Pero al teólogo infiel en cada uno de nosotros no le gusta ser consistente. Damos gracias y alabamos a Dios por sus bienes temporales y eternos, y no hay porqué cuestionar la legitimidad de tal culto y la confianza en la provisión que la fe supone. Pero luego, por la dependencia a los bienes temporales, nos angustiamos cuando no tenemos lo suficiente, codiciamos lo que no nos pertenece, o despilfarramos lo que tenemos en cosas que en realidad no necesitamos, mientras otros sufren y tienen necesidades físicas y emocionales mucho más fundamentales que las nuestras. Todos somos teólogos infieles durante nuestras vidas y caemos en estos errores, inconsistencias y al fin pecados. Todos necesitamos postrarnos ante la cruz y recibir el perdón de Cristo por nuestra idolatría.

En el discurso acerca de la idolatría en su explicación al primer mandamiento, Lutero no hace más que incorporarnos a la historia y experiencia de Israel en el desierto. Fue en ese desierto, más precisamente en el monte Sinaí, donde Yahvé le dio a Moisés sus mandamientos. El primero dice así: "No tengas otros dioses además de mí" (Dt 5:7). Desafortunadamente fue allí también, en ese mismo desierto, a los pies del Sinaí, donde su hijo Israel le fue infiel al único y verdadero Dios que lo liberó del yugo opresor de los egipcios, postrándose ante aquel infame becerro de oro mientras Moisés oraba a Yahvé por su pueblo y recibía de él sus mandamientos (Dt 9:7-29). Tal idolatría pasa a ser un tema recurrente durante toda la historia del pueblo de Israel, hijo infiel que se prostituye a otros dioses (Os 11:1-4), y a quien su misericordioso Padre –como una madre que nunca olvida y consuela a su recién nacido (Is 49:14-16, 66:13)– una y otra vez tiene que llamar al arrepentimiento y anunciar sus promesas de elección, provisión, y vida plena.

La historia de Israel es la nuestra. Nos sirve como advertencia. Aquel hijo que no orienta su vida hacia el único Dios que tiene el poder de salvarnos como lo hizo al librar a su primogénito Israel de sus opresores, terminará orando a becerros de oro que andan por ahí prometiendo felicidad, amor, dinero, y salud que no pueden otorgar. Se pasará la vida entera buscando inalcanzablemente a Dios en las cosas creadas, buscando alguna satisfacción en la acumulación de las mismas, construyendo tesoros para sí que llenan por algún rato pero no cuando la soledad, la enfermedad, la pobreza, la tragedia, y la muerte tocan a la puerta. Debemos recordar además que cuanto más idólatra, más corrupto es Israel. Cuando se aleja de Dios y sus mandamientos, se aleja también –y de hecho se aprovecha– del necesitado. No atiende a las viudas, los huérfanos, los pobres y los inmigrantes, prójimos vulnerables entre ellos. Así pues, vemos que la oración a éste u otro becerro de oro echa a perder la orientación de la vocación hacia el prójimo. Ya no vemos a nuestros semejantes como una bendición de Dios sino como una carga e impedimento en el camino hacia el progreso personal, no como una persona con la que entramos en relación o diálogo y que servimos sin imponer condiciones sino como un objeto que nos puede ser útil si nos sirve de algo.

¡Cuidado con esos becerros! Te ponen en contra de Dios y de tus semejantes. No te permiten vivir como la persona que Dios te hizo, a saber, como ser santificado para la oración y la vocación. No te permiten gozarte de la presencia y actividad del otro en tu vida, sea del Creador como la fuente de toda bondad, o del prójimo como la meta de nuestro servicio. Nos llama tanto la historia de Adán, criatura que quiere "ser como Dios", como la historia de Israel, el "hijo" infiel e idólatra, a redescubrir nuestra identidad humana en el plan de Dios para las criaturas que creó a su imagen y el pueblo que escogió e hizo nación santa. Nos llama la historia de la Caída y del desierto del Sinaí a anhelar y recibir aquella santificación que sólo Dios puede dar y restablecer en nosotros por medio de su Palabra y el Espíritu Santo. Nos llaman estas historias además a gozarnos de lo que somos, criaturas que no son ni dios ni necesitan de otro dios, sino cuya feliz plenitud se alcanza en la comunión con su único y verdadero Dios. Fuimos creados y santificados para ser teólogos fieles de nuestro Dios a quien, como hijos a su padre, dirigimos toda petición, esperando recibir sólo de él toda dádiva en esta vida y en la venidera. Al hacernos sus teólogos fieles, el Padre también nos orienta a la labor en pro del prójimo, a servirle felizmente por medio de nuestras vocaciones.

Resumen

1. Fuimos creados para orar y laborar. La oración expresa la dimensión vertical del ser humano, su ser en relación al Dios que lo creo para él y a quien le rinde culto. La vocación expresa la dimensión horizontal del ser humano, su ser en relación al prójimo para quien Dios lo creó y a quien le rinde su servicio. Tanto la oración como la vocación expresan que fuimos creados para el diálogo, la interacción, la comunión, y la relación con Dios y nuestros semejantes.

2. Hemos perdido nuestra identidad como seres orantes y vocacionales, aunque vemos vestigios imperfectos y variados de la misma en toda cultura y civilización. A partir de la caída, vemos estas realidades –tan naturales en la primera creación– como extrañas o accidentales a nuestra naturaleza humana. Dicho de otra manera, hemos perdido la santidad

original con la que Dios nos creó para orar y laborar. De ahí que, por nuestra condición narcisista (*incurvatus in se*), tengamos la tendencia a enfocarnos más en nuestra autosuficiencia e intereses propios que en la plegaria a Dios y el bien del prójimo. Nos parece difícil entender la oración y el trabajo como experiencias naturales que nos hacen más plenamente humanos y felices.

3. Todo ser humano es teólogo porque tiene algún "*zeos*" o dios a quien recurre en toda necesidad, en quien pone su esperanza, y que le ayuda a establecer cuáles son sus prioridades en la vida. En su explicación al primer mandamiento, Lutero habla del amor por el dinero y la posesión de bienes como el ídolo más común en la historia. También se refiere a la idea de la salvación por las obras humanas como la mayor idolatría a la que los seres humanos son susceptibles. Aún los hijos de Dios pueden ser teólogos infieles y caer en la idolatría, como le pasó al pueblo de Israel en el desierto y durante su historia. Sea cuales sean los dones creados por Dios que convertimos en ídolos, Lutero nos enseña que la idolatría nos aleja de Dios como fuente de provisión y fin de nuestra oración. Nos aleja además del prójimo como bendición de Dios y fin de nuestra vocación. Sólo Dios puede restaurar a sus criaturas idólatras, santificándolas para que éstas dirijan u orienten una y otra vez su culto al Dios verdadero y su vocación al prójimo, llevándolas así de la autosuficiencia a la fe y del egoísmo al servicio.

Preguntas para la reflexión

1) ¿Cuál es la actitud de la gente en su país hacia la "religión"? ¿Qué entiende la gente en la sociedad por "religión" o "religiosidad"? Al tratar con personas que no están conectadas con la iglesia, ¿qué implicaciones positivas o negativas tiene la propuesta de que toda persona –sea cristiana o no– es, en algún sentido, "teólogo" o "teóloga" en nuestro intento de oír o entender cómo ésta interpreta el mundo (cosmovisión) y lo que considera importante en su vivir ante otros (ética)? Por otro lado, ¿qué aporta en el diálogo con el mundo la enseñanza de la iglesia de que el ser humano fue creado para la comunión con Dios y el prójimo, y por ende para la oración y la vocación? ¿Cuáles son los beneficios y límites de tal enseñanza en la labor evangelizadora de la iglesia?

2) El trabajo se nos presenta en la visión bíblica como una bendición divina pero, después de la caída, el esfuerzo al que éste conlleva es

a la vez parte del juicio de Dios contra el pecado. ¿Qué aspectos de su trabajo en el plano familiar, laboral o eclesial son frustrantes y dolorosos? Por otro lado, ¿en qué aspectos de su trabajo se manifiesta la mano proveedora de Dios para usted y las personas que sirve mediante todas sus labores? ¿En qué sentido representa su trabajo un reto y una oportunidad? Después de reflexionar acerca de estas preguntas, pida a Dios que le ayude a sobrellevar las frustraciones y los retos que traen consigo sus labores. Dé gracias a Dios por su provisión y oportunidades de servir que le ofrece por medio del trabajo.

3) Lutero habla no sólo del dinero y las posesiones, sino también de las buenas obras y aún de los amigos como potenciales ídolos o dioses en los cuales uno puede llegar a poner toda su confianza. ¿Cuáles son los dones o regalos de Dios (p ej, los logros profesionales, los hábitos alimenticios, la sexualidad) que, aunque buenos en sí mismos, se han vuelto –o tienden a volverse– "ídolos" en determinadas situaciones de su vida? Más específicamente, ¿cuáles son aquellas cosas o personas que lo alejan de la oración y el culto a Dios o de llevar a cabo sus labores o vocaciones con esmero en pro de algún prójimo? Al finalizar su meditación, dé gracias a Dios por ser la rica fuente de todos los dones que él le ha dado, y pídale que le dé la fuerza para usarlos para su honra y para beneficio de sus semejantes.

CAPÍTULO 2

EL SANTIFICADOR Y LOS SANTIFICADOS: La santificación como don divino y tarea cristiana

La santificación del cristiano es ante todo y totalmente un don de Dios, es decir, un beneficio que se recibe del Padre por la morada de su Espíritu en todo aquel que ha sido justificado por la fe en Cristo. Podemos decir además que la santificación del cristiano es totalmente su actividad y responsabilidad. En otras palabras, la santificación es tanto un don o beneficio divino como una tarea o respuesta humana. Nos refiere tanto al "indicativo" de la acción divina como al "imperativo" de la exhortación cristiana, de manera que al mismo tiempo y paradójicamente "al ser humano se le debe negar todo crédito pero nunca se le ha de excusar de su total responsabilidad".[1] Estos dos tipos de afirmaciones resumen la enseñanza bíblica acerca de la santificación. Ambas deben mantenerse en tensión saludable para evitar por un lado la visión de la santificación como obra humana que ocurre aparte de la acción de Dios o como obra humana merecedora de su gracia, y por otro lado una noción de la santificación que no dé lugar a la necesidad y promoción de las buenas obras para beneficio del prójimo de acuerdo a los mandatos y exhortaciones de Dios. El primer peligro suele denominarse "moralismo"; el segundo, "antinomismo" (es decir, oposición a la ley). En lo que concierne a la santificación, no hay espacio entonces para la arrogancia en cuestiones espirituales o el legalismo que ve las obras como medio de justificación ante Dios, ni tampoco para la negligencia o apatía con el prójimo y las vocaciones que Dios nos ha dado para servirles en este mundo.

Pablo nos dice, por un lado, que "nadie será justificado en presencia de Dios por hacer las obras que exige la ley" (Ro 3:20a). No podemos jactarnos fanáticamente de la santificación como tarea humana para alcanzar el

---

1 Adolf Köberle, *The Quest for Holiness: A Biblical, Historical and Systematic Investigation*. Traducido del alemán al inglés por John C. Mattes (Minneapolis, Minnesota: Augsburg, 1938; Evansville, Indiana: Ballast Press, 1999), xii. La traducción del inglés al español es mía.

cielo. Por otro lado, el apóstol también enseña que la justificación ante Dios no niega "que la ley es santa, y que el mandamiento es santo, justo y bueno" (Ro 7:12). Pues la ley de Dios sirve para mostrarnos el mal que no queremos hacer, y por ende nuestra naturaleza de pecado, pero también nos enseña el bien que queremos hacer cada vez que nos deleitamos en ella (Ro 7:13-25). Se puede hablar entonces de la santificación como actividad y hasta deleite del cristiano –aunque imperfectos en esta vida– según lo que Dios demanda de él en su ley. Se evita tanto el legalismo como el antinomismo en la enseñanza paulina. En toda una serie de sus conocidas exhortaciones a cumplir los mandatos de Dios en servicio al prójimo, Pablo afirma además, como lo hiciera Jesús en su ministerio, que "el amor es el cumplimiento de la ley" (Ro 13:10b). En la instrucción del apóstol, este amor se reconoce en su modo indicativo como la primerísima dimensión del "fruto del Espíritu" que éste obra en el cristiano; y a la vez en su modo exhortatorio como la manera en que el cristiano debe caminar santamente, oponiéndose a los deseos de su carne: "Si el Espíritu nos da vida, andemos guiados por el Espíritu" (Gá 5:25).[2]

Jesús critica el fariseísmo de aquellos que, confiando en sí mismos y en sus obras de ayuno y ofrendas de diezmos, se creen justos ante Dios (Lc 18:9-14). Lo que se critica es aquella falsa piedad del pecador arrogante que pretende ver en sus obras de santidad el camino a su justificación ante Dios. Se previene el legalismo. Pero por otro lado, al enseñarle a sus bienaventurados discípulos a amar a sus enemigos y a orar por ellos como él mismo habría de hacerlo en la cruz, Jesús les dice enfáticamente y hasta con cierta fuerza imperativa que "sean perfectos así como su Padre celestial es perfecto" (Mt 5:48).[3] Los discípulos que Jesús proclama bienaventurados responderán

---

2 En este contexto, el presente del verbo subjuntivo "andar" en el plural de la primera persona (στοιχῶμεν) es de tipo exhortatorio, indicando lo que deben hacer en su lucha contra la carne aquellos que ya han sido vivificados por el Espíritu. Pablo presenta la vida en el Espíritu como don divino y respuesta cristiana.

3 En este contexto, podría decirse que el futuro indicativo del verbo "ser" en el plural de la seguda persona (ἔσεσθε) tiene cierta fuerza imperativa o de mandato divino: "Ustedes serán perfectos..." Así pues, no ha de sorprendernos que a este pronunciamiento enfático de Jesús le precedan dos verbos imperativos: "Pero yo les digo: Amen (ἀγαπᾶτε) a sus enemigos y oren (προσεύχεσθε) por quienes los persiguen..." (Mt 5:44). Si situamos el pasaje en el contexto aun más amplio de las bienaventuranzas (Mt 5:1-12), las cuales son proclamaciones de bendiciones divinas, podemos concluir que el futuro con fuerza imperativa de Mt 5:48 refleja lo que se espera precisamente de los que Jesús ya ha pronunciado o declarado bienaventurados.

a su don divino progresando en el amor a sus enemigos.[4] Se promueve la caridad. Así también, cuando los santos sufren injustamente antes las autoridades instituidas por Dios, y hacen el bien en vez de vengarse (1P 2:13-23; cf. 3:8-18), o cuando éstos sufren los insultos de la sociedad incrédula por su buena conducta o por causa del nombre de Cristo (1P 4:1-4, 12-19), ellos actúan según la voluntad de Dios y dan buen testimonio de su Señor. San Pedro le dice a estos santos que "para esto fueron llamados, porque Cristo sufrió por ustedes, dándoles ejemplo para que sigan sus pasos" (1P 2:21). Seguir los pasos de Cristo se puede entender como la tarea del cristiano que es motivada por el llamado de Dios y el ejemplo de su Hijo, o que resulta de tal llamado y ejemplo.[5] Aquellos que pasan por tales pruebas y sufrimientos por ser cristianos, y a pesar de todo esto se gozan en su Señor, sólo lo pueden hacer y soportar "porque el glorioso Espíritu de Dios reposa sobre ustedes" (1P 4:14). Se le da entonces todo su crédito al Espíritu Santo por la vida cruciforme de la iglesia. Así pues, el testimonio bíblico habla de la santificación como la obra continua que el Espíritu opera en y mediante el justificado, y a la vez como la obra y responsabilidad cotidiana del justificado a la que Dios lo llama en este mundo.

La santificación como don divino: El sentido evangélico de la santificación en relación a la justificación

En su *Catecismo Mayor*, Lutero ubica la santificación bajo el Credo. Dios primero nos muestra lo que su ley demanda, "lo que Dios quiere que hagamos y dejemos" según los Diez Mandamientos; luego el Credo "nos presenta

---

4 En sus sermones basados en el sermón de la montaña, Lutero habla de la perfección del cristiano en el amor no en un sentido absoluto o perfeccionista sino en términos de progreso, crecimiento y hasta lucha constante. En su reflexión acerca de Mt 5:48, Lutero dice: "Ahora bien, si mi vida no está a la altura de esto en cada detalle –porque ésta ciertamente no puede, ya que sangre y carne incesantemente se lo impiden– esto no me detrae de la perfección. Sólo debemos continuar alcanzándola, y moviéndonos y progresando hacia ésta cada día." Véase su *The Sermon on the Mount and The Magnificat*, in *LW*, vol. 21. Editado y traducido por Jaroslav Pelikan (St. Louis, Missouri: Concordia Publishing House, 1956), p. 129. La traducción del inglés al español es mía.

5 En este contexto, el aoristo del verbo subjuntivo "seguir en pos de" en el plural de la segunda persona (ἐπακολουθήσητε), que introduce la conjunción ἵνα ("para que"), puede denotar tanto el propósito como el resultado final del llamado de Dios y el ejemplo de Cristo, a saber, que los cristianos sigan en los pasos de su Señor. Se puede ver el seguir a Cristo como iniciativa divina y respuesta cristiana a la obra de Dios.

todo lo que debemos esperar y recibir de Dios".[6] Cada artículo del Credo se enfoca entonces en los dones o beneficios que recibimos de cada una de las personas de la Trinidad. Por medio de su creación y providencia sobre todas las cosas, nuestro Padre nos da la vida, el alma y el cuerpo, comida, vivienda y hogar, así como todo lo necesario para preservarlos y protegerlos. Al derramar sobre nosotros sus dádivas por pura bondad, el Padre se nos entrega a sí mismo y revela como un padre proveedor de manera que "debemos ver y sentir su paternal corazón y su amor superabundante frente a nosotros".[7] Por medio de su vida, muerte, y resurrección, el Hijo nos redime del poder del pecado, el diablo, y la muerte en nuestras vidas para reconciliarnos con su Padre, haciéndose por su entrega abnegada en la cruz y obra a favor de pecadores "un espejo del corazón del Padre, sin el cual sólo veríamos la imagen de un juez airado y terrible".[8] Aparte de Cristo, "Dios" no es confiable. Nadie puede "conocer lo que es Dios, lo que él quiere y lo que hace".[9] En medio de tragedias, desastres naturales, la muerte, o dudas acerca de nuestro fin después de la muerte, el concepto o la realidad de "Dios" parece esconderse y lo experimentamos como un peso encima de nuestros hombros más que como nuestro consuelo.[10] Dios pasa a ser lo que Lutero llama "un juez airado y terrible". Sólo en su revelación trinitaria se nos revela Dios de forma confiable, como consuelo en toda tribulación. Así como el Padre nos entrega a su Hijo a fin de redimirnos, también nos da su Espíritu Santo

---

6 *Catecismo Mayor*, El Credo, 1, en *LC*, p. 437.

7 Ibíd., 23, p. 440.

8 Ibíd., 65, p. 447; En su *Catecismo Menor*, Lutero asocia nuestro rescate del pecado, el diablo, y la muerte con el señorío de Cristo sobre estos poderes y por ende sobre nuestras vidas. Véase Credo, 4, en *LC*, p. 359.

9 *Catecismo Mayor*, El Credo, 63, p. 447.

10 Para estudiar lo que Lutero llama el "Dios oculto" (lat. *Deus absconditus* o *Deus ipse*), en distinción al "Dios predicado" que se nos revela en Cristo y la Palabra (lat. *Deus praedicatus* o *Deus revelatus*), véase *La voluntad determinada*, en *Obras de Martín Lutero*, vol. 4. Traducido por Erich Sexauer (Buenos Aires: Editorial Paidós, 1976), p. 161-173. Allí Lutero escribe que "debemos abstenernos de hacer especulaciones en cuanto a Dios en su majestad y esencia; pues en este plano nada tenemos que ver con él, ni tampoco quiso él que en este plano tuviésemos que ver con él. Pero en cuanto que se vistió y manifestó en su Palabra en la cual se nos ofreció, sí tenemos que ver con él, porque ésta es su adorno y su gloria con que está vestido…" (p. 164); "Ocúpese el hombre más bien en el Dios hecho carne, o, como dice Pablo, en Jesús el crucificado, en quien están todos los tesoros de la sabiduría y del conocimiento, pero escondidos; porque por medio de Jesús, el hombre tiene en abundancia lo que debe saber y lo que no debe saber" (p. 170).

para santificarnos, revelando una vez más "el abismo profundo de su paternal corazón y de su amor inefable".[11]

En su explicación al Credo, Lutero supone que no hay acceso a "Dios" aparte de sus obras trinitarias a favor nuestro. Su argumento es cristocéntrico, aproximándose al primer artículo en términos del segundo. Porque el Hijo nos revela en su obra redentora el "corazón del Padre", llegamos a conocer a "Dios" no en términos de atributos abstractos sino de manera personal como nuestro Padre misericordioso y lleno de gracia. Sólo a la luz de la redención del Hijo por nosotros, se puede confesar que las obras del Padre en la creación también nos dan acceso a su "bondad y misericordia paternal y divina".[12] El primer artículo se interpreta a la luz del segundo. Aún cuando Lutero discursa acerca del primer artículo del Credo, de todas las dádivas temporales que el Padre nos da, nos dice que éste libra de angustia a sus hijos "por puro amor y bondad sin que lo merezcamos".[13] Éste es el tipo de lenguaje que generalmente se asocia con la gracia de Dios en Cristo, el segundo artículo y los beneficios de la redención del Hijo aparte de nuestras obras. Pero Lutero aplica este lenguaje al primer artículo. ¡Pero todo es gracia! Así pues, cuando vemos las obras de Dios en términos de sus beneficios para sus hijos, todo al fin –sea la creación o la redención– tiene su fuente en la bondad y misericordia de Dios, o en un sentido amplio, proviene de su sobreabundante gracia.

Se aproxima Lutero también al tercer artículo desde la perspectiva del segundo. La obra principal del Espíritu es la de llevarnos al conocimiento de Cristo, pues "nada podríamos saber de Cristo, si el Espíritu Santo no lo hubiera revelado".[14] La obra que describe el tercer artículo se denomina "santificación" porque tiene su fuente no en el "espíritu" de alguna criatura –sea humana o angelical– sino en el Espíritu Santo, es decir, en "el espíritu que nos ha santificado y nos sigue santificando".[15] Esta descripción de la santificación nos refiere primero al agente de la obra y luego a sus beneficios. Nos recuerda que la santidad describe ante todo la naturaleza misma de Dios, fuente de toda santidad. Nos habla entonces en primer lugar del "santificador" antes de decirnos lo que es la santificación en sí o su modo de santificarnos. En

---

11 *Catecismo Mayor*, El Credo, 64, p. 447.

12 *Catecismo Menor*, El Credo, 2, p. 359.

13 *Catecismo Mayor*, El Credo, 17, p. 439; Lutero también usa la siguiente expresión: "...y todo esto por pura bondad y misericordia paternal y divina, sin que yo en manera alguna lo merezca ni sea digno de ello." Véase su *Catecismo Menor*, El Credo, 2, p. 359.

14 *Catecismo Mayor*, 65, p. 447.

15 Ibíd., 36, p. 443.

cuanto a lo que es la santificación en su sentido primario, Lutero ofrece una respuesta que está orientada fundamentalmente al conocimiento de la obra de Cristo, a la recepción por la fe de los beneficios que describe el segundo artículo: "Santificar no es otra cosa que conducir al Señor Cristo, con el fin de recibir tales bienes que por nosotros mismos no podríamos alcanzar."[16] Así como Dios permanece escondido aparte de la obra de Cristo, asimismo la obra de Cristo por nosotros permanece oculta, su tesoro sepultado, sin la acción del santificador en nuestras vidas.[17] Este aspecto de la santificación como don divino del Espíritu de Dios, aparte de los deseos o las obras del espíritu humano, se resalta tanto en la descripción de la incapacidad del ser humano de poner su fe en Cristo como en la capacidad del Espíritu Santo de presentárnoslo de tal forma que recibamos de él sus beneficios. ¡Pero todo es gracia! El *Catecismo Menor* describe este aspecto de la gracia inmerecida que asume la obra reveladora del Espíritu Santo en su creación y preservación de la fe en Cristo:

> "Creo que ni por mi propia razón, ni por mis propias fuerzas soy capaz de creer en Jesucristo, mi Señor, o venir a él; sino que el Espíritu Santo me ha llamado mediante el evangelio, me ha santificado con sus dones, y me ha santificado y conservado en la verdadera fe, del mismo modo como él llama, congrega, ilumina y santifica a toda la cristiandad en la tierra, y la conserva unida a Jesucristo en la verdadera y única fe; en esta cristiandad él me perdona todos los pecados a mí y a todos los creyentes, diaria y abundantemente, y en el postrer día me resucitará a mí y a todos los muertos y me dará en Cristo, juntamente con todos los creyentes, la vida eterna. Esto es con toda certeza la verdad."[18]

La enseñanza catequética acerca de la santificación se ve en términos del Credo, y por ende, fundamentalmente como parte de las obras de Dios por nosotros. Se enfatiza la santificación como don inmerecido de Dios y no tanto como las obras de los santos en el mundo. El enfoque radica en la iniciativa y constancia del Espíritu Santo a favor de los santos y no tanto en la espiritualidad o los dones del mismo. La orientación cristocéntrica de la explicación del tercer artículo resalta claramente la dimensión de la gracia, y por ello se concentra en el uso del término "santificación" para referirse a

---

16 Ibíd., 39.

17 Ibíd., 38.

18 *Catecismo Menor*, El Credo, 6, p. 360.

la transición del estado de pecado que nos impide conocer a Cristo como Señor al estado de la fe en Cristo que el Espíritu crea y preserva mediante el evangelio. Desde esta perspectiva, la unión de la iglesia, la comunión de los santos, con Jesucristo no es más que la obra de preservación en la fe que garantiza el Espíritu por medio de la Palabra. En este contexto catequético, nuestra santificación corresponde primeramente a lo que generalmente se conoce como la justificación por la fe que nos conduce a Cristo y a la recepción de su salvación por la misma fe. Se entiende la santificación básicamente en un sentido "evangélico", a saber, como la obra divina de justificación por la fe en Cristo que el Espíritu Santo lleva a cabo mediante el evangelio del perdón de los pecados y por ende aparte de nuestros méritos, razón o fuerzas. Al identificársele con la justificación por la fe, se recalca la santificación como don divino y pura gracia.

La santificación en su sentido evangélico enseña que el medio por excelencia que el Espíritu utiliza para santificarnos es el evangelio como perdón de pecados. Ya que el Espíritu nos congrega en la comunidad o comunión de los santos para predicarnos este perdón una y otra vez, Lutero se refiere a la iglesia como "madre, pues ella engendra y mantiene a todo cristiano mediante la palabra de Dios que él mismo revela y enseña".[19] La obra principal del Espíritu no es más que predicar a Cristo por medio de su iglesia en el mundo.[20] Esta predicación de la "remisión de los pecados" la lleva el Espíritu a cabo, hasta el día del juicio final, "mediante los santos sacramentos y la absolución, así como también mediante múltiples palabras consolatorias de todo el evangelio".[21] Se asume en toda esta catequesis de Lutero la temática bíblica de la santidad como separación del pecado, pero también como pureza que Dios comunica y otorga al pecador por medio su Palabra y Espíritu. Por ello es sólo en virtud de la Palabra predicada por el Espíritu que la iglesia puede llamarse "un santo grupo reducido y una santa comunidad que se compone de puros santos".[22] La comunidad de los santos pasa a ser el lugar privilegiado donde se recibe y comunica la santidad de Dios por

---

19 *Catecismo Mayor*, El Credo, 42, p. 443.

20 "...porque donde no se predica a Cristo, tampoco existe el Espíritu Santo que hace la iglesia cristiana, la llama y la congrega, fuera de la cual nadie puede venir al Señor Cristo." Ibíd., 45-46, p. 444.

21 Ibíd., 54, p. 445. Es interesante que Lutero hable de "la predicación acerca de los sacramentos". La frase recalca que el poder del Bautismo y la Santa Cena se deriva de su unión a la palabra e institución de Cristo.

22 Ibíd., 51.

medio de la palabra del perdón. Por eso toda la iglesia que el Espíritu Santo ha llamado y congregado por el evangelio no sólo participa de los beneficios de Cristo sino que los comparte con otros, de manera que "Dios nos perdona y nosotros nos perdonamos mutuamente, nos soportamos y auxiliamos".[23]

El santificador no sólo hace posible la santificación sino que la "multiplica" para que así, por medio de la Palabra, "la cristiandad crezca y se fortalezca diariamente en la fe y sus frutos que ella produce".[24] Ahora se empieza a hablar de la santificación no sólo en términos de la fe en Cristo que nos hace puros por el evangelio, sino también de sus frutos. Pero éstos también los produce el Espíritu Santo quien al convocar a los santos "en una misma fe" lo hace dándoles "diferentes dones" y haciéndolos "unánimes en el amor, sin sectas, ni divisiones".[25] Podemos hablar entonces del sentido amplio o general de la santificación, que incluye tanto la justificación por la fe aparte de las obras como los frutos de tal fe.[26] Cuando Lutero habla de aumento y crecimiento en la santificación, se refiere a la fe y sus frutos, pero inmediatamente ancla tales frutos nuevamente a la predicación del evangelio. Así pues, el uso general del término santificación, que incluye la justificación por la fe y sus frutos, se fundamenta en el sentido evangélico del término que corresponde a la justificación por la fe aparte de sus frutos. Por eso Lutero habla del progreso de la santificación como el retorno diario de los cristianos, en quienes aún habita el pecado por causa de la carne, a la Palabra y los sacramentos para recibir el consuelo del evangelio y la absolución. Al hablar de nuestro crecimiento diario en la santificación, Lutero tiene en mente una visión más cíclica que lineal de la vida cristiana. Lo que importa en materia de santificación, y hablando prácticamente, es morir al pecado y resucitar a nueva vida mediante un retorno diario al evangelio que absuelve al pecador.

Ya que la santificación en su sentido evangélico está tan íntimamente asociada con la fe en Cristo y la preservación de su iglesia en la misma, se condena a "todos los que quieren buscar y merecer la santificación no por el evangelio y la remisión de los pecados, sino por sus obras".[27] Esta afirmación presenta la santificación como una obra divina que corresponde a la justificación por la fe, pronunciándose explícitamente en contra de una visión meritoria de las obras. Así la dimensión de la santificación como algo que

---

23 Ibíd., 55, p. 446.

24 Ibíd., 53, p. 445.

25 Ibíd., 51.

26 Véase, por ejemplo, Mueller, *Doctrina Cristiana*, pp. 257-258.

27 *Catecismo Mayor*, 56, p. 446.

el Espíritu multiplica, hace crecer o aumenta en nosotros evita el legalismo. La visión cíclica en la que tal dimensión se sitúa, así como su trayectoria escatológica, evita también una visión perfeccionista de la santificación porque reconoce que "actualmente sólo en parte somos puros y santos".[28] La santificación sólo alcanzará su plenitud en la resurrección cuando nuestra naturaleza humana "resurja gloriosa y resucite para una santidad total y completa en una nueva vida eterna".[29] Sólo en el "esjatón", al fin de los tiempos, no habrá necesidad de la obra evangélica del Espíritu, o de la santificación en su sentido evangélico, porque ya no habrá más pecado y por ende "ya no habrá más perdón".[30] La resurrección del cuerpo pasa a ser entonces parte y meta de la santificación, en el sentido general del término, y por lo tanto el fruto definitivo y pleno de la santidad que comienza y se renueva cada día por la predicación del evangelio mediante la iglesia hasta llegar a su madurez en el último día. Así pues, los frutos de la fe, las obras de amor, los dones del Espíritu, la unión con Cristo, y la resurrección de los santos dependen por completo del evangelio. La santificación en su sentido general o inclusivo se fundamenta y depende completamente de las promesas de Dios en Cristo y por ende de la santificación en su sentido primario o evangélico.

Si bien es cierto que la santificación como fruto de la fe se manifiesta en la diversidad de dones y en la práctica del amor, y esto se menciona en la catequesis del Credo, también es cierto que la imperfección de tales frutos en esta vida por el pecado hace necesaria la enseñanza de la santificación como realidad que sólo llega a su plenitud en la resurrección. Ya diremos más sobre la santificación en su sentido estricto –es decir, como el resultado de la justificación por la fe– donde se habla más de los frutos internos y externos de la fe en Cristo, a saber, la renovación interna del cristiano (inclúyase su mente, voluntad, y emociones) y las obras en el mundo que fluyen de la misma. Por ahora, sólo recalcamos lo que la catequesis del Credo contribuye al artículo de la santificación. Ésta nos enseña el sentido "evangélico" o primario de la santificación, correspondiente a la justificación por la fe en Cristo, y también al retorno diario del cristiano a tal evangelio para ser preservado en la fe, como fundamento y presuposición de los sentidos "general" y "estricto" de la santificación. En la dogmática luterana se habla de los sentidos general y estricto (o particular) de la santificación, pero la explicación del Credo nos permite hablar más específicamente de un sentido "evangélico" que no

---

28 Ibíd., 58.

29 Ibíd., 57.

30 Ibíd., 58.

sólo se incluye como una parte del general o que sólo precede al estricto, sino que es la fuerza motora de ambos.

La santificación como resultado y compañera de la justificación:
Distinción y relación entre la justificación y la santificación en su sentido estricto

Aunque la catequesis de la santificación en el tercer artículo del Credo hace de ésta un sinónimo de la recepción de los beneficios de la redención de Cristo, y por ende corresponde al don divino de la justificación por la fe en Cristo aparte de nuestra razón y fuerza, el término "santificación" también se puede distinguir de la realidad de nuestra justificación. En lo que concierne a la santificación en su sentido amplio o general, es posible incluir la justificación como parte de la acción santificadora del Espíritu que se extiende desde la unión a Cristo por la fe hasta la resurrección de la carne. Sin embargo, no todo lo que es posible es permitido. Los confesores evangélicos luteranos del siglo XVI notaron que las palabras "regeneración" o "vivificación" podían emplearse en las Escrituras para referirse a distintas realidades. A veces se referían al perdón de los pecados de manera exclusiva, y otras veces se referían tanto al perdón de los pecados como a sus frutos en la vida del cristiano.[31] Tal distinción parece poco importante. ¿Por qué preocuparse de estos detalles? Los confesores estaban convencidos que de no tratar este pequeño problema lingüístico claramente, las conciencias atribuladas por sus pecados no recibirían el consuelo del evangelio. Siempre hay que tomar en cuenta a la audiencia.

Toda teología pastoral se hace en algún contexto, se dirige a alguna audiencia concreta, a ciertos problemas o retos. En un contexto histórico donde se enseñaba al pueblo que su justificación ante Dios, y por ende su salvación eterna, dependía en parte de alguna realidad interna como su estado de santidad y la pureza de su corazón, o de alguna realidad externa como la cantidad o calidad de sus buenas obras, era muy fácil introducir méritos humanos en la justificación. Surge entonces la necesidad de distinguir claramente entre dos tipos de justicia, a saber, "la justicia imputada de la fe" por la cual se declara justos a pecadores delante del tribunal de Dios, y "la justicia de la nueva obediencia, o las buenas obras" que sigue lógicamente a la justicia de la fe pero no justifica ante Dios porque "es incompleta e impura en

---

31 *Formula de Concordia* (*FC*), *Declaración Sólida* (*Decl. Sól.*), Art. III, 19-21, en *LC*, pp. 585-586.

esta vida debido a la carne".[32] Dicho de otra manera, los confesores luteranos ven la necesidad de hablar de la santificación, tanto en su dimensión de regeneración interna como de obras externas, en un sentido más estricto o particular que no incluyera el artículo de la justificación por la fe en Cristo. Con esta distinción se procuraba hacer teología en servicio al evangelio y al cuidado pastoral, es decir, hacer teología con el fin "de que la mente abatida tenga un consuelo firme y seguro y para que también se les atribuya al mérito de Cristo y a la gracia divina el honor que merecen".[33]

Se discursa entonces acerca de la santificación como resultado de la justificación, de "la justicia de la nueva obediencia" como proveniente de "la justicia imputada de la fe", o también de la renovación del corazón y las obras de amor al prójimo como frutos de la fe.[34] Al hablar de la justificación por la fe, esta distinción ha de mantenerse. Tal distinción asume un orden lógico según el cual la justificación precede y por lo tanto no depende de la santificación, a pesar de que temporalmente las obras sean inseparables de la fe en la realidad diaria del cristiano. Para parafrasear a Lutero: La fe sola justifica, aunque la fe nunca esté sola.[35] Además de ser los frutos evidentes de la fe en Cristo, las buenas obras no son simplemente opcionales sino requeridas por Dios; pero a la vez no nos justifican ante él porque sólo la fe en Cristo nos da el perdón de los pecados.[36] Sólo la fe justifica ante Dios, pero no porque la fe nos dirija al creyente que cree sino porque ésta nos dirige a los méritos

---

32 Ibíd., 32, p. 588.

33 Ibíd., 30; "Por lo tanto, aunque los que se han convertido y creen en Cristo tienen incipiente renovación, santificación, amor, virtud, y buenas obras, sin embargo, nada de esto debe ser inyectado o inmiscuido en el artículo de la justificación que vale delante de Dios, si es que el honor que se le debe a Dios ha de permanecer con Cristo el Redentor, y las conciencias perturbadas han de recibir consuelo, ya que nuestra obediencia es incompleta o impura." Ibíd., 35, p. 589.

34 "También se dice que los creyentes que han sido justificados en Cristo mediante la fe, en esta vida tienen primero la justicia imputada de la fe, y luego también la justicia de la nueva obediencia, o las buenas obras. Pero estas dos no deben confundirse o ser ambas inyectadas al mismo tiempo en el artículo de la justificación por la fe." Ibíd., 32, p. 588.

35 "La fe y las buenas obras concuerdan y se complementan muy bien (están unidas inseparablemente); pero es la fe sola, sin las obras, la que se apropia la bendición; y no obstante, jamás y en ningún momento está sola." Ibíd., 41, p. 590.

36 "Se enseña también que tal fe debe producir buenos frutos y buenas obras y que se deben realizar toda clase de buenas obras que Dios haya ordenado, por causa de Dios. Sin embargo, no debemos fiarnos en tales obras para merecer la gracia ante Dios. Pues recibimos el perdón del pecado y la justicia mediante la fe en Cristo..." *Confesión de Augsburgo* (*CA*), Art. VI, 1-2, en *LC*, p. 29.

de Cristo proclamados en el evangelio.[37] Felipe Melanchton, colaborador de Lutero, insiste que la fe no justifica porque sea una buena obra sino porque recibe la misericordia de Dios que se revela en el evangelio.[38] La pasividad del ser humano, de la fe que pasivamente recibe la promesa del evangelio, es evidente en el artículo de la justificación. El enfoque no se le da a la fe en sí, ni a la fuerza de la misma en nosotros, ni al cristiano que la tiene, ni a los frutos de la misma en nuestras vidas de santidad. El énfasis de la fe que justifica ante Dios nos sitúa "fuera de nosotros" (lat. *extra nos*), dirigiéndonos al único objeto y meta de la fe, a saber, a Cristo, de manera que "toda nuestra justicia debe ser buscada fuera de los méritos, obras, virtudes, y dignidad de parte nuestra y de todos los hombres y que esa justicia descansa únicamente en nuestro Señor Jesucristo..."[39] En términos del consuelo de las conciencias atribuladas por sus pecados, la enseñanza de los confesores acerca del arrepentimiento se enfoca en la absolución del pecador. La absolución no depende en última instancia de la calidad de la confesión del pecador o la enumeración de sus pecados ni de los frutos de arrepentimiento, aunque estas realidades que preceden a la absolución y le siguen no se niegan.[40] La fe sólo justifica y absuelve de pecado ante Dios porque descansa en Cristo crucificado, en sus méritos, justicia, obras, obediencia, y santidad.

Tanto la santificación como la justificación pueden verse como la obra de Dios. Pero la santificación en su sentido estricto (o a distinción de la justificación) trata de lo que Dios hace "en nosotros" (lat. *in nobis*) o mediante nosotros, mientras que la justificación trata de lo que Dios hace "fuera de nosotros" y por ende *aparte de* nosotros. Mientras que la santificación puede

---

37 "Para conseguir esta fe, Dios ha instituido el oficio de la predicación, es decir, el evangelio y los sacramentos. Por medio de éstos, como por instrumentos, él otorga el Espíritu Santo, quien obra la fe, donde y cuando le place, en quienes oyen el evangelio. Éste enseña que tenemos un Dios lleno de gracia por el mérito de Cristo, y no por el nuestro, si así lo creemos." Ibíd., Art. V, 1-3.

38 *Apología de la Confesión de Augsburgo* (*Apología*), Art. IV, 56, en *LC*, p. 87; cf. 86, p. 93.

39 *FC, Decl. Sól.*, Art. III, 55, p. 592.

40 "Se ha de conservar pues la doctrina acerca de la fe, es decir, que conseguimos remisión de pecados por la fe, por causa de Cristo, y no en virtud de obras nuestras que preceden o que siguen." *Apología*, Art. XII, 116, p. 187. Se incluye en tales obras "que preceden o que siguen" la calidad de la confesión de pecados (a saber, que ésta se haga por amor a Dios y no por miedo a su castigo), la cantidad de la confesión por la enumeración de pecados, la satisfacción después de la absolución y la calidad o cantidad de los frutos de arrepentimiento. Los confesores luteranos no niegan la contrición y los frutos del perdón en sí, pero sí el uso de éstos como obras humanas –sobre todo en las formas ya citadas– para alcanzar la justificación ante Dios.

hablar de la gracia de Dios que opera en y por medio de sus hijos (lat. *gratia infusa*), la justificación sólo habla de la gracia como una cualidad en la mente y el corazón de Dios, a saber, su "favor divino" (lat. *favor dei*) o disposición de perdonar nuestros pecados por razón de la obra de su Hijo. Así como somos justificados sólo "mediante la fe" (lat. *per fidem*) que pone su confianza en los méritos de Cristo "por nosotros", así también sólo los méritos de Cristo motivan la gracia de Dios para con los pecadores de manera que su favor divino es nuestro solamente "por causa de Cristo" (lat. *propter Christum*).[41]

Por su gracia, Dios imputa o transfiere su "justicia" a los injustos o pecadores, pero ésta siempre es su justicia "en Cristo". No es una justicia accesible aparte de Cristo, ni puede ser recibida sino por medio de Cristo, quien tomó el lugar de los pecadores, para así reconciliarnos con Dios Padre y hacernos justos ante él. En las célebres palabras del apóstol Pablo: "Al que no cometió pecado alguno, por nosotros Dios lo trató como pecador, para que en él recibiéramos la justicia de Dios" (2Co 5:21). Si bien es cierto que el pecado o la injusticia de Adán, y la condenación de Dios por su desobediencia, se le imputa a toda la raza humana a partir de la caída, también lo es que Dios por su gracia imputa a todos la justicia u obediencia de Cristo para hacerlos justos ante Dios (Ro 5:18-19). Esta justicia de Cristo, nuestro segundo o último Adán, es externa o ajena a nosotros precisamente porque viene de él y dirige nuestra fe a su perfecta obediencia hasta la cruz. Por eso los confesores luteranos nunca basan la justificación del ser humano ante Dios en la inhabitación de Cristo o de su Espíritu Santo en el alma del creyente ni en los frutos de justicia en su propio corazón o para con el prójimo que surgen de tal inhabitación divina. Se niega explícitamente que el ser humano sea proclamado y constituido justo ante Dios por "la morada en nosotros de la justicia esencial de Dios", aunque se puede hablar de tal morada lógicamente como una realidad que no antecede –ni contribuye a– sino que "sigue a la justicia precedente de la fe".[42] Así pues, la justicia de la nueva obediencia

---

41 "Además, se enseña que no podemos lograr el perdón del pecado y la justicia delante de Dios mediante nuestro mérito, obra, y satisfacción, sino que obtenemos el perdón del pecado y llegamos a ser justos delante de Dios por gracia, por causa de Cristo mediante la fe, si creemos que Cristo padeció por nosotros y que por su causa se nos perdona el pecado y se nos conceden la justicia y la vida eterna." *CA*, Art. IV, 1-2, p. 29.

42 *FC*, *Decl. Sól.*, Art. III, 54, p. 592. Los confesores rechazan la posición del luterano Andrés Osiander. Para un resumen breve de la posición de Osiander (o controversia Osiandrista) en su contexto teológico-histórico, véase Eugene F. Klug y Otto F. Stahlke, *La Fórmula de Concordia: Historia y recopilación* (St. Louis: Editorial Concordia, 1981), pp. 36-39 (cf. pp. 14, 135-136).

asume la morada de Cristo –en fin, de toda la Trinidad– en el cristiano. Pero este tipo de justicia que el Dios Trino opera en y mediante nosotros por su inhabitación en nuestras almas no es lo mismo que la justicia imputada de la fe (lat. *imputata fidei iustitia*), y por ende no es la causal de nuestra justificación ante Dios sino la bendición y el fruto de la misma.

Quizá podría negociarse el uso de expresiones como *gratia infusa*, "morada en nosotros de la justicia esencial de Dios" (lat. *inhabitatio essentialis iustitia dei in nobis*) y "deificación" (o "divinización") en lo que respecta a la santificación siempre y cuando éstas nos refieran simplemente y de manera general a la morada de la Trinidad en los justificados y los frutos de tal presencia en sus vidas. Debemos admitir, sin embargo, que la interpretación benigna de estas expresiones se hace difícil porque éstas no distinguen propiamente entre la justificación por la fe y la santificación en su sentido estricto. El término *gratia infusa*, por ejemplo, se ha utilizado en contra de la idea de imputación en el artículo de la justificación.[43] La idea de una justificación ante Dios por la *inhabitatio* de la justicia esencial de Cristo en el alma del ser humano (o la presencia de Cristo en el alma según su naturaleza divina) no sólo se pronuncia en contra de la justicia imputada de Cristo al pecador sino que además no entiende la justicia de Cristo en términos de su obediencia vicaria en lugar del pecador según ambas naturalezas.[44] La problemática con los términos "deificación", "divinización" o "*zeosis*" (gr. θέωσις) radica en el uso que a menudo se les da para hablar de la salvación ante Dios en términos de la unión del alma de la criatura con la Trinidad, dando más énfasis –como en el caso del término *gratia infusa* en occidente– a

---

43 Tomás de Aquino: "Puesto que el amor de Dios no consiste solamente en un acto de voluntad divina, sino que produce además un efecto de gracia, según ya vimos (q.110 a.1), también el hecho de que Dios no impute el pecado al hombre produce en éste un efecto especial. Porque si Dios no imputa a alguien su pecado, eso se debe al amor que le tiene." *ST*, 1-2, q. 113, a. 2, ad. 2. La solución al artículo de la *Suma* lee: "Ahora bien, el efecto que el amor divino produce en nosotros, y que el pecado destruye, es la gracia, que nos hace dignos de la vida eterna, cuyas puertas nos cierra el pecado mortal. En consecuencia, es imposible entender la remisión de la culpa sin la infusión de la gracia." Nótese cómo la justificación y el perdón del pecado depende del efecto del amor de Dios en el alma de la criatura.

44 Los confesores rechazan la enseñanza de Osiander, a saber, "la doctrina que enseña que la fe no descansa sólo en la obediencia de Cristo, sino en su naturaleza divina, según mora y obra ésta en nosotros, y que por esta morada son cubiertos nuestros pecados delante de Dios". *FC, Decl. Sól.*, Art. III, 63, p. 594. Nótese además el rechazo de la doctrina que enseña que el pecador ha de "ser hecho justo por causa del amor infundido por el Espíritu Santo y las virtudes y obras que emanan de ese amor" (62).

las cuestiones de la participación o comunión ontológica de la criatura en el ser del Dios Trino, de la cooperación de la criatura agraciada con Dios en su justificación, o de la inhabitación del Espíritu en el creyente como parte de su proceso de justificación.[45] Lo que se pierde en estas expresiones es el poder de la palabra de Dios para hacer no sólo ficticia sino efectiva lo que ésta promete, a saber, perdonar pecados o justificar al pecador aparte de y sin poner como condición su participación en el ser de Dios, cooperación con su gracia o los efectos de la morada de Dios en su alma.

Se pierde además en tales expresiones deificantes la mera radicalidad de nuestro ser criatura, de nuestra identidad como seres humanos creados y recreados por la palabra de Dios y no como seres que pretenden ser más que humanos por algún ascenso al ser de Dios.[46] La teología luterana es sensible a la crítica de que la doctrina de la justificación imputada o forense es un tipo de "ficción legal" en la que Dios, al declarar al pecador justificado ante él desde su posición como juez de la corte celestial, sólo pretende por su bondad que el pecador sea justo pero en realidad no lo hace ontológica o intrínsecamente justo. En la medida en que la justificación forense se haya presentado popularmente como una ficción de tipo extrinsicista –es decir, que Dios declara al pecador justo pero en realidad no lo hace justo– se debe corregir este error con la afirmación de que al declarar justo al pecador, Dios lo hace en realidad justo, es decir, lo vivifica y regenera por su Palabra "porque de un hijo de ira se ha hecho a esa persona un hijo de Dios, y así ha pasado de muerte a vida..."[47] Al mismo tiempo, se ha de distinguir lógicamente entre

---

45 La celebrada *Declaración conjunta sobre la doctrina de la justificación* de 1997, elaborada por teólogos de la Federación Luterana Mundial y la Iglesia Católica Romana, y su "consenso respecto a los postulados fundamentales de la doctrina de la justificación" (par. 43), afirma positivamente que luteranos y católicos concuerdan que sólo la gracia de Dios justifica al pecador. Aunque importante en su intento ecuménico, la *Declaración*, sin embargo, no toma en serio el hecho de que ambas tradiciones continúan interpretando lo que esta "gracia" es de maneras no sólo relativa sino fundamentalmente diferentes (véase par. 19-24). La *Declaración* también habla de la justificación por la "unión con Cristo" (par. 23), pero no clarifica si esta unión que justifica se debe interpretar como la fe en él o como su presencia o morada en el justificado.

46 En la teología contemporánea, la interpretación finlandesa de Lutero que inició Tuomo Mannermaa va en contra de la justicia imputada y adopta una idea más deificante o infusa de la justificación. Se asemeja a la posición de Osiander que los confesores luteranos critican en la Fórmula de Concordia. Para un análisis crítico, véase William W. Schumacher, *Who Do I Say That You Are?: Anthropology and the Theology of Theosis in the Finnish School of Tuomo Mannermaa* (Eugene, Oregon: Wipf & Stock, 2010).

47 *FC, Decl. Sól.*, Art. III, 20, p. 585.

el uso de las palabras bíblicas "vivificación" y "renovación" para denotar el perdón de los pecados (en lo que concierne a la justificación ante Dios) y su uso para hablar de "la subsecuente renovación que el Espíritu Santo obra en aquellos que han sido justificados por la fe".[48] Así se excluyen de la justificación nuestros méritos y la fe puede descansar confiadamente en los méritos de Cristo que Dios nos imputa de hecho y no ficticiamente por su Palabra.

Nada de lo que se ha dicho va en contra de la inhabitación de la Trinidad en el alma del justificado, ni de la santificación y la necesidad de las buenas obras en su vida, ni de la operación o los efectos de la gracia de Dios en la mente, voluntad, y emociones del creyente. Estas realidades se pueden tratar bajo la doctrina de la santificación en su sentido estricto o particular, pero no se proponen como causales de la justificación del ser humano ante Dios. Se distinguen estas realidades sin separarlas. En una reflexión hermenéutica acerca de los evangelios, Lutero distingue entre Jesús como "don" y Jesús como "ejemplo".[49] La santificación nos dirige a Jesús como ejemplo o dechado, la justificación a Jesús como don. En el contexto histórico de Lutero, se había enfatizado tanto la necesidad de seguir el ejemplo de Jesús para agradar a Dios y obtener su favor que se había eclipsado la imagen evangélica de Jesús como el don de Dios por el cual recibimos su perdón. Por eso, decía Lutero, "no debes hacer de Cristo un Moisés, pensando que no hace otra cosa que impartir enseñanza y ejemplo, cosa que hacen los demás santos, como si el evangelio fuese código de doctrina y de leyes".[50] El "evangelio" en su sentido más pleno, como buena noticia, nos presenta a Jesús como el don de Dios, pues el evangelio no es más que "un libro de promesas divinas, en el cual nos promete, ofrece y da todos sus bienes y beneficios en Cristo".[51] Por otro lado, nunca se debe despreciar el modelo de Jesús, quien se dio por nosotros en la cruz dándonos un ejemplo (Lutero cita 1P 4:1; cf. 2:21). Sin embargo, su ejemplo no ha de emularse para conseguir nuestra justificación ante Dios, sino que ha de orientarse completamente al prójimo necesitado "de manera, pues, que cuando ves que él [Jesús] ora, ayuna, ayuda a las gentes y les demuestra amor, también tú harás lo mismo en cuanto a ti y a tu

---

48 Ibíd., 19; cf. *Apología*, Art. IV, 71-74, 244-253, pp. 89-90, 118-120.

49 Martín Lutero, *Lo que se debe buscar en los evangelios*, en *Obras de Martín Lutero*, vol. 6. Traducido por Carlos Witthaus y revisado por Enrique J. Held y Ernesto W. Weigandt (Buenos Aires: Publicaciones El Escudo, 1979), pp. 39-44.

50 Ibíd., p. 40.

51 Ibíd., p. 42.

prójimo".[52] Jesús como don nos hace cristianos porque corresponde a la fe que nos lleva a él para bienaventuranza y por eso justifica ante Dios, mientras que Jesús como ejemplo o dechado no nos hace cristianos porque las obras no nos redimen o justifican sino que son el resultado de la fe en él.[53] La santificación es el resultado de la justificación que la antecede, la crea, y la motiva en la vida del cristiano.

Aunque la santificación, en el sentido estricto del término, se debe distinguir de la justificación para así consolar a pecadores angustiados y dar honor a Cristo, y por otro lado para prevenir que pecadores arrogantes incluyan su santidad, obras, y méritos en el artículo de la justificación, también es cierto que no se puede separar la santificación de la justificación en un sentido temporal. Para el cristiano, en cuanto nueva criatura, la renovación de su corazón y sus obras en el mundo son en todo momento el fruto de la fe que lo justifica ante Dios. En este sentido, la santificación es siempre compañera de la justificación. El santificado nunca deja de ser el justificado, y el justificado no puede dejar de producir frutos de santidad. Así se evita el impulso a reducir la justificación a un mero evento del ayer sin aplicación a toda la vida cristiana, un tipo de foto estática que sólo describe una realidad en el pasado pero no da sentido ni energía a todo el largometraje de la vida. La santificación no corresponde a la imagen de un "retrovisor" que ve la justificación como una realidad que va quedando más y más atrás mientras el cristiano sigue manejando su automóvil hacia una mejor vida, avanzando en la carrera de su propia santidad, enfocándose ya sea en el progreso y la perfección de su santificación como la meta de su fe o en la gloria de Dios como el objeto de toda su obediencia.[54] En tal esquema, ya no se distinguen

---

52 Ibíd., p. 41.

53 "Si, pues, tienes a Cristo de este modo, como fundamento y tesoro principal de tu bienaventuranza, entonces sigue la otra parte, que lo tomes también por dechado, disponiéndote también a servir a tu prójimo, así como ves que él se ha ofrecido a ti. Mira, entonces la fe y el amor toman impulso; se cumple el mandamiento de Dios, el hombre se vuelve alegre e intrépido para hacer y sufrir todo. Por lo tanto, fíjate en esto; Cristo, como don, alimenta tu fe y te hace cristiano. Pero Cristo, como dechado, activa tus obras. Éstas no te hacen cristiano, sino que proceden de ti después de que ya has llegado a ser cristiano. Así como existe una gran diferencia entre el don y el dechado, así también se distinguen la fe y las obras. La fe no tiene nada propio, sólo la obra y la vida de Cristo. Las obras tiene algo tuyo propio, pero no deben pertenecerte a ti, sino a tu prójimo." Ibíd., 41-42.

54 David P. Scaer, "Sanctification in the Lutheran Confessions", *Concordia Theological Quarterly* 53/3 (1989), p.165. Scaer asocia la visión de la santificación como "retrovisor" (ing. "rear-view mirror") con el pietismo luterano, pero sobretodo con la tradición

sino que se dividen la justificación y la santificación, y esto no nos permite ver que toda la vida del cristiano es una extensión y manifestación de su identidad como pecador justificado. Esto implica, por un lado, que en cuanto *pecador*, la santificación del justo no será perfecta ni su justificación dependerá de su obediencia sino de la obediencia de Cristo; pero por otro lado, significa que en cuanto *justificado*, su obediencia y obras necesariamente serán parte de su vida, motivadas por el evangelio, y por ello también serán vistas por Dios como agradables por ser el fruto de la fe en Cristo.

Más apropiada sería una imagen de la santificación como escenas sucesivas y entrelazadas de una película acerca de la vida que no podrían entenderse sin considerar el inicio del largometraje y la narrativa que le da razón de ser, dirección, y motivación a todo el drama. Tal narrativa que sirve como el pegamento que une, ilumina, y orienta las escenas del drama de la vida cristiana vendría a ser aquella que asume la necesidad del santificado de volver una y otra vez a reconocer su imperfecta santidad y a recibir día tras día la declaración de su justificación en el presente por medio de la proclamación del evangelio. La santificación es, desde este ángulo, un retorno diario a la contrición por el pecado y una recepción diaria del perdón de pecados durante todo nuestro peregrinaje por la vida. La fe que recibe el evangelio del poder de Cristo entonces motiva "los impulsos espirituales" y "las buenas obras" del justificado, llevándolo a depender con gozo de la guía y ayuda del Espíritu Santo durante toda su vida.[55] La santificación es además "el lado institucio-

---

protestante reformada, tanto arminiana como calvinista, y su tendencia a ver la meta de la fe respectivamente como la perfección del cristiano a la imagen de Dios y como la obediencia del cristiano para la gloria de Dios (cf. pp. 166, 168); Senkbeil ofrece una crítica a la tendencia de la teología evangélica-reformada de ver la santificación básicamente como un seguimiento de principios (ing. "how-tos") sin referencia constitutiva al poder del evangelio que nos ofrece Dios en la proclamación del mismo mediante su Palabra y los sacramentos. Véase Harold L. Senkbeil, *Sanctification: Christ in Action. Evangelical Challenge and Lutheran Response* (Milwaukee, Wisconsin: Northwestern, 1989).

55 "Es falsa, pues, la calumnia de nuestros adversarios de que nuestros partidarios no enseñan las buenas obras; la verdad es que no sólo las exigen, sino que muestran cómo se las puede practicar. El resultado mismo convence a los hipócritas, que tratan de cumplir la ley por sus propias fuerzas, de que no pueden llevar a cabo lo que pretenden. Porque la naturaleza humana es demasiado débil como para resistir por sus fuerzas al diablo, que mantiene cautivos a cuantos no son liberados por la fe. Contra el diablo se necesita el poder de Cristo, es decir: Necesitamos de su poder para que, sabiendo que por causa de Cristo, Dios nos oye y nos da su promesa, pidamos la dirección y el apoyo del Espíritu Santo, a fin de que no erremos, siendo el objeto del engaño, ni cedamos al impulso de emprender algo en contra de la voluntad de Dios." *Apología*, Art. IV, 136-139, pp. 100-101.

nal del acontecimiento de la justificación".[56] No es sólo el fruto interno de la fe que asume la renovación de la mente, la voluntad, y las emociones, además de la lucha del cristiano con los deseos de la carne que intentan subyugar al pecado estas dimensiones de su ser. La santificación también tiene su dimensión pública y secular en el buen sentido de la palabra. Es el vivir por la fe en Cristo en el mundo que Dios ha creado y continúa preservando para nuestro bien. Es la expresión pública de la justificación por medio de las vocaciones concretas del cristiano en los órdenes de la creación que Dios ha instituido por medio de su Palabra como lo son el matrimonio, el gobierno y la iglesia.

La santificación como tarea del cristiano: La santificación en relación a los dos tipos de justicia

Si bien la santificación debe verse, como todo en la creación, en términos de la obra magnánima de Dios, también se dirige específica y directamente a la actividad o acción del cristiano. Dicho de otra manera, el Espíritu Santo no es el santificado sino el que santifica, y por lo tanto el Espíritu no toma el lugar del cristiano al santificarlo sino que lo motiva y guía en las obras que le competen y que sólo el cristiano en sí debe responsabilizarse por hacer en este mundo. En cierto sentido la santificación es también tarea humana, respuesta del cristiano. No nos permite echarle la culpa al Espíritu Santo por nuestra negligencia y pereza. Tampoco nos permite usar la enseñanza acerca de la espontaneidad de las obras en nuestras vidas para quedarnos sentados esperando que de algún modo sicológico nos "sintamos" realmente motivados, o estemos seguros "de corazón" de que nuestros motivos y deseos son sinceros, para entonces empezar a servir al prójimo y cumplir las tareas que Dios nos ha dado en nuestras vidas. Hay que tener mucho cuidado de no definir la motivación de la fe que da frutos de santidad como si ésta fuera un proceso sicológico o barómetro del corazón que al fin indica si en realidad nos sentimos con las ganas de servir a otros sin fines egoístas o por el puro miedo de no enfadar a Dios, es decir, sin fines de recibir recompensa o castigo de Dios. Si todos hiciéramos lo que Dios demanda de nosotros sólo cuando nos sintiéramos motivados de corazón, y sólo cuando alcanzáramos pensamientos y deseos puros y completamente limpios de todo fin utilitario, entonces sería imposible servir al prójimo.

---

56 Oswald Bayer, *Living by Faith: Justification and Sanctification*. Traducido al inglés por Geoffrey Bromiley (Grand Rapids, Mich.: Wm. B. Eermands, 2003), p. 59. La traducción del inglés al español es mía.

Tiene que haber entonces algún espacio para hablar de la actividad del cristiano, no como meritoria de la justificación ante Dios, pero sí como su responsabilidad de vivir justa y rectamente ante los seres humanos. Podemos hablar de dos tipos de justicia, la pasiva y la activa. La justicia pasiva resalta, junto con la obra de Dios *extra nos*, la "pasividad" del ser humano en cuestiones espirituales que tienen que ver con la salvación, ya que éste recibe las promesas del evangelio por la sola fe y por ende aparte de sus preparaciones, pensamientos, y obras. Por otro lado, la enseñanza acerca de la santificación resalta la obra de Dios *in nobis*, la "actividad" del ser humano y su actuar en conjunto con el Espíritu que mora en él con el fin de servir al prójimo. En cuanto nueva criatura que ha sido justificada ante Dios, el cristiano siempre coopera con el Espíritu que habita en él para hacer las obras que agradan a Dios; sin embargo, en cuanto la vieja criatura o la carne pecaminosa todavía se apega al cristiano en esta vida, su santificación será siempre imperfecta y revelará su oposición a los deseos del Espíritu que lo inhabita.[57] La exhortación de Pablo a no vivir según los deseos de la carne, sino a andar según los deseos del Espíritu (Gá 5:16-26), resume esta paradójica forma de describir la vida presente del cristiano entre los tiempos de la vieja y la nueva creación.

El apóstol experimenta en su propio ser el conflicto entre "la ley del pecado" a la cual está sujeto según la carne y el deseo de cumplir "la ley de Dios" conforme al Espíritu de vida que lo ha librado del pecado y hecho un hijo de Dios por causa del sacrificio de su Hijo (véase Ro 7:4-25 y 8:1-17). Por un lado, cuando el apóstol quiere hacer el bien lo acompaña el mal por causa de la carne o naturaleza pecaminosa que mora en él (Ro 7:21). Por otro lado, el apóstol se deleita en la ley de Dios en lo íntimo de su ser y el Espíritu que mora en él lo guía naturalmente –sin pensarlo dos veces, por decirlo así– en el cumplimiento de la misma (Ro 7:22; cf. 8:12-14). Ya sea en completa cooperación con el Espíritu de vida o en completa oposición al mismo, o más bien en ambos tipos de actitudes o maneras de ser durante el transcurso paradójico de la vida cristiana en la cual no siempre está claro si

---

57 Los confesores luteranos no hablan de la cooperación del ser humano con Dios en la justificación, pero sí en la santificación, afirmando que "nosotros en efecto podemos y debemos cooperar, aunque todavía en forma débil, mediante el poder del Espíritu Santo". *FC*, *Decl. Sól.*, Art. II, 65, p. 575. Pero esta cooperación está subordinada y depende en última instancia de la guía y conducción del Espíritu Santo en el justificado de tal modo que no se puede concebir como si el convertido cooperara con el Espíritu "a la manera como dos caballos tiran juntamente de un carro..." (66, p. 576). Nótese cómo esta manera de hablar de la santificación podría asemejarse a la "*gratia infusa*" si ésta última no tuviera las connotaciones de mérito salvífico que se le atribuyen en el pensamiento tomista.

uno está cooperando según el Espíritu u oponiéndose a él según la carne, la santificación incluye al fin la "actividad" del santificado. Esta paradoja no se resuelve sino hasta la resurrección de los muertos cuando el Espíritu Santo llevará a su plenitud su obra santificadora, dando vida a los cuerpos mortales de los hijos de Dios en quienes habita (Ro 8:11), haciéndolos partícipes de la imagen del último Adán y de su incorruptibilidad e inmortalidad, y por ende librándolos definitivamente del poder de la ley del pecado y la muerte (1Co 15:45-57).

La justificación del cristiano es por la fe en Cristo y no por las obras de la ley. En cuanto justificado ante Dios, el cristiano no está bajo la ley sino que vive por el Espíritu (Gá 5:18; cf. 3:23-25). La ley que sirve como espejo para mostrarle su pecado (Ro 3:19-20), su incapacidad de cumplir plenamente lo que Dios demanda de él, ya no lo condena ante Dios (cf. Gá 3:10). La fe nos hace justos ante Dios por causa de Cristo, quien nació bajo la ley para librarnos de la maldición de la ley (Gá 4:4-5). En su humillación, Cristo cumple la ley por nosotros de manera plena, y en la cruz toma sobre sí y en nuestro lugar la condenación de la ley (Gá 3:13). Sin embargo, el cristiano todavía necesita que la ley le muestre lo que Dios demanda de él, lo que debe hacer y lo que debe dejar de hacer. El cumplimiento de la ley no es necesario para ser declarado justo ante Dios, pero las obras que vienen por cumplir la ley sí son necesarias para el bien del prójimo. Pablo le dice a los gálatas: "...ustedes han sido llamados a ser libres; pero no se valgan de esa libertad para dar rienda suelta a sus pasiones. Más bien sírvanse unos a otros con amor. En efecto, toda la ley se resume en un solo mandamiento: 'Ama a tu prójimo como a ti mismo'" (Gá 5:14). La ley ya no es maldición y condenación para el cristiano porque Cristo lo ha librado de la ley. Pero la ley sigue siendo para el cristiano la buena y santa voluntad de Dios, y por ende sigue siendo vigente en el sentido de que ésta le sirve como guía, regla, y norma para vivir en santidad según la voluntad de Dios en su quehacer cotidiano. Por lo tanto, ya que los cristianos en esta vida experimentan en su ser la lucha entre la carne y el Espíritu, "jamás están sin la ley y sin embargo no están bajo la ley, sino dentro de ella y viven y andan en la ley del Señor y no obstante nada hacen por compulsión de la ley".[58]

Ya que la fe en Cristo nos hace justos ante Dios, no se puede decir que las obras de la ley sean "necesarias para la salvación". Sin embargo, excluyendo

---

[58] Ibíd., Art. VI, 18, p. 612. En la llamada controversia antinomista, los confesores luteranos defienden el tercer uso de la ley como guía. Para un resumen breve de la controversia, véase *La Fórmula de Concordia: Historia y recopilación*, pp. 50-53 (cf. pp. 14, 139-140).

las obras en el artículo de la justificación, no se debe predicar tampoco que las buenas obras sean "perjudiciales a la salvación" de los cristianos si con esto se quiere negar que éstas "son testimonios de la salvación", "producidas en ellos por el Espíritu" y "agradables a Dios por causa de Cristo".[59] Por medio de la ley, el Espíritu Santo guía, instruye y exhorta al justificado en las buenas obras. Lo hace para que el creyente no diseñe o invente su propia santidad, buscando supuestas maneras "más santas" de vivir, sino para que rija su vida de acuerdo a la palabra de Dios.[60] No hay porqué buscar "mejores" maneras de ser santo, puesto que Dios ya nos ha dado suficiente que hacer al darnos sus mandamientos y las vocaciones y prójimos para ponerlos en práctica. El Espíritu nos motiva a hacer la voluntad de Dios y las obras de la ley gozosamente mediante el evangelio, es decir, recordándonos, proclamándonos y enseñándonos la gran obra de salvación que Dios ha hecho por nosotros por medio de Cristo. Así como la ley no tiene el poder de justificarnos ante Dios, tampoco tiene el poder de encaminarnos en la nueva obediencia. Solamente el Espíritu que renueva el corazón por la proclamación del evangelio de la justificación en Cristo nos da el poder y la motivación para cumplir la ley en servicio al prójimo.[61] Y el mismo Espíritu que mora en nosotros nos ayuda a no inventar formas de santidad que no se normen de acuerdo a lo que Dios demanda de sus criaturas en sus mandamientos.

Melanchton distingue entre la "justicia de la ley" y la "justicia del evangelio". La justicia de la ley asume que no sólo el cristiano, sino todo ser humano, conoce la ley porque Dios la ha puesto en su corazón (Ro 2:14-15). Así pues, todo ser humano tiene por lo menos alguna idea de lo importante que es ser justo ante otros, de ser responsable con otros, de cumplir con las tareas que nos da la vida. Aunque no todo ser humano lo haga, lo quiera hacer, o lo pueda hacer, éste tiene alguna idea en su conciencia y corazón –aunque ésta

---

59 Ibíd., Art. IV, 38, p. 602. En la llamada controversia Majorista, algunos como Justo Major y Justo Menius decían que "las obras son necesarias para la salvación"; en reacción a este modo de hablar, Amsdorf decía que las buenas obras son un detrimento para la salvación. Ante los dos extremos, los confesores luteranos hablan de la necesidad de la obras como fruto de la fe pero no para ser salvos delante de Dios. Para un resumen breve de la controversia, véase *La Fórmula de Concordia: Historia y recopilación*, pp. 40-44 (cf. pp. 14, 136-137).

60 "Esta doctrina acerca de la ley también es necesaria para los creyentes a fin de que no dependan de su propia santidad y devoción y so pretexto del Espíritu Santo establezcan cierta forma de culto divino, independiente de la palabra y el mandato de Dios." Ibíd., Art. VI, 20, p. 612; cf. 3, p. 609.

61 Ibíd., Art. VI, 11-12, p. 611.

sea mínima, imperfecta o poco entendible– de su ser social, de su relación con otros, de su interdependencia con otros, y por lo general de la necesidad importante de ser una buena madre, un buen empleado o un buen ciudadano. Aunque Melanchton critica a los teólogos escolásticos por enseñar sólo la justicia de las obras de la ley en lugar de la justicia del evangelio, también reconoce que aún Aristóteles, quien no era parte del pueblo de Dios, entendía y enseñaba con erudición acerca de la justicia de la ley o ética civil.[62] No debe sorprendernos en lo absoluto que el musulmán, el ateo, o el budista puedan exhibir un alto sentido de moral y externamente hacer lo que la ley divina les exige. Aún el filósofo discursa acerca de la importancia de la ética, la virtud, la vida en sociedad, la moral, la importancia de la justicia, independientemente de cómo ésta se entienda en esta u otra cultura, tiempo o lugar.

La santificación trata en particular de la justicia de la ley en la vida del cristiano. A esta justicia de la ley se le conoce por el nombre de "justicia activa" porque resalta precisamente la actividad del cristiano en su lucha contra el pecado, pero también en su ser justo o recto ante otros por medio de sus obras de amor. Se diferencia de la "justicia pasiva" (también llamada por Lutero "justicia ajena") que nos dirige a una actividad ajena a la nuestra, es decir, a la justicia de Cristo como la causa de nuestra declaración como personas justas ante Dios.[63] Lutero distingue entre dos tipos de justicia. Si la justicia ajena de Cristo nos habla precisamente de nuestra pasividad en cuestiones de nuestro estado, vida, o relación "ante Dios" (lat. *coram deo*), la justicia activa o "justicia actual" nos habla de la actividad que Dios espera de nosotros y nos motiva a llevar a cabo en nuestro vivir en este mundo y "ante los seres humanos" (lat. *coram hominibus*). En el caso del cristiano, su justicia activa siempre fluye de la pasiva: "Esta justicia es primaria; es la base, la

---

62 "Nos hemos enterado que algunos, dejando a un lado el evangelio, en vez de dar un sermón han explicado la ética de Aristóteles. Y no andaban tan errados, si es verdad lo que defienden como tal nuestros adversarios. Pues Aristóteles trató el tema de la ética civil de una manera tan erudita que no se podría pedir nada mejor al respecto. Vemos que circulan libros en los que se comparan palabras de Cristo con sentencias de Sócrates, de Zenón y de otros, como si Cristo hubiese venido al mundo a promulgar leyes por medio de las cuales pudiéramos merecer la remisión de pecados, y no la tuviésemos por su gracia y por los méritos de él." *Apología*, Art. IV, 14-15, p. 79.

63 "Hay dos tipos de justicia... La primera es la justicia ajena, a saber, la justicia de otro que se nos infunde desde afuera. Ésta es la justicia de Cristo por la cual él justifica mediante la fe..." Véase Martín Lutero, *Two Kinds of Righteousness*, in *LW*, vol. 31. Editado por Helmut T. Lehmann y traducido al inglés por Lowell J. Satre (Philadelphia: Muhlenberg Press, 1957), p. 297. La traducción del inglés al español es mía.

causa, la fuente de toda nuestra propia justicia actual."[64] En términos del segundo tipo de justicia, Lutero define el quehacer de "nuestra justicia propia" de tres maneras. Ésta incluye la lucha en el cristiano contra los deseos de su carne, las obras externas de amor al prójimo, y la mansedumbre y el temor de Dios.[65] Todos estas dimensiones de la justicia activa son "el producto de la justicia del primer tipo, de hecho su fruto y consecuencia".[66] Lutero muestra la correspondencia que existe entre los dos tipos de justicia y los "dos tipos" de pecado en el ser humano, a saber, el pecado original y el actual. La justicia ajena de Cristo que se nos infunde desde afuera trata el problema del pecado original que también se nos ha imputado desde afuera, de manera que Cristo mismo se nos da diariamente por la fe que lo recibe para así expulsar al viejo Adán en cada uno de nosotros.[67] La justicia actual del cristiano, por otro lado, se opone al pecado actual (a diferencia del original) y enfrenta la lucha con las distintas manifestaciones del mismo de acuerdo al fruto del Espíritu que éste ha recibido y motivado por la justicia que también ha recibido de Cristo.[68] En fin, la doctrina de la santificación toma en serio la lucha constante del cristiano contra aquellos pecados particulares del viejo Adán en su vida que lo agobian a diario y quieren subyugarlo de manera habitual o continua hasta llevarlos a la pérdida de la fe y el endurecimiento del corazón.

Si la justificación trata el problema del pecado en singular (el pecado original), la santificación nos dirige a tratar con el pecado en plural (los pecados particulares).[69] Pero no se atacan los pecados actuales sin apelar en oración a la justicia de Cristo a nuestro favor, pues sólo ésta puede impulsarnos a tratar con los mismos y llevarnos a desear el rechazo al pecado y la santidad de vida. Primero, Cristo, nuestro novio, se nos da a sí mismo en su Palabra, diciéndonos: "Soy tuyo"; luego de oír su voz, su novia la iglesia responde con una vida santa, diciéndole: "Soy tuya".[70] La justicia actual del cristiano es respuesta a la justicia ajena de Cristo. Es cierto que ante Dios, y

---

64 Ibíd., p. 298.

65 Ibíd., p. 299; Lutero resume así la actividad de nuestra justicia propia: "Por lo tanto en cada esfera ésta hace la voluntad de Dios al vivir sobriamente consigo, justamente con el prójimo y devotamente hacia Dios" (p. 300); Lutero incluye bajo la justicia propia el seguimiento de Cristo como ejemplo (Ibíd.).

66 Ibíd., p. 300.

67 Ibíd., p. 299.

68 Ibíd., pp. 299-300.

69 Véase el desarrollo de esta distinción en Köberle, *The Quest for Holiness*, pp. 207-220.

70 Lutero, *Two Kinds of Righteousness*, *LW* 31:300. Lutero cita Ro 6:19.

por ende bajo el artículo de la justicia pasiva, Cristo murió por todos nuestros pecados (tanto el original como el actual). En este sentido no existe distinción alguna entre éste u otro pecado. Sin embargo, podemos también decir prácticamente que, bajo el segundo tipo de justicia, los pecados actuales han de tomarse en serio y considerarse en toda su particularidad. No nos agobia el pecado en algún sentido abstracto o general sino el pecado en sus formas particulares y concretas. La santificación como respuesta del cristiano al don de Dios en Cristo ataca en particular aquellos pecados actuales a los que éste es más susceptible. En esta lucha con su viejo Adán, el cristiano reconoce entonces que en cierto sentido sí existen diferencias entre pecados actuales porque algunos son más dañinos que otros en lo que respecta a uno mismo, al prójimo y a la relación con Dios. Una cosa es pensar que la vida que Dios nos ha dado no vale nada en este mundo, y otra enteramente diferente es tratar de quitarse la vida. Una cosa es hablar imprudentemente de la belleza de una mujer, y otra cosa es la traición de un adulterio. Desear que no se tuviera que ir a la iglesia no es tan dañino como el rechazo habitual de la Palabra y los sacramentos. Una cosa puede progresivamente llevar a la otra. Ante Dios confesamos todos los pecados, sean de pensamiento, palabra y obra, como la misma cosa. Pero como pecados actuales, lo que pasa de la mente a la boca es generalmente más dañino que lo que se deja sólo en la mente, así como lo que pasa de la boca a la acción pasa a ser aún más peligroso y destructivo.[71] La sobria realidad es que ciertos pecados tienen la tendencia a alejarnos más de nuestro propio morir al pecado, del prójimo que nos necesita, y de la oración a Dios. Se le debe dar entonces su importancia a la realidad y forma del pecado actual en la santificación, identificándolo realísticamente y con vigilancia en la lucha contra la carne, el diablo y el mundo. La oración tendrá su lugar en la lucha. Al mismo tiempo, los cristianos han de buscar sólo en la justicia de Cristo la respuesta, la energía y las armas para vencer al pecado actual en sus vidas.

---

71 "Los malos pensamientos pueden envenenar por días y semanas, las falsas palabras pueden destruir la comunión por años, pero las obras malignas pueden arruinar irreparablemente una vida… Así como la fe percibe la decepción persuasiva y los propósitos corruptos del pecado cuando éste se aproxima por primera vez, así también ve particularmente su abismal malignidad en la falsa propuesta de que el paso de los pensamientos a las palabras y de las palabras a las acciones es más o menos inconsecuente. Este secreto peligroso se superará cuando el cristiano medite no sólo acerca del pecado en general sino que considere sus propios pecados concretos, se arrepienta, y se guarde de éstos con renovada vigilancia. 'Un arrepentimiento general es la muerte del arrepentimiento'…". Köberle, *The Quest for Holiness*, pp. 213-214. La traducción es mía.

Cada tipo de justicia entonces tiene su lugar en la vida del cristiano. No se puede reemplazar un tipo de justicia por otro. Éste es el problema de los teólogos escolásticos, quienes prácticamente "enseñan tan sólo una justicia de la razón, o sea, obras de la justicia civil, y añaden que la razón sola, sin el Espíritu Santo, puede amar a Dios sobre todas las cosas".[72] Sólo la fe en Cristo nos lleva al conocimiento de Dios como Padre lleno de bondad y por ende al amor de Dios sobre todas las cosas. El problema opuesto sería pretender que el cristiano, por haber recibido la justicia del evangelio, ha sido eximido de la necesidad de la ley en su vida. Contra esta idea, Melanchton nos recuerda que "han de hacerse necesariamente las obras buenas que ordena el Decálogo".[73] No se puede hacer de nuestra actividad o tarea humana la causa de la justificación ante Dios, pero tampoco se puede usar nuestra pasividad en la justicia de la fe para justificar la falta de compromiso y responsabilidad con nuestro prójimo que nos necesita. Ni la apatía o negligencia, ni la pereza o flojera, se le permiten al cristiano, y de hecho es enteramente intolerable que éste use su justificación como pretexto para caer en el libertinaje moral. Contra esta tendencia a lo que el teólogo alemán Dietrich Bonhoeffer llamara la "gracia barata",[74] Lutero advierte que "si las personas santas... caen en pecados manifiestos, como David en adulterio, asesinato y blasfemia, esto significa que la fe y el Espíritu Santo estuvieron ausentes".[75] El problema del pecado actual no se resuelve con la falsa y arrogante piedad que pretende usar la absolución para vivir desenfrenadamente, sino con la humilde oración del salmista que siempre pide a Dios la restauración de su fe y el don del Espíritu Santo que puede llevarla a cabo en el corazón.

"Crea en mí, oh Dios, un corazón limpio,
  y renueva un espíritu recto dentro de mí;
No me arrojes de tu presencia,
  no me quites tu santo Espíritu.
Restitúyeme el gozo de tu salvación;

---

72 *Apología*, Art. IV, 9, p. 78.

73 Ibíd., 22, p. 81.

74 "La gracia barata es la predicación del perdón sin arrepentimiento, el Bautismo sin disciplina eclesiástica, la eucaristía sin confesión de los pecados, la absolución sin confesión personal. La gracia barata es la gracia sin seguimiento de Cristo, la gracia sin cruz, la gracia sin Jesucristo vivo y encarnado." Dietrich Bonhoeffer, *El precio de la gracia –El seguimiento*, 6ta edición. Traducido por José L. Sicre (Salamanca: Sígueme, 2004), p. 16.

75 *Los Artículos de Esmalcalda*, Tercera Parte, Sobre el falso arrepentimiento de los papistas, en *LC*, 43, p. 321.

tu Espíritu me sostenga.
Un corazón contrito y humilde
es el sacrificio que agrada al Señor."[76]

Acerca de la justicia activa se nos enseña que a ésta se le debe dar "las alabanzas que merece" por ser el mejor antídoto para frenar las pasiones desenfrenadas de la carne en la sociedad.[77] Se puede hablar más específicamente de la justicia activa en términos de la "justicia civil" o "disciplina civil" que Dios no sólo "requiere" sino mantiene por medio de "leyes, conocimiento, doctrina, magistrados y penas".[78] Tal justicia se demanda simple y sencillamente porque es el mandamiento de Dios. La ley nos dirige a las buenas obras que Dios ordena para nuestro beneficio, a saber, para restringir y disciplinar a los desenfrenados así como para premiar y alabar a los ciudadanos responsables que hacen el bien. Dios premia esta justicia activa, "la honra con recompensas físicas".[79] Aunque ésta no es perfecta, y a menudo se realiza a medias, la justicia activa en el campo civil sigue siendo necesaria para fomentar la paz, la seguridad y las buenas relaciones en la sociedad. De hecho, Melanchton a menudo le da el nombre de "justicia de la razón" precisamente porque apela al uso sabio de la razón para persuadir y ser creativo en la práctica de la virtud, la moral y las buenas costumbres que promueven el respeto y la paz que desea todo ciudadano. Se puede hablar de la capacidad humana de pensar acerca de la mejor forma de implementar tal justicia en ésta u otra situación o contexto cultural e histórico. Los mandamientos de Dios no son negociables, pero su implementación puede variar de un contexto a otro. Bajo el cuarto mandamiento, se debe obedecer a los padres, pero las formas de disciplinar a los hijos varían de un hogar a otro. Bajo el quinto mandamiento, se debe promover la vida el prójimo, pero las maneras de hacer esto son diversas. No se pone en tela de juicio el *qué* del mandamiento, su contenido, pero a la vez se usa el don de la razón para determinar el *cómo* del mandamiento, a saber, las formas concretas que éste ha de tomar en la práctica.

La justicia activa promueve el uso prudente y sabio del don de la razón para tomar este tipo de decisiones, siempre y cuando la razón se subordine

---

76 *¡Cantad al Señor!*, *El Oficio Mayor I*, La Ofrenda (St. Louis: Editorial Concordia, 1991), pp. 17-18. Texto adaptado del Sal 51:10-12.

77 *Apología*, Art. IV, 23-24, p. 81.

78 Ibíd., 22-23.

79 Ibíd., 24, p. 82.

al mandato divino y por ende se use en servicio al prójimo. Melanchton nos dice que "la razón puede producir esta justicia por sus propias fuerzas, si bien fracasa a menudo por su flaqueza natural, y el diablo la incita a cometer delitos manifiestos".[80] En otras palabras, la justicia de la razón es realista. No trata de construir el paraíso en este mundo ni nos llama a poner nuestra fe en nociones de progreso inevitable. Pero por otro lado, mediante la vocación, nos llama también a trabajar arduamente de manera sabia, crítica, y constructiva con el don de la razón para darle un mundo relativamente mejor y más justo a nuestro prójimo en la medida que esto sea posible. A pesar de todo esto, la justicia activa o de la ley tiene su límite, no sólo en lo que puede o no hacer por este mundo imperfecto y tan fragmentado por el pecado, sino también porque no nos puede hacer justos ante Dios.[81] Sólo la justicia de Cristo que Dios nos imputa por el evangelio hace esto por nosotros. Pero a la vez, la justicia de la ley, y la actividad del ser humano que ésta supone, con todo y sus límites, puede verse como un don de Dios que éste da a su mundo para no dejarlo caer en el caos sino para mantenerlo funcionando para beneficio temporal y espiritual del prójimo. La paz que la justicia de la ley promueve a menudo permite una vida relativamente feliz en la que se respeta la vida, la dignidad del trabajador y su necesidad de orar a Dios y oír su Palabra en la iglesia. Después de todo, no es en otro mundo más allá sino precisamente en este mundo que Dios ha creado y aún se digna preservar, enviando la lluvia sobre buenos y malos, que el cristiano es llamado a responder con gratitud al don de Dios en Cristo por medio del amor al prójimo.

Resumen

1. La santificación es ante todo la obra del Espíritu Santo en el cristiano y por ende un don divino. Nos dirige por entero al santificador como la fuente y el agente de la santidad del cristiano y de la iglesia. En su sentido general o amplio, la obra santificadora del Espíritu incluye en primer lugar la justificación por la fe y la renovación diaria en la misma por el perdón de los pecados, pero también los frutos de la fe que se manifiestan en los dones del Espíritu y las buenas obras. Por causa de nuestra naturaleza pecaminosa, la santificación del justificado en esta

---

[80] Ibíd., 23, p. 81; cf. 27, p. 82.

[81] "Así pues, la justicia de la razón no debe ser ensalzada en perjuicio de Cristo. Falso es, pues, que por nuestras obras merecemos el perdón de pecados. Falso es, asimismo, que los hombres son considerados justos delante de Dios en virtud de la justicia de la razón." Ibíd., 25-26, p. 82.

vida siempre será imperfecta y el Espíritu Santo tendrá que luchar contra los deseos de su carne a diario. Sólo en la resurrección final, cuando ya no habrá más necesidad de perdón, el Espíritu llevará a toda plenitud su obra santificadora en el cristiano. Aunque Lutero, en su explicación al tercer artículo del Credo, habla de la santificación en este sentido inclusivo o general, no deja de presentarla de manera más fundamental como la obra del Espíritu de predicarnos a Cristo y de llevarnos a la fe en él. Se usa el término santificación en un sentido más primario o "evangélico". Éste corresponde y es idéntico a la justificación por la fe y por ende se asocia también con la necesidad de la diaria renovación en la fe por la proclamación del evangelio. De allí que la santificación en su sentido "evangélico" se vea como la fuerza motora que en fin posibilita todos los beneficios y frutos que se incluyen en el uso general del término.

2. También se puede discursar acerca de la santificación en su sentido estricto como la regeneración interna del cristiano y las obras externas del mismo que se dan después de su justificación. Se distingue lógicamente la santificación de la justificación con el fin de dar consuelo a las almas agobiadas que tratan de buscar el favor de Dios en la pureza de su corazón o en la calidad y cantidad de sus obras, en la fuerza de su fe, su cooperación con la gracia divina, los efectos de la inhabitación de Dios en su alma, o su obediencia para gloria de Dios. Con la distinción se preserva también el honor de Cristo y se ensalzan sus méritos, justicia y obediencia hasta la cruz a nuestro favor. Ya que la fe que justifica no nos dirige a nosotros mismos sino sólo a Cristo como nuestro "don", ésta corresponde a la recepción de Cristo en el evangelio que nos hace cristianos. Se evita en todo momento el legalismo de las obras como medio de salvación y se nos invita a ver la santificación de manera menos presuntuosa como el feliz resultado de la justificación. Se debe hablar a la vez de la relación que existe en la vida del cristiano entre la santificación y la justificación porque aunque la fe sola justifica ante Dios ésta nunca está sola sino que lleva como compañera a las obras. Por eso, Lutero además nos presenta a Cristo como nuestro "ejemplo" de sacrificio por el prójimo. La unidad de la fe y las obras nos enseña, por un lado, que el cristiano, en cuanto nueva criatura, no puede vivir sin hacer las obras que fluyen naturalmente de la fe; y por otro lado, que el cristiano, en cuanto pecador, no siempre hace buenas obras y por ende depende del retorno diario al evangelio para fortalecerlo en la fe y en la práctica del amor. Con la idea del retorno diario al perdón se evita toda visión perfeccionista de la santificación.

3. La santificación es también la respuesta del cristiano al don de Dios en Cristo, y por ende nos dirige a la actividad y responsabilidad del justificado ante sí mismo y ante su prójimo en el mundo. Involucra la cooperación relativa del cristiano con el Espíritu Santo que lo inhabita en su lucha interna contra los deseos de la carne, en su servicio al prójimo mediante las buenas obras y aún en su práctica de la oración a Dios. Se prohíbe el "antinomismo" que descarta la justicia de la ley en la vida del justificado, y por ende se afirma la necesidad concreta de las obras de la ley –y no simplemente la opción de hacerlas– según el mandato de Dios, no para ser justificado ante él sino por amor al prójimo. La necesidad de las obras se promulgan para prevenir, por un lado, la invención humana de alguna santidad que no se derive de la palabra de Dios o pretenda trascenderla y, por otro lado, la "gracia barata" que usa el perdón de los pecados como excusa para dar rienda suelta a las pasiones. La santificación no sólo dirige al cristiano a su pecado original que éste ha heredado de Adán con el resto de la humanidad, al pecado en general que no hace distinción entre éste u otro pecado, sino que además toma en serio aquellos pecados actuales o particulares que más lo agobian y hacen susceptible al poder seductor y cautivador del pecado. La vigilancia en la oración es necesaria, junto con la Palabra que nos da el poder para vencer en la lucha. Si bien la justicia ajena de Cristo (el primer tipo de justicia) que se nos imputa por el evangelio trata el problema de la condenación del pecado imputado a todos por Adán, la justicia propia del cristiano (el segundo tipo) regresa una y otra vez a la ajena para tratar con el poder habitual y dañino de los pecados actuales en su vida. La justicia de la ley tiene además una dimensión institucional que promueve el uso sabio de la razón en la práctica de la justicia civil y todos los mandatos de Dios en el contexto concreto de las vocaciones que éste le ha dado a cada cristiano.

Preguntas para la reflexión

1) Una confesión de pecados reza en parte: "Misericordioso Dios, confesamos que por naturaleza somos pecadores e impuros. Hemos pecado contra ti en pensamiento, palabra y obra…" Más adelante, el pastor proclama: "Dios todopoderoso, en su misericordia, ha dado a su único Hijo para morir por ti, y por amor a él te perdona todos tus pecados. Por tanto, como pastor llamado

y ordenado por su iglesia, te perdono todos tus pecados en el nombre del Padre y del Hijo y del Espíritu Santo".[82]

2) Nótese que la confesión incluye el pecado o la impureza que hemos heredado "por naturaleza" de Adán pero a la vez aquellos pecados particulares de "pensamiento, palabra y obra" que son producto de nuestra naturaleza pecaminosa. ¿Cuáles son aquellos pecados de pensamiento, palabra y obra que más tiende a cometer en su vida? Aunque todo pecado es igual ante Dios, ¿cómo han afectado o siguen afectando sus pecados particulares de pensamiento, pero especialmente los de palabra y obra, a su prójimo? ¿Cómo se ha sentido usted cuando alguien ha pecado contra usted con palabras y obras? ¿Por qué es importante confesar ante Dios y aún ante el prójimo no sólo el pecado en general sino también sus pecados particulares de pensamiento, palabra y obra? Finalmente, dele un vistazo más al texto litúrgico: ¿Cómo resuelve el texto el problema del pecado en todo sentido cada vez que éste se confiesa?

3) Un visitante desconocido se aparece en la iglesia e inmediatamente después del culto le hace a usted la siguiente pregunta: "Señor(a), ¿es posible ser cristiano y ser alcohólico?" Antes de responder a la pregunta apresuradamente, ¿por qué sería importante pausar un poco y ver si uno está hablando con un pecador contrito o con un pecador impenitente? En particular, ¿qué función cumple la ley cuando uno se dirige al cristiano impenitente que justifica su conducta nociva para evadir su responsabilidad de practicar la santidad? En otras palabras, ¿qué papel debe jugar la ley en la vida del pecador que es negligente al llamado de crecer en la santidad y las buenas obras? Por otro lado, ¿qué función puede cumplir el evangelio cuando uno se dirige al cristiano contrito cuyo pecado es recurrente y sus intentos de evadirlo fallan de vez en cuando? En otras palabras, ¿qué papel juega el evangelio en la vida del pecador que confiesa la imperfección de su santificación?

4) Un colega profesor le cuenta la siguiente historia a un grupo de estudiantes: Llega a la puerta del cielo un cristiano y Jesús le pregunta: "¿Por qué te debo dejar entrar ante la presencia de mi Padre?" Ya que

82 ¡*Cantad al Señor!*, *El Oficio Mayor II* (St. Louis: Editorial Concordia, 1991), pp. 27-28.

los hechos dicen más que las dichos, el cristiano simplemente pone a los pies de Jesús un saco lleno de todas las buenas obras que hizo en la tierra. Luego le dice: "Mira Señor, aquí están todas las buenas obras que tú me ayudaste a hacer por medio de tu Espíritu Santo". Jesús no le dice nada. Mientras tanto, llega otro cristiano al cielo y Jesús le dice: "¿Y a ti por qué te debo dejar entrar a la presencia de mi Padre? Mira, este otro hermano trajo un saco lleno de buenas obras. ¿Y tú qué traes?" El cristiano le responde a Jesús: "Señor mío, ¿un saco de buenas obras? El mío no lo traje al cielo. Mi saco de buenas obras lo deje en la tierra con mi prójimo que las necesita".

5) La historia nos presenta dos respuestas diferentes a la pregunta de Jesús. ¿Cómo nos ayuda la historia a enseñar que las buenas obras son necesarias? En otras palabras, ¿cómo nos ayuda a combatir el "antinomismo" o la "gracia barata"? Por otro lado, ¿de qué manera nos enseña la historia a evadir el "moralismo" o "legalismo", es decir, la enseñanza de que las buenas obras son necesarias para la salvación? En otras palabras, ¿cómo nos ayuda la historia a enseñar la dulzura del evangelio de la justificación ante Dios por medio de la obra de Cristo? Finalmente, explique cómo la historia nos instruye acerca de la distinción entre los dos tipos de justicia y de hecho nos permite valorar ambos tipos sin confundirlos.

SEGUNDA PARTE

MODELOS DE SANTIFICACIÓN

CAPÍTULO 3

BAJANDO AL FONDO Y SURGIENDO DE LAS AGUAS: La santificación como ciclo de muerte y vida

En el génesis de la creación, el Espíritu de Dios revoloteaba sobre la faz de la aguas (Gn 1:2). Sobre Jesús, el mismo Espíritu desciende en forma de paloma en las aguas del Jordán (Lc 3:22a). De los miembros del cuerpo de Cristo se nos dice que todos han sido bautizados por un solo Espíritu, que todos beben de un mismo Espíritu (1Co 12:13). De la creación a la nueva creación, del bautismo de Jesús al nuestro, el Espíritu tiene la costumbre de asociar y designar su labor santificadora con las humildes aguas. Así pues, Tertuliano observa que las aguas de nuestro bautismo se han transformado en fuente de santificación por la invocación del mismo Espíritu Santo que se movía sobre las aguas de la primera creación.[1] Y Lutero nos recuerda que las aguas en sí no son nada, pero en las manos de Dios, unidas a su Palabra y Espíritu, éstas son de gran bendición.[2] Dios puede hacer de sus aguas un instrumento de bendición, pero también de su juicio. Dicho de otra manera, Dios santifica las aguas para sus hijos hundiendo a su Hijo en la misma y hundiéndonos con él en ella. No hay vida sin muerte. A continuación

---

1 "Así pues, todas las aguas, por el hecho de la antigua prerrogativa desde la creación, se convierten en sacramento de la santificación, una vez invocado Dios, porque inmediatamente sobreviene el Espíritu desde los cielos y permanece sobre las aguas santificándolas con su presencia, y así santificadas se impregnan del poder de santificar." Tertuliano, *De Baptismo* 1, en Carmelo Granado, *El Espíritu Santo en la teología patrística* (Salamanca: Sígueme, 1987), p. 71, cf. p. 53.

2 "¿Cómo puede el agua hacer cosas tan grandes? El agua en verdad no las hace, sino la palabra de Dios que está con el agua y unida a ella, y la fe que confía en dicha palabra de Dios ligada con el agua, porque sin la palabra de Dios el agua es simple agua, y no es bautismo; pero con la palabra de Dios sí es bautismo, es decir, es un agua de vida, llena de gracia, y un 'lavamiento de la regeneración en el Espíritu Santo...[Lutero cita Tit 3:5]'." *Catecismo Menor*, El sacramento del santo Bautismo, 9-10, en *LC*, p. 363.

tratamos el modelo de la vida cristiana que describe la santificación en términos bautismales, es decir, como un ciclo diario de muerte y vida.

Las aguas divinas de juicio y salvación: La santificación de las aguas en la catequesis bautismal de la iglesia

Una venerable tradición patrística coloca las aguas del Jordán en el centro de la historia de la salvación. Al descender a las aguas del río, Jesús las santifica para el resto de la creación.[3] Cirilo de Jerusalén comenta que Cristo santifica las aguas del Jordán con su divinidad y, con el Espíritu Santo que también es Dios y reposa sobre él, hace de los bautizados partícipes por gracia de la unción del mismo Espíritu que descansa sobre él de manera sustancial.[4] Jesús se sumerge voluntariamente en las aguas del Jordán, dejando su manto de santidad en las mismas, haciendo posible que aquellos que se unan a él por medio del bautismo, de su pequeño Jordán, salgan de las aguas revestidos de su santidad. San Ambrosio de Milán nos dice que en Cristo, Dios mismo se ha vestido de carne humana y la ha lavado en el Jordán no para su beneficio sino por nosotros, para así revestirnos y lavarnos de nuestros pecados.[5] De común uso entre algunos de los padres de la iglesia, este

---

3 Véase Carmelo Granado, "Pneumatología de San Cirilo de Jerusalén", *Estudios Eclesiásticos* 58 (1983): esp. pp. 448-456; Luis F. Ladaria, "Jesús y el Espíritu Santo según Gregorio de Elvira", *Gregorianum* 81/2 (2000): 309-329; Kilian McDonnell, *The Baptism of Jesus at the Jordan: The Trinitarian and Cosmic Order of Salvation* (Collegeville, Minnesota: Liturgical Press, 1996), pp. 55-68.

4 "Y él, una vez bañado en el río Jordán y comunicado a las aguas el contacto (*tôn khrôtōn*) de la divinidad, salió de ellas, se produjo la venida sustancial del Espíritu Santo sobre él, descansando el semejante sobre el semejante. Igualmente a vosotros, al salir de la piscina de las aguas santas, se os dio el crisma, la imagen exacta (*tò antítypon*) de aquello con lo que fue ungido Cristo. Esto es el Espíritu Santo… [Cirilo cita Is 61:1]." Cirilo de Jerusalén, *Mistagógicas* III, 1, en Granado, *El Espíritu Santo*, p. 149. Con las palabras "venida sustancial" y "semejante sobre semejante", Cirilo quiere decir que Cristo, en cuanto Dios, comparte la misma sustancia divina con el Espíritu y el Padre. Los cristianos tienen el Espíritu por gracia.

5 "Vestido bueno es la carne de Cristo, que cubrió los pecados de todos, tomó las faltas de todos, ocultó los errores de todos, vestido bueno que vistió a todos con la veste de la alegría. Lavó este vestido en vino, cuando fue bautizado en el Jordán, el Espíritu Santo como una paloma descendió y permaneció sobre él (Jn 1:32). Con lo que se significa que la plenitud indivisible del Espíritu Santo estuvo con él sin que de él se apartara. Por lo que el evangelista dice que el Señor Jesús volvió del Jordán lleno del Espíritu santo (Lc 4:1). Lavó, pues, Jesús su vestido, no para purificar una suciedad suya, que no existía, sino

lenguaje casi poético, de marco cósmico y salvífico, de tono homilético y devocional, no hace más que resaltar con ricas imágenes la enseñanza bíblica de que sólo aquel sobre quien reposa el Espíritu bautizará con el Espíritu (Jn 1:32-33, Lc 3:16), y que tal bautismo además está íntimamente ligado a la cruz y al perdón de los pecados (véase Jn 1:29-30, 19:30, 34, 20:21-23; Hch 2:38-41). San Ignacio une todas estas imágenes con palabras memorables: "La verdad es que nuestro Dios Jesús, el Ungido, fue llevado por María en su seno conforme a la dispensación de Dios; *del linaje, cierto, de David*; por obra, empero, del Espíritu Santo. El cual nació y fue bautizado, a fin de purificar el agua con su pasión."[6] Una vez cumplida la misión del Ungido en su muerte y resurrección, y a partir de su envío del Espíritu en Pentecostés, el bautismo en agua pasa a ser nuestro pequeño Jordán, nuestro Jordancito, primer descenso del Espíritu de Jesús en nuestras vidas, nueva creación y fuente de nuestra santificación.

Lutero hace referencia al tema de la santificación de las aguas en su instrucción bautismal de 1523, la cual se incluyó como parte de la segunda edición de su *Catecismo Menor* (1529) y en algunas ediciones del *Libro de Concordia* de 1580.[7] En una oración por el bautizado, Lutero utiliza la imagen de las aguas en distintos eventos de la historia de la salvación, enfocándose en su uso como instrumento de juicio y bendición divina.

> "Todopoderoso, eterno Dios, que según tu juicio severo condenaste al mundo incrédulo mediante el diluvio y según tu gran misericordia preservaste al creyente Noé y a los siete miembros de su familia, y que ahogaste al faraón y su ejército en el Mar Rojo y guiaste a tu pueblo Israel mediante el mismo mar sobre tierra seca, prefigurando así este baño de tu Santo Bautismo, y que por medio del bautismo de tu amado Hijo, nuestro Señor Jesucristo, santificaste y separaste el Jordán y todas las aguas para que fuesen un diluvio bendito y un rico lavamiento de pecados: Te pedimos por causa de esta misma

---

la nuestra que sí existía." San Ambrosio de Milán, *De patriarchis* 4, 24, en Granado, *El Espíritu Santo*, p. 232.

6 *Carta a los Efesios* XVIII, 2, en *Padres apostólicos*. Editado por Daniel Ruiz Bueno (Madrid: BAC, 1950), p. 457.

7 Ni la edición castellana de Meléndez ni la inglesa de Tappert incluyen la instrucción, pero la versión inglesa más reciente de Kolb/Wengert sí incluye una edición del texto de 1526. Véase *The Baptismal Booklet*, 1-31, en *The Book of Concord: The Confessions of the Evangelical Lutheran Church* (*BC*). Editado por Robert Kolb y Timothy J. Wengert (Minneapolis, Minnesota: Augsburg Fortress, 2000), pp. 371-375.

> misericordia ilimitada tuya que mires con favor a N. y lo bendigas con verdadera fe en el Espíritu Santo para que por este mismo diluvio de salvación todo lo que haya nacido de Adán en él y todo lo que él haya añadido a esto sea ahogado en él y hundido, y que él, separado del número de los incrédulos, sea preservado seco y seguro en el arca santa de la iglesia cristiana y pueda en todo tiempo servir tu nombre con un espíritu ferviente y una gozosa esperanza, para que así con todos los que creen en tu promesa él pueda hacerse digno de alcanzar la vida eterna por Jesucristo nuestro Señor. Amén."[8]

Esta oración de Lutero por el bautizado recoge toda una serie de ricas imágenes bíblicas y patrísticas. Se reconoce que Dios, en eventos especiales de la historia de la salvación, ha hecho uso deliberado de las aguas como instrumento de su juicio severo contra el mundo incrédulo que representan tanto los que no atendieron el mensaje de Noé como el faraón y su ejercito. Nótese que no se entiende el designio divino en la historia aparte de Cristo y en particular de su bautismo en el Jordán. Sólo a la luz y por causa del bautismo de su Hijo en el Jordán, se nos dice que las aguas del juicio de Dios se convierten también en aguas de bendición para todos aquellos santos que, ya sea en el Antiguo Testamento o en el Nuevo, han sido incorporados a Cristo por la fe en él y por su bautismo. Las aguas del diluvio en tiempos de Noé y del Mar Rojo en tiempos del Éxodo prefiguran entonces el bautismo que luego instituyera Cristo pero que éste además prepararía al descender a las aguas del Jordán y surgir de las mismas. Sólo por medio del bautismo de su Hijo, Dios Padre separa o santifica las aguas para que éstas sean nuestra fuente de salvación.

Así pues, las amenazantes y mortíferas aguas de aquel diluvio se convierten en una fuente de salvación para Noé y su familia de forma anticipada por causa del Cristo que habría de venir. Después de la llegada de Cristo, lo que era sombra de lo que vendría se revela claramente. Las aguas del diluvio pasan a ser, en el bautismo, un torrente de salvación y lavamiento de pecados para todos los cristianos (véase 1P 3:20b-21a).[9] Así también, las tenebrosas y

---

[8] Ibíd., pp. 373-374. La traducción del inglés al español es mía.

[9] En su catequesis bautismal, Tertuliano ve el diluvio como una purgación de pecados y el descenso de la paloma salida del arca después del diluvio como un símbolo de paz entre Dios y los seres humanos. El diluvio prefigura entonces el bautismo de la iglesia donde se recibe el Espíritu Santo y la paz con Dios junto con la purificación de los pecados. *De baptismo* 8, 3-4, en Granado, *El Espíritu Santo*, pp. 55, 72; Cirilo de Jerusalén resume una interpretación de Jesús como el nuevo Noé, en la que se asocia el descenso

destructivas aguas del Mar Rojo pasaron a ser por prolepsis el medio de salvación para el pueblo de Israel por su fe en las promesas de Dios que habrían de cumplirse en Cristo (véase Heb 11:29, 39-40; cf. 12:2). Los que cruzaron el mar bajo la "nube"–signo del Espíritu Santo que viene del Padre en eventos de la vida de Jesús (véase Lc 9:35; cf. 1:35 y 3:21-22)– también "fueron bautizados en la nube y en el mar" y en su caminar por el Sinaí "bebieron de la roca espiritual que los acompañaba, y la roca era Cristo" (véase 1Co 10:1-4).[10] San Basilio ve en el Éxodo de Israel por las aguas del Mar Rojo un tipo del bautismo de la iglesia y la gracia que habría de venir por éste a los hijos de Dios.[11] Así como el bautismo del primogénito Israel en el mar significó la derrota del faraón enemigo, así también las aguas bautismales expulsan al diablo tirano y llevan a su fin la enemistad del ser humano con Dios. Así como Israel salió del mar ileso, así también los hijos de Dios emergen resucitados de las aguas de la muerte con vida, salvos por la gracia de Dios. San Basilio también ve en la nube un anticipo de los dones del Espíritu que ayudan al bautizado a mortificar los deseos de la carne, presentando el bautismo como el inicio y la fuerza de la santificación del cristiano. Se une la temática

---

de la paloma (= Espíritu) sobre Jesús y su muerte en el madero al atardecer con el rol salvífico y unificador del arca de madera y el retorno de la paloma al arca al atardecer en la nueva creación: "Porque como en su tiempo, por medio del leño (*xylou*) y del agua les vino la salvación, principio de una nueva generación, y la paloma volvió a él por la tarde teniendo un ramos de olivo (Gn 8, 11), así, dicen, que el Espíritu Santo bajó sobre el verdadero Noé, autor de la segunda generación, reuniendo en la unidad las voluntades de todos los pueblos." *Catequesis* VII, 10, en ibíd., pp. 147-148; San Justino representa la tradición interpretativa a la que Cirilo se refiere en su *Diálogo con Trifón* 138, 2, en *Padres apologistas griegos*. Editado por Daniel Ruiz Bueno (Madrid: BAC, 1954), p. 542; véase también el significado de la paloma según San Ambrosio en Granado, *El Espíritu Santo*, pp. 226-229.

10 "De día, el Señor iba al frente de ellos en una columna de nube para indicarles el camino; de noche los alumbraba con una columna de fuego. De ese modo podían viajar de día y de noche. Jamás la columna de nube dejaba de guiar al pueblo durante el día, ni la columna de fuego durante la noche" (Éx 13:21-22); Para un comentario acerca de la relación entre el Espíritu Santo y la nube en la teología patrística, véase J. Luzarraga, *Las tradiciones de la nube en la Biblia y en el judaísmo primitivo*. Analecta Bíblica, vol. 54 (Rome: Biblical Institute Press, 1973), pp. 234-245. Luzarraga sitúa 1Co 10:1 en la temática de la nube como protección divina o "cubierta de Israel" antes de su paso por el mar, pero no la considera un tipo o sombra del bautismo cristiano (pp. 134-137).

11 Para el pensamiento de San Basilio que aquí resumo, consulté la versión inglesa de su tratado acerca del Espíritu Santo. St. Basil the Great, *On the Holy Spirit* 14, 31. Traducido al inglés por David Anderson (Crestwood, N.Y.: St. Vladimir's Press, 1997), pp. 53-54; Para una versión castellana, véase San Basilio de Cesarea, *El Espíritu Santo*. Biblioteca de Patrística, vol. 32 (Buenos Aires: Editorial Ciudad Nueva, 1996).

de las aguas de muerte y vida con la de la guía del Espíritu en la vida de los bautizados. San Basilio, basándose en la narrativa joánica, sugiere además que el agua que sale de la roca no es más que el don del Espíritu Santo con el cual el Hijo, sobre quien permanece el Espíritu en el Jordán, bautiza a la iglesia a partir de su glorificación para así darle vida y perdón (véase Jn 7:37-39; cf. 4:10-14; 20:22-23).[12] De Jesús fluyen las bendiciones del Espíritu, el agua de vida eterna.

Los padres solían hablar del descenso de Jesús en las aguas de su bautismo como condición para el ascenso del cristiano a nueva vida. Al asociar el Jordán con el bautismo que nos viste de la santidad de Cristo, San Ambrosio supone el descenso vicario de Jesús a la región de la impureza, del pecado. Jesús se viste de la naturaleza humana para tomar sobre sí nuestros pecados, y por eso al descender a las aguas del Jordán lava su vestido (= humanidad) para así cubrirnos con "la veste de la alegría" y limpiar nuestra "suciedad".[13] Nuestro surgir de las aguas es sinónimo de la santificación en Cristo, pero ésta depende completamente del descenso de Jesús a las profundidades de las aguas y por ende a su muerte por nosotros. Se interpreta el Jordán a la luz del Gólgota. En la economía trinitaria de la salvación, Jesús fue ungido con el Espíritu del Padre en el Jordán como el Siervo de Yahvé (Mc 1:11; cf. Is 42:1), con el fin de llevar sobre sí los pecados de Israel y las naciones a la cruz (Mc 10:45; cf. Is 53:4-6, 10-12). Se asocia la unción del Siervo con su bautismo y muerte a la vez, una unción cruciforme. Por lo tanto, desde la perspectiva del bautismo con sangre en Gólgota (Mc 10:38, Lc 12:50), el bautismo con agua en el Jordán es en realidad un descenso a la región de la muerte, a la oscuridad del pecado, y por lo tanto un ser ahogado en las aguas por pecadores. Jesús desciende a las aguas como anticipo de la cruz que ha de venir.

En la catequesis bautismal patrística, se nos presenta a Jesús como el nuevo Adán, el nuevo hombre que inaugura la nueva creación, aquel que al descender a la oscuridad del Jordán toma sobre sí el pecado del viejo Adán y por ende de toda la raza humana que de éste desciende. Cristo nació, fue al Jordán y se sacrificó para beneficio de la raza de Adán que cayó en pecado

---

12 Éx 17:1-7; Nm 20:1-13; San Basilio nota también cómo, en el evangelio de Juan, el maná del cielo que alimentó a los israelitas (Éx 16:1-36) y la serpiente de bronce en el asta que los salvó en el desierto (Nm 21:4-9) fueron una sombra o tipo de Jesús como nuestro pan de vida (Jn 6:25-59) y de su pasión por nuestra salvación (Jn 3:14-15). Ibíd., p. 53.

13 San Ambrosio de Milán, *De patriarchis* 4, 24, en Granado, *El Espíritu Santo*, p. 232.

y la tentación del diablo.[14] San Ireneo sitúa la importancia de la unción del Verbo en la narrativa de la creación de Adán y su caída en el pecado. Como pérdida de la santidad con la que Adán fue creado para la plena comunión con el Creador, la caída supone también la pérdida de "la túnica de santidad" que le otorgó el Espíritu y por ende la pérdida del mismo Espíritu.[15] Es la unción del Verbo, por la cual el Padre lo hace "Jesucristo",[16] la que hace posible el retorno del Espíritu Santo a la raza de Adán, al género humano. En las aguas del Jordán, el Espíritu del Padre "descendió sobre el Hijo de Dios hecho Hijo del hombre, para habituarse a convivir con el género humano y a descansar (Is 11:2; 1Pe 4:14) en los hombres y a habitar en la obra modelada (Gn 2:7) por Dios, realizando en ellos la voluntad del Padre y renovándolos haciéndolos pasar de la vetustez a la novedad de Cristo".[17] En su encarnación, el Verbo divino toma sobre sí la constitución humana de Adán; pero en su unción con el Espíritu en el Jordán, hace posible nuestra unción con el mismo Espíritu en nuestro bautismo.[18] En Jesucristo, nuestro segundo Adán, la historia del primer Adán, y por ende la nuestra, se repite; y como consecuencia, el juicio de Dios sobre la raza humana, se revoca. La temática vicaria o de sustitución está presente. Si el primer Adán perdió la túnica de santidad del Espíritu, podríamos decir que el segundo Adán, luego de bajar al Jordán por nosotros deja su túnica de santidad en las aguas de la nueva

---

14 "Ahora bien, sabemos que fue Cristo al Jordán, no porque tuviera necesidad del bautismo ni de que sobre él viniera el Espíritu Santo en forma de paloma, como tampoco se dignó nacer y ser sacrificado porque lo necesitara, sino por amor del género humano, que había caído desde Adán en la muerte y en el error de la serpiente, cometiendo cada uno el mal por su propia culpa." San Justino, *Diálogo con Trifón* 88, 4, p. 460.

15 "Convenía que el hombre fuese primeramente modelado y que, ya modelado, recibiese el alma (Gn 2, 7), y así después recibir también la comunión del Espíritu." San Ireneo de Lyon, *Adversus haereses* V, 12, 2, en Granado, *El Espíritu Santo*, p. 34; "Ireneo pone palabras de arrepentimiento en boca de Adán: 'Puesto que por mi desobediencia perdí la túnica de santidad que recibí del Espíritu, reconozco ahora que merezco un vestido que no le aporta ningún deleite al cuerpo sino que, por el contrario, produce comezón y molesta' (*Adv haer* III, 23, 5...)." Ibíd., p. 45; Tertuliano habla de la pérdida del Espíritu de Dios por parte de Adán a causa del pecado como la pérdida de su "prístina vestidura" (véase Granado, p. 55).

16 San Ireneo de Lyon, *Adv haer* III, 9, 3, en Granado, *El Espíritu Santo*, p. 38.

17 Ibíd., p. 39.

18 "El Espíritu de Dios descendió sobre él (el Espíritu de este mismo Dios) que por los profetas había prometido que lo ungiría, a fin de que nosotros, recibiendo de la abundancia de su unción, consigamos la salvación." *Adv haer* III, 9, 3, en Granado, *El Espíritu Santo*, p. 48.

creación para que así cada bautizado reciba los beneficios de aquel que aunque no tenía pecado se hizo pecado por nosotros.

La oración de Lutero por el bautizado reconoce la realidad del ser humano en su estado pecaminoso, como descendiente de Adán, y por ende el juicio divino contra este viejo Adán en cada uno de nosotros. Se le ruega a Dios que en primer lugar ahogue todo lo que la criatura haya heredado de Adán, que su viejo Adán muera en las aguas del juicio divino, junto con todo lo que ésta haya añadido a su herencia pecaminosa. Se asume en esta plegaria la distinción entre la herencia del pecado original, común a todos los seres humanos, y todos los posteriores pecados actuales que se manifiestan en transgresiones particulares de la voluntad divina, de su ley escrita no sólo en sus Diez Mandamientos sino también en el corazón de todo ser humano. No sólo el viejo Adán en general, sino también sus manifestaciones particulares en cada uno de nosotros, han de morir en el diluvio bautismal. Paradójicamente, es ahogándonos en las aguas que Dios nos muestra su misericordia desmesurada, santificándonos o separándonos del mundo incrédulo por la fe en Cristo y el don del Espíritu. Así trabaja Dios. Nos mata para resucitarnos, nos lleva a la tumba para vivificarnos, nos humilla para luego levantarnos, así como en el misterio de su Hijo nos da vida eterna mediante la cruz. Por eso, "las obras de Dios, aun cuando sean siempre de aspecto deforme y parezcan malas, son, en verdad méritos eternos".[19] No se puede hablar de santificación en ningún sentido de la palabra sin la muerte, tanto la de Cristo como la nuestra con Cristo.

Así se nos presenta el bautismo, prefigurado en el diluvio de los días de Noé, que primero nos lleva al sepulcro, nos ahoga con nuestros pecados, para luego darnos una vida nueva. Por el descenso del Hijo, nuestro último Adán, a las aguas bautismales de aquel Jordán –preludio y anticipación de su bautismo en la cruz de Gólgota por nuestros pecados– el diluvio bautismal de nuestra muerte al pecado pasa a ser a la vez un torrente de salvación.

---

19 Martín Lutero, *La disputación de Heidelberg*, en *Obras de Martín Lutero*, vol. 1. Traducido por Carlos Witthaus (Buenos Aires: Editorial Paidós, 1967), p. 34; "Que las obras de Dios sean de aspecto deforme resulta del texto de Isaías 53: "No hay parecer en él ni hermosura." Asimismo de 1 Reyes 2: "Jehová mata, y él da vida; él hace descender al sepulcro, y hace subir." Esto debe comprenderse de la siguiente manera: Dios nos humilla y nos asusta por la ley y por la visión de nuestros pecados, para que tanto ante los hombres como delante de nosotros mismos parezcamos ser nada, necios, malos, tal como en verdad somos. Cuando nos reconocemos así y lo confesamos, no hay en nosotros "ni parecer ni hermosura", puesto que vivimos en lo escondido de Dios (es decir, en la simple y pura confianza en su misericordia)..." Ibíd.

Pasamos de ser objetos del juicio de Dios a ser objetos de su perdón, de la incredulidad a la fe en sus promesas de vida eterna. Así como Dios salvó a su pueblo del faraón y su ejército llevándolo sobre tierra seca en el mar, y preservó a Noé y su familia del diluvio manteniéndolos secos y seguros en el arca, así mismo Dios santifica, salva, y preserva a sus hijos por medio del bautismo que su Hijo ha inaugurado en el Jordán e instituido para otorgar el perdón de los pecados y el don del Espíritu a la raza de Adán. En la oración por el bautizado de Lutero confluyen todas estas imágenes de la historia de la salvación, con sus acentos bíblicos y patrísticos, que desembocan en el cumplimiento del plan divino en Cristo y hacen de su unción cruciforme en el Jordán la condición de nuestra salvación –de nuestro éxodo, por decirlo así– del pecado y de la muerte.

Muriendo y viviendo con Cristo: La santificación como el retorno diario al bautismo

Aunque Lutero no discursa en mucho detalle acerca del tema de la santificación de las aguas en su instrucción bautismal de 1523, su oración por el bautizado encierra toda una gama de imágenes de la historia de la salvación que los padres de la iglesia evocan. Al mencionar la santificación de las aguas por la entrada de Jesús al Jordán, Lutero no desarrolla la narrativa cristológica que ya hemos descrito porque prefiere enfocarse más que nada en el aspecto eclesiológico del evento, es decir, en el beneficio del bautismo de Cristo en el Jordán para los cristianos. Supone la reflexión patrística acerca del descenso de Jesús a las aguas, lugar de juicio divino en tiempos de Noé y del éxodo, para hacer de nuestro bautismo una fuente de salvación. En general, sin embargo, la catequesis de Lutero deja a un lado la temática del bautismo de Jesús para concentrarse en el tema paulino del bautismo como participación en la muerte y resurrección de Cristo. Ciertamente, si Jesús fue ungido en el Jordán para ir a la cruz como nuestro Siervo, no hay contradicción entre el Jordán y el Gólgota. Su bautismo anticipa su cruz, y su cruz lleva su bautismo a su plenitud. Pero Lutero se enfoca en la plenitud de toda la vida de Jesús en el misterio pascual, siguiendo así al apóstol Pablo que conecta el bautismo del cristiano no precisamente al bautismo de Jesús sino a su muerte y resurrección.[20]

---

20 McDonnell argumenta que, con algunas excepciones, aproximadamente a partir del siglo VI el paradigma paulino de muerte y resurrección (Ro 6:4) empieza a reemplazar la narrativa del Jordán como el evento que fundamenta la institución del bautismo. Kilian McDonnell, *The Baptism of Jesus*, pp. 201-235. El autor no cita a Lutero, quien usa

¿Qué significa este bautizar con agua?

Significa que el viejo Adán en nosotros debe ser ahogado por pesar y arrepentimiento diarios, y que debe morir con todos sus pecados y malos deseos; asimismo, también cada día debe surgir y resucitar el hombre nuevo, que ha de vivir eternamente delante de Dios en justicia y pureza.

¿Dónde está escrito esto?

San Pablo dice en Romanos, capítulo seis: "Porque somos sepultados juntamente con él para muerte por el bautismo, a fin de que como Cristo resucitó de los muertos por la gloria del Padre, así también nosotros andemos en vida nueva" (Ro 6:4).[21]

En Romanos 6 el apóstol Pablo presenta el bautismo como nuestra unión a Cristo y sepultura con él en su muerte, interpretando nuestra participación en su cruz y tumba como un morir al pecado y un crucificar de los deseos de la vieja naturaleza (vv. 1-14). En la cuarta parte de su *Catecismo Menor* acerca del Bautismo que ya citamos en parte, Lutero hace uso explícito de este tema paulino. Alude al tema patrístico que une las aguas al juicio de Dios por el pecado de la raza de Adán. Pero lo interpreta a la luz de Ro 6:4 donde Pablo nos habla del bautismo en el contexto más amplio de la historia de Adán, por cuya transgresión todos hemos sido constituidos pecadores y por ende herederos de la muerte y del juicio que nos condena ante Dios (véase Ro 5:15-19). El bautismo es la muerte del pecador en nosotros, es ahogar al viejo Adán en cada uno de nosotros. No es precisamente Jesús como el último Adán sino nosotros, herederos del pecado de nuestro padre Adán, los que tenemos que descender a las aguas. Somos nosotros los que tenemos que morir y ser sepultados con todos nuestros pecados. Pero al descender a esas aguas, lo hacemos "con Cristo" porque al hundir al viejo Adán con sus pecados en el bautismo nos unimos a Cristo en su muerte. Esta solidaridad de Cristo con la raza humana se centra en su pasión y muerte según la enseñanza paulina, aunque tal solidaridad en la cruz supone y se inicia con su encarnación y aún con su unción en el Jordán como lo hemos visto en la catequesis bautismal de los padres. Esta solidaridad con Cristo en su muerte será de bendición para todos los bautizados. Pero primero hay que morir, ser ahogado.

---

el bautismo de Jesús en el Jordán para hablar de la santificación de las aguas bautismales, pero también interpreta tal santificación como el ahogo y surgir del viejo Adán en cada uno de nosotros utilizando como base el paradigma de Ro 6:4.

21 *Catecismo Menor*, El sacramento del Santo Bautismo, 11-12, pp. 363-364.

Entre la vieja creación y la nueva creación, entre los tiempos escatológicos que se extienden desde la primera hasta la última venida de Cristo, se encuentra el bautismo. Las aguas señalan el punto de la intersección de los tiempos entre lo que fue y lo que ha de venir y el lugar en que éstos se encuentran en la promesa de vida nueva en un mundo viejo. En estas aguas bautismales se ahoga al viejo Adán en nosotros, la vieja creación corrompida por el pecado y subyugada a la muerte. No se trata de reparar lo corrompido reformando al pecador. La solución es más radical. Tiene que morir primero. Sin embargo, hay que añadir que el viejo Adán va a la muerte y a la sepultura con Cristo, el nuevo Adán, y esto hace de su muerte el camino a una nueva vida. Es bueno entonces estar unido a Cristo en su muerte, pues ésta también significa estar unido a él en su resurrección. Por eso hablan los padres de la iglesia del ascenso de Jesús de las aguas del Jordán. Así como Cristo resucita de la muerte después de tomar sobre sí nuestros pecados en la cruz, así también surge de las aguas después de haberse sumergido en éstas revestido de nuestra suciedad. No se queda entonces Jesús en el fondo, ahogado para siempre. El bautismo en el Jordán anticipa no sólo la muerte de Cristo por pecadores sino también su resurrección como primicias de la nuestra. Por eso los padres hablan del ascenso de los santos de las aguas en las que estuvo Jesús, ya no sucios de sus pecados sino revestidos de su túnica de santidad y gloria.[22] Al salir de las aguas, Cristo, nuestro nuevo Adán, nos deja en ella su túnica santa y gloriosa, reemplazando así la túnica corrupta y manchada del viejo Adán o restaurando en la raza humana la túnica prístina que el primer Adán perdió en el Edén.

En su instrucción de 1523, Lutero habla del Jordán como el evento en el que el Hijo de Dios santifica las aguas del juicio divino al hacerlas un medio de perdón, de la fe y del don del Espíritu para la humanidad perdida por el pecado de Adán. Allí habla de la necesidad de ahogar todo lo que el bautizado a heredado de Adán y añadido a tal pecado original. Vuelve entonces al tema del ahogo del viejo Adán en su *Catecismo Menor* de 1529 donde lo interpreta a la luz de Ro 6:4 como un ser sepultado con Cristo, muriendo con todos nuestros pecados y malos deseos. En su catequesis bautismal, Lutero asume el contexto inmediato que precede Ro 6, donde se contraponen claramente las historias de Adán y Cristo (Ro 5:15-19). Esto sugiere entonces que una interpretación luterana del Jordán en términos de la santificación

---

22 Para un sumario del tema patrístico de la túnica de gloria y su relación al tema de la deificación de la raza humana, véase McDonnell, *The Baptism of Jesus*, pp. 128-144, 239-240.

de las aguas y la túnica de gloria se ha de centrar de algún modo en el contraste entre la imputación de la injusticia y condenación de Adán a la raza humana y la imputación de la justicia de Cristo y su perdón a la misma por la gracia de Dios. Después de todo, Pablo nos dice que "todos los que han sido bautizados en Cristo se han revestidos de Cristo" precisamente porque han sido justificados por la fe en Cristo Jesús (Gá 3:26-27).

Es su túnica de justicia la que Cristo nos imputa por la fe en él. Por la fe en Cristo los que han sido revestidos de Cristo son además hijos de Dios por gracia o adopción, y por ende oran al Padre en el Espíritu de su Hijo y son guiados por el mismo Espíritu en su lucha contra la naturaleza pecaminosa (Gá 4:6, Ro 8:12-16). Junto con la túnica de su justicia, podríamos decir entonces que el Hijo también nos viste con su Espíritu Santo. Si vemos la santificación del bautizado en un sentido aún más amplio que incluya no sólo su justificación e inhabitación del Espíritu Santo sino también la gloriosa resurrección del cuerpo, podemos añadir que al santificar las aguas de nuestro bautismo Cristo nos hace también partícipes de su incorruptibilidad e inmortalidad (véase el contraste entre Adán y Cristo, el último Adán, en 1Co 15:42-55). No nos debe sorprender entonces que Lutero hable del hombre nuevo que ha de salir de las aguas del bautismo como aquel que en el postrer día "ha de vivir eternamente delante de Dios en justicia y pureza".[23] No se usa el lenguaje del intercambio de túnicas, la de Cristo por la nuestra, pero se asume el mismo porque la justicia y pureza del resucitado no es otra que la que recibe de Cristo. Así pues, en el Jordán, Cristo ha santificado las aguas para que así, en nuestro pequeño Jordán, éste pueda revestirnos con la justicia original y el Espíritu, así como la incorruptibilidad e inmortalidad, que nuestro primer padre Adán perdió en la caída. A partir de su bautismo, preludio de su cruz y gloria, de su muerte y resurrección, Cristo santifica o separa las aguas como medio de gracia, intercambiándonos en éstas su vestido prístino de justicia por nuestros trapos inmundos de injusticia, y por ende su vestido de gloria por nuestro vestido de muerte. Así santifica el nuevo Adán las aguas para nuestro beneficio.

Al hablar de nuestro morir y resucitar con Cristo, el apóstol no sólo se refiere a lo que ocurrió en el evento pasado del bautismo. Tampoco se refiere simplemente a lo que ocurrirá en la futura resurrección del cuerpo donde

---

23 En su explicación al tercer artículo del Credo, Lutero incluye como parte y plenitud de la santificación la resurrección del cuerpo cuando nuestra naturaleza humana "resurja gloriosa y resucite para una santidad total y completa en una nueva vida eterna". *Catecismo Mayor*, El Credo, 57, p. 446.

ya no habrá más necesidad de morir al pecado. Le interesa lo que implica la unión del bautizado con Cristo en su muerte y su resurrección para su vida en el presente. Como acreedores de una nueva vida en Cristo, ya no somos "esclavos del pecado" ni "instrumentos de injusticia" sino libres para vivir para Dios como "instrumentos de justicia" o "esclavos de la justicia" (Ro 6:5-14, 18; cf. 2Co. 5:15-17). En este contexto, la justicia a la que se refiere el apóstol nos dirige a la actividad del cristiano que asume la fe en Cristo Jesús y, específicamente, a su lucha contra "el pecado... en su cuerpo mortal... sus malos deseos" (v. 12). Se refiere el apóstol entonces a "la justicia que lleva a la santidad" (v. 19). Lutero ve esta justicia que lleva a la santificación como "la obra especial de la fe, la lucha del espíritu con la carne, dirigida a matar completamente los pecados y placeres restantes que quedan después de la justificación".[24] En este contexto, el término "espíritu" se refiere al cristiano en cuanto nueva criatura, como morada del Espíritu Santo, y por eso totalmente orientada a la voluntad de Dios. La palabra "carne", por otro lado, se refiere al cristiano en cuanto vieja criatura, como viejo Adán cuya tendencia y deseo es desobedecer los designios de Dios. La santificación asume este conflicto en cada cristiano entre el espíritu que desea la santidad y la carne que desea el pecado. Aunque la culpa del pecado de Adán no toca a los que han sido justificados "a causa de la fe que lucha contra él" (es decir, contra el pecado), su santificación en esta vida sigue siendo una lucha con el poder del viejo Adán en sus vidas. No se nos permite usar nuestra liberación del pecado como excusa para "estar ociosos, flojos y seguros, como si ya no existiera ningún pecado".[25] Al contrario, la fe que nos lleva a ser "obedientes al espíritu", a la santidad, siempre ha de luchar subyugando y doblegando las pasiones del cuerpo hasta que éste sea completamente libre de pecado en la resurrección.[26] No sólo las pasiones del cuerpo sino también "toda suerte de obras espiritualmente buenas" como la oración han de morir con el viejo Adán porque éste también sabe usar los dones de Dios para servir sus propios

---

[24] Martín Lutero, *Comentario de la carta a los Romanos*, p. 19.

[25] Ibíd.

[26] "Por eso durante toda nuestra vida tenemos bastante que hacer con nosotros mismos, para subyugar nuestro cuerpo, matar sus apetitos y doblegar sus miembros, de manera que sean obedientes al espíritu y no a los placeres, a fin de que seamos iguales a Cristo en su muerte y resurrección y realicemos nuestro bautismo que significa también la muerte de los pecados y una nueva vida en la gracia hasta que, totalmente puros de pecados, resucitemos en forma corporal con Cristo y vivamos eternamente." Ibíd.

intereses.[27] Así pues, sin excepción alguna, el viejo Adán "debe morir con *todos* sus pecados y malos deseos" hoy.

Bajar a las aguas y surgir de las aguas, ser ahogado con los pecados y resucitado como nueva criatura, es en fin vencer al pecado no sólo en el evento pasado del bautismo o en el evento futuro de la resurrección, sino también en el presente de la lucha diaria entre el espíritu y la carne en cada uno de nosotros. Tal lucha diaria asume la identidad del ser humano como vieja y nueva criatura a la vez, paradoja existencial entre el viejo Adán y el hombre nuevo en cada uno de nosotros. Se trata de lo que Lutero llama ser simultáneamente justo y pecador (lat. *simul iustus et peccator*). Pero también asume en esta lucha interna del justo contra el pecador la posibilidad, esperanza, y realización de victorias concretas en el presente por parte del justo sobre el pecador en nosotros. Así como Pablo habla de nuestra unión a Cristo en su resurrección como efectiva aún en el presente para llevar "una nueva vida", quedar "liberado del pecado", u ofrecernos a Dios "como instrumentos de justicia" o "esclavos de la justicia" (Ro 6:4, 7, 13, 18), así también Lutero enseña que "cada día debe surgir y resucitar el hombre nuevo, que ha de vivir eternamente delante de Dios en justicia y pureza". Nótese que, siguiendo los pasos de Pablo, Lutero habla no sólo de una realización plena de la justicia y pureza en la futura vida eterna sino de una realización efectiva y diaria de la misma en el presente de nuestra vida cotidiana, aunque obviamente parcial o en su iniciación en relación a la que será manifestada en la resurrección final.

Se puede decir que aún desde su bautismo Dios le ha imputado al cristiano la justicia y pureza de Cristo y por ende que éste la tiene ya por la fe. Ya se nos ha dado la vestimenta prístina de Cristo y de su Espíritu en el bautismo. Se enfatiza así la promesa inamovible y segura de salvación y protección que Dios otorga por gracia al bautizado en su bautismo. En esta vida, sin embargo, la posesión de esta justicia y pureza, que tenemos por la fe en Cristo y nos hace justos ante Dios, se oculta y opaca a diario por la presencia de la injusticia y el pecado en nosotros. No siempre adornamos la vestimenta que se nos ha dado gratuitamente con un corazón limpio y con obras de amor. Por eso en esta vida la fe ha de luchar a diario contra el pecado, la justicia ha de llevar a la santidad, así como la fe ha de renovar al cristiano en su corazón y en las obras. En este sentido, el cristiano ha de lavar su vestimenta una y otra vez durante toda su vida. Así progresa en la justicia y pureza por su unión con Cristo y la inhabitación del Espíritu en él. No progresa en lo que concierne a su justificación ante Dios (¡la vestimenta es gratuita!), pero sí

---

27 Ibíd, pp. 228-229.

en lo que concierne a la expresión de los frutos de la fe en su vida cotidiana. No se puede hablar de una manifestación plena de los frutos de la justicia en esta vida sino en la que ha de venir. La vestimenta brillará como nunca antes. Mientras tanto, sin embargo, no se nos permite caer en un fatalismo que niegue no sólo la posibilidad sino la realización y expresión concreta en el hoy por hoy de los frutos de justicia en la vida y las obras del cristiano. El cristiano ha de cuidar, con la ayuda del Espíritu, la vestimenta que ha recibido de Cristo.

Cuando Lutero habla del bautismo como evento pasado, en su sentido estático, único e irrepetible, nos refiere a la institución del sacramento por parte de Cristo (Mateo 28:19), a los beneficios que su bautismo otorga (Marcos 16:16), y al tema de la santificación de las aguas bautismales como medio de vida, gracia, y del Espíritu por su unión a la palabra de Dios (Tito 3:5-7). Sin embargo, cuando Lutero habla del bautismo como evento que toca nuestro presente –o mejor dicho, toda la vida desde el nacimiento del agua y del Espíritu hasta nuestra muerte con Cristo al fin de nuestros días en este mundo– en su sentido diario, dinámico y repetible, nos refiere a Romanos 6. El bautismo tiene entonces significado para toda la vida. No es sólo un evento sino una forma de vida. Bajar y surgir de las aguas, morir y resucitar, representa entonces una visión cíclica de la vida. La podemos denominar el modelo bautismal de la santificación. Morir y vivir día tras día, ahogar y sacar de las aguas periódicamente, lavar la vestimenta una y otra vez, desde el nacer de nuevo en el bautismo hasta la muerte con Cristo en espera de la resurrección para vida eterna. Se trata de una forma de vida en el presente, una forma de ser criatura cada día entre los tiempos escatológicos, entre la vieja y la nueva creación.

Este modelo cíclico de la santificación resalta, por un lado, la necesidad de morir al pecado todos los días, de tal manera "que el viejo Adán en nosotros debe ser ahogado por pesar y arrepentimiento diarios, y que debe morir con todos sus pecados y malos deseos". Corresponde este morir diario en la práctica a la contrición por el pecado que nos lleva a la confesión de nuestras culpas ante Dios, el pastor, o el hermano que hemos ofendido. Pero no se trata sólo de dejar al viejo Adán en las aguas de la muerte. Falta el surgimiento de las aguas, la salida de la oscuridad del fondo del río, el lavamiento de regeneración que nos cubre con la justicia y pureza de Cristo, nuestro nuevo Adán. Por lo tanto, el modelo bautismal, por otro lado, resalta la necesidad de resucitar al ahogado a diario, de manera que "cada día debe surgir y resucitar el hombre nuevo, que ha de vivir eternamente delante de Dios en justicia y pureza". Lo que saca del agua al ahogado no es más que la proclamación de la dulce absolución como respuesta a la confesión de pecado, como fuente de liberación de los deseos de la carne y motivación para andar en caminos de rectitud. No nos debe sorprender entonces que Lutero, en su *Catecismo Menor*, trate el tema de la confesión y absolución inmediatamente después de su discusión acerca del significado del bautismo.[28] Ser cristiano es fundamentalmente confesar los pecados y pedir el perdón de Dios por los mismos.[29] Lutero promueve tanto la confesión general de pecados como la confesión privada como ocasiones para recibir la absolución. No es la calidad de nuestra obra de confesión lo que se enfatiza, sino la obra de Dios en la absolución sin la cual la confesión de los pecados no sería nada.[30] En el modelo bautismal de la vida cristiana, la santificación del cristiano depende en todo sentido del arrepentimiento, es decir, de su retorno diario a la confesión y la absolución.[31] No puede haber progreso en la manifestación de los frutos de justicia sin este retorno al bautismo. En el retorno al río del perdón, a nuestro Jordancito, a nuestro bautismo, Dios lava esa vestimenta que a diario manchamos con nuestros pecados. Por eso Lutero nos habla en su

---

28 *Catecismo Menor*, Confesión y Absolución, 15-29, en *LC*, pp. 364-365.

29 "En realidad, la vida cristiana consiste propiamente en reconocer que somos pecadores y en pedir gracia." *Catecismo Mayor*, Breve exhortación a la confesión, 9, en *LC*, p. 492; "Por consiguiente, enseñamos que la confesión es algo excelente, precioso y consolador, y exhortamos a que en vista de nuestra gran miseria, no se desprecie un bien tan precioso… Pero, si la menosprecias y altanero llevas tu vida sin confesarte, dictamos la sentencia definitiva de que no eres cristiano y que no debes disfrutar del sacramento; pues tú desprecias lo que no debe despreciar ningún cristiano y por ello haces que no puedas obtener la remisión del pecado; también es una señal que desprecias el evangelio… En consecuencia, al exhortar a confesarse, no hago otra cosa que exhortar a ser cristianos." Ibíd., 28-29, 32, p. 494.

30 "Si alguien no se siente cargado de tales o aun mayores pecados, entonces no debe preocuparse o buscar más pecados ni inventarlos, haciendo con ello un martirio de la confesión, sino que debe contar uno o dos, tal como él lo sabe." *Catecismo Menor*, Confesión y Absolución, 24, p. 365; "Debemos distinguir y separar las dos partes con toda claridad teniendo en poco nuestra obra y estimando muy altamente la palabra de Dios. No procederemos como si quisiéramos realizar una obra excelente y ofrecerle algo a Dios, sino que debemos tomar y recibir de él." *Catecismo Mayor*, Breve exhortación a la confesión, 18, p. 493.

31 "Aquí puedes ver que el bautismo, tanto por lo que respecta a su poder como a su significación, comprende también el tercer sacramento llamado el arrepentimiento que, en realidad, no es sino el bautismo… Por eso, cuando vives en arrepentimiento, vives en el bautismo, el cual no significa solamente dicha nueva vida, sino que la opera, la principia y la conduce, pues en él son dadas la gracia, el espíritu y la fuerza para poder dominar al viejo hombre, a fin de que surja y se fortalezca el nuevo." *Catecismo Mayor*, El Bautismo, 74-76, pp. 477-478.

catequesis bautismal de la necesidad de "ejercitarse en el bautismo", que no es más que un retorno a la fe, a creer una y otra vez en las promesas de Dios en Cristo otorgadas en el sacramento, especialmente cuando la naturaleza humana duda de las mismas.[32]

Descender a las aguas bautismales no es nada fácil. Significa morir al pecado, a lo que estamos acostumbrados, dejar de hacer lo que nos gusta hacer. Algunos hábitos son difíciles de dejar atrás, las cosas viejas son difíciles de olvidar. Cada ser humano es pecador, pero cuesta reconocerlo. Cuesta morir. Nadie quiere arrepentirse de nada. Sin embargo, no es difícil encontrar algún pecado que nos subyugue, que nos controle a menudo o de vez en cuando. Palabras, actitudes, pensamientos, o formas de comportarse que hieren a Dios y al prójimo. El viejo Adán no quiere morir, es –como han dicho algunos– un excelente nadador, difícil de ahogar. Flotar sobre las aguas es confortable, no reta a nadie, nos deja vivir como queremos, nos estanca en la vieja manera de ser. No nos llama a morir, a negarnos a nosotros mismos, para así dar espacio a una nueva vida que dé lugar a la voluntad de Dios y al servicio a nuestros semejantes.

La santificación se puede ver entonces como un regreso al bautismo.[33] Un amigo solía decir que cada vez que se bañaba recordaba su bautismo. Las aguas bautismales nos recuerdan y llaman a reconocer nuestras culpas y fallas. Nos sirven como el espejo que refleja nuestras tendencias a vivir conformes a la vieja criatura en cada uno de nosotros. En el espejo de esas aguas cristalinas vemos en realidad lo que somos, nuestra injusticia, falta de santidad. Al agua venimos sin habernos bañado, sucios, inmundos, con la

---

32 "De aquí que todo cristiano tenga, mientras viva, suficiente que aprender y ejercitarse en el bautismo. Siempre tendrá que hacer para creer firmemente lo que promete y aporta: La victoria sobre el demonio y la muerte, el perdón de los pecados, la gracia divina, el Cristo íntegro y el Espíritu Santo con sus dones. En suma, esto es tan superabundante que al reflexionar sobre ello la torpe naturaleza humana, llegará a dudar de si acaso esto puede ser verdad… Así deberíamos considerar el bautismo y aprovecharnos de él para que sea nuestra fortaleza y nuestro consuelo, cuando nuestros pecados o nuestra conciencia nos oprimen de modo que digamos: 'Sin embargo yo estoy bautizado y, por estarlo, se me ha prometido que seré salvo y que mi cuerpo y alma tendrán vida eterna'." Ibíd., 41-42, 44, p. 472.

33 "Porque si queremos ser cristianos, habremos de poner en práctica la obra por la cual somos cristianos. Y si alguien cayera fuera de ella, que regrese. Así como el trono de gracia de Jesucristo no se aleja de nosotros, ni nos impide volver a él, aun cuando pecamos, así también permanecen todos estos tesoros y dones suyos. Así como recibimos una vez en el bautismo el perdón de los pecados, así también permanece todavía diariamente mientras vivimos, o sea, mientras llevemos al cuello al viejo hombre." Ibíd., 85, p. 479.

impureza de nuestras transgresiones. El fuerte olor a trapos sucios nos sigue al río, y éste refleja nuestra imagen inmunda. Necesitamos ser sumergidos, limpios de toda impureza, para salir de las aguas revestidos nuevamente de la justicia de Cristo, con grato olor a perfume de santidad, como quien sale de la ducha sintiéndose "un hombre nuevo". En su *Catecismo Mayor*, Lutero vuelve al tema patrístico de la túnica al hablar del uso diario del bautismo, afirmando que "cada uno debe considerar el bautismo como su vestido cotidiano que deberá revestir sin cesar con el fin de que se encuentre en todo tiempo en la fe y en sus frutos, de modo que apacigüe al viejo hombre y crezca en el nuevo".[34] Este revestirse no es más que otra manera de hablar del morir con Cristo para ser resucitado con él, pero dándole a la imagen de la vestimenta una trayectoria dinámica que acapara toda la vida del cristiano. Las aguas del bautismo nos visten a diario del arrepentimiento y del perdón, sumergiéndonos y emergiéndonos de las aguas de juicio y salvación. El bautismo pasa a ser signo que no sólo simboliza sino que además efectúa nuestro diario morir al pecado y nuestro surgir como nueva criatura por la absolución del mismo.

Oscilando entre bajas y altas: Implicaciones del modelo bautismal de la santificación

La visión cíclica de la santificación evade, por un lado, el peligro de querer ser un perfeccionista. No concibe la santidad en términos de un progreso inevitable, como una línea ascendente ininterrumpida, que no deja de subir en su camino al cielo. No nos permite jactarnos de la supuesta pureza de nuestro corazón o bonitas obras de caridad que llevamos a cabo. En contra de la arrogancia, Lutero se refiere a nuestras mejores obras de la ley como "pecados mortales", si con éstas buscamos alcanzar la justicia ante de Dios.[35] Argumenta además que aún las buenas obras –¡no las malas, sino las buenas!– de los justos y santos, las que Dios hace por medio de sus hijos, se hacen "pecados mortales" cuando llevan consigo la mancha de nuestro orgullo idólatra o falta de fe y temor de Dios.[36] El mismo juicio que se aplica a

---

[34] Ibíd., 84, p. 478.

[35] La tesis o conclusión número 3 lee: "Las obras de los hombres, aun cuando sean siempre espléndidas y parezcan buenas, son, no obstante, con toda probabilidad, pecados mortales." Lutero, *La disputación de Heidelberg*, p. 29.

[36] "Si las obras de los hombres justos son pecaminosas... con más razón lo son las obras de los que aún no son justos. Pero los justos dicen con referencia a sus propias obras: 'No entres en juicio con tu siervo; porque no se justificará delante de ti ningún viviente'."

las obras externas de la ley en la vida de los justos se aplica al ejercicio de la voluntad interna de su mente y corazón.[37] Contra la ilusión del perfeccionismo moral, el modelo bautismal llama a todos los santos o cristianos sin distinción a ahogar su viejo Adán, a morir con Cristo a diario. Enseña que nadie está exento de la necesidad de la renovación del perdón en su vida, y por ende que todos necesitan la continua fuerza del Señor para vivir en conformidad a su voluntad en servicio a otros.

El modelo rechaza, por otro lado, el peligro de querer ser negligente. Aunque la santidad no alcanza perfección en esta vida, esto no implica que el nuevo hombre tenga que ser fatalista en su manera de ver la vida. Una cosa es ser realista, otra es darse por vencido. No vemos la santificación como una línea que sólo desciende hasta el fondo para nunca subir a la superficie. Ser resucitado con Cristo nos da una nueva confianza, que no es lo mismo que un orgullo egocéntrico, para así enfrentarnos al mundo con las ganas de servir al prójimo de la mejor manera posible. Cuando surgimos de las aguas, vemos el mundo de otra manera. Cambia la cosmovisión. La santidad se vuelve atrevida porque quiere una vida personal más recta, una relación más sólida con el cónyuge, una sociedad más justa. Se atreve a soñar y ha mejorar sin caer en la utopía, enfocándose más en acciones que en palabras, y aún sacrificándose por otros. ¿Quién no quiere ser un mejor maestro, empleado, o madre? Pero para ello hay que morir poco a poco a esos "vicios" de la mente y el corazón que crecen y aumentan a través de los años y nos impiden servir al prójimo.[38]

Ibíd., p. 33; véase la prueba de la conclusión número 7 donde se definen como pecados mortales las obras de los justos que se hacen por falsa piedad y por ende sin la humildad de la fe y el temor de Dios (pp. 35-36). Finalmente, en su prueba de la conclusión número 6, Lutero argumenta que aún el justo, cuando hace buenas obras, sería como "un labrador que, siendo diestro en el uso del hacha, usara una que tuviese el filo carcomido y mellado. Por más que quisiera, sus incisiones serían defectuosas e irregulares. Así también ocurre cuando Dios obra a través nuestro" (p. 35).

37 Por ejemplo, la tesis o conclusión número 13 lee: "El libre arbitrio no es más, después de la caída, que un simple nombre, y en tanto que el hombre hace aquello que en sí mismo es, comete pecado mortal." Ibíd., p.30. Nótese que hacer lo que está en uno mismo (lat. *facere quod in se est*) significa hacer lo que está a nuestro alcance, o hacer lo mejor que uno pueda. Este tipo de pensamiento escolástico asumía la libertad del albedrío, con la ayuda divina, para alcanza la justicia ante Dios. Lutero critica la idea enseñando la cautividad del albedrío al pecado en cuestiones de salvación en su prueba de la conclusión número 13 (p. 38; cf. las pruebas de las tesis 13 al 17 que tratan el tema del libre arbitrio, pp. 38-40).

38 *Catecismo Mayor*, El Bautismo, 69-71, p. 477.

Se puede hablar de progreso en el surgir diario de las aguas, el ser resucitado para nueva vida, no sólo de un modo figurado sino de hecho y en verdad porque el bautismo "no significa solamente dicha nueva vida, sino que la opera, la principia y la conduce, pues en él son dadas la gracia, el espíritu y la fuerza para poder dominar al viejo hombre, a fin de que surja y se fortalezca el nuevo".[39] A partir del bautismo, todos los vicios que caracterizan al viejo Adán como lo son la ira, el odio, la envidia, la avaricia, la pereza, la soberbia, y la falta de fe "habrán de disminuir diariamente, de forma tal que con el tiempo nos volvamos más mansos, pacientes, y suaves, destruyendo cada vez más nuestra avaricia, odio, envidia, y soberbia".[40] El retorno al bautismo, lo cual es un regreso al trono de gracia, nos da la fuerza para disminuir los vicios e incrementar las virtudes y buenas obras.[41] No a la manera de la línea ininterrumpida sino con una apreciación más modesta y realista de uno mismo, poniendo el enfoque en el retorno a la palabra de Dios que nos lleva a Cristo, a morir y a resucitar con él, y no en alguna noción de inevitable evolución moral para el santificado en sí.[42]

Ni perfecto, ni negligente. Justo y pecador a la vez. Muriendo y resucitando periódicamente, bajando a las aguas y surgiendo de las mismas una y otra vez. Así nos aproximamos a la visión bautismal de la santificación en esta vida. Se trata de la obra renovadora que el Espíritu Santo empieza en la nueva criatura desde el bautismo y en oposición a su viejo Adán, obra que continua hasta la muerte en espera de la plena santificación del cuerpo en la resurrección. Al fin de los tiempos, la consumación de la obra del Espíritu Santo llega a su fin, transformándonos a la imagen del Cristo resucitado con cuerpos incorruptibles, sin pecado, enteramente santos, justos, y limpios. En la nueva creación que ha de venir, y que en esta vida tenemos desde ya por promesa, llegaremos a ser de forma plena lo que Lutero llama "el hombre

---

39 Ibíd., 75-76, pp. 477-478.

40 Ibíd., 67, p. 476.

41 "La exigencia divina es que el creyente se limpie de ***toda*** inmundicia de la carne y del Espíritu [léase espíritu humano, no Espíritu Santo], ***perfeccionando*** la santidad en el temor de Dios, 2 Co 7:1, y que sea santo en toda su conducta, 1P 1:15. Expresado negativamente, el creyente debe despojarse de todo pecado; expresado positivamente, el creyente debe vestirse de toda virtud; pues solamente le sienta la santidad perfecta como santo de Dios en Cristo Jesús..." Mueller, *Doctrina Cristiana*, p. 267-268.

42 Para una crítica del evolucionismo moral en la doctrina de la santificación, véase Köberle, *The Quest for Holiness*, pp. 239-244. Prefiere hablar de la santificación como el retorno diario a la fe en Cristo que nos sustenta en medio del conflicto entre los deliberados actos de acción de gracia y de desobediencia a Dios.

nuevo, que ha de vivir eternamente delante de Dios en justicia y pureza". Por ahora, sin embargo, nuestra santificación sigue dando mucho quehacer al Espíritu Santo, fuente de toda santidad, quien nos lleva al arrepentimiento, al ser ahogado y crucificado con Cristo en las aguas. Luego el mismo Espíritu nos ofrece el perdón de Cristo, salvándonos de las aguas torrenciales como el salvavidas enviado por Dios que nos reviste de la justicia y santidad de Cristo para así impulsarnos a hacer de nuevo las obras que antes no pudimos hacer, para reconciliarnos con aquellos que hemos ofendido, para vivir ante otros de manera recta y responsable. La vida cristiana es un bajar y subir, no como la línea del perfeccionismo presuntuoso que sólo pretende subir sin bajar ni como la de la negligencia fatalista que sólo baja hasta el fondo sin deseo o esperanza alguna de surgir de nuevo.

El modelo bautismal de la santificación ve la vida cristiana más bien como una onda que oscila con sus altas y bajas. Así es la vida cotidiana, una oscilación más o menos periódica de momentos buenos y malos. Similar es el vivir espiritual del cristiano, con victorias del Espíritu sobre la carne así como victorias parciales del viejo Adán. No pretende el cristiano vivir como si ya fuese perfecto, el más santo entre los santos, el que se jacta de su moral o compara sus obras con las de los demás. Aún el más santo debe morir a su orgullo, a su falsa humildad. Debe crucificar el pensamiento, palabra u obra que lo tienta a enfocarse en sí mismo, en sus logros, en sus maneras de pensar, y no en la palabra de Dios y las necesidades de otros. Pero tampoco pretende vivir el cristiano como si éste estuviera esclavizado a sus pecados sin liberación alguna, en el fondo oscuro del mar sin salida a la superficie. Como diría Pablo, los que han sido librados del pecado ahora son esclavos de la justicia y cosechan la santidad (Ro 6:18, 22).

Ciertamente, hay pecados que parecen retornar una y otra vez. El viejo Adán parece ganar control sobre nosotros. ¿Cómo escapar de la rutina, de la costumbre, de lo usual, es decir, de la tendencia al pecado o concupiscencia que nos atrae? ¿Es posible? La vieja criatura en nosotros no puede ser reformada. Está adicta al pecado. Siempre tomará el camino de la rebelión a Dios y el olvido del prójimo. Todos tenemos este lado oscuro. De eso podemos estar seguros. No hay que tratar el viejo Adán con misericordia. Todo lo contrario. Debe ser ahogado. No hay otra opción. Tantas veces como sea necesario, es decir, toda la vida. Según la vieja criatura, siempre somos pecadores. Volver a la cruz para morir con Cristo, y crucificar allí nuestras rebeliones, es por ello un peregrinaje diario, y en cierto modo una nueva oportunidad para empezar de nuevo. Podemos volver una y otra vez al río Jordán para ahogar a ese viejo hombre, volver una y otra vez a la cruz para crucificar los malos deseos.

Cada morir con Cristo representa un nuevo decirle adiós al pecado, y por eso una nueva oportunidad para surgir del fondo. No se crece en la santidad escondiendo el pecado, pretendiendo que no existe o no nos toca (¿un tipo de machismo espiritual?), sino sacándonoslo del pecho para que así Dios nos sane con su perdón. En el Salmo 32, la culpa y el juicio de Dios por el pecado consume los huesos del salmista y lo debilita, de manera que éste siente el peso de Dios sobre sí (vv. 3-4). ¿Cómo salir de ese hueco oscuro? El arrepentimiento diario es la respuesta. Por eso canta el salmista: "Pero te confesé mi pecado, y no te oculté mi maldad. Me dije: "Voy a confesar mis transgresiones al SEÑOR", y tú perdonaste la maldad de mi pecado" (Sal 32:5). Cada vez que se reconoce el pecado, y no se oculta sino que se confiesa, se vuelve también a la cruz donde Dios nos lo perdona en Cristo. Se puede morir para empezar a vivir de nuevo.

Al hablar de la vida nueva en y con Cristo, no estamos hablando de un trabajo a medias. El nuevo Adán en nosotros vive para Dios, no deja que el pecado reine en su vida, no obedece sus malos deseos, no ofrece sus miembros como instrumentos de injusticia. Siempre cosecha frutos de santidad. Es siempre justo, santo, puro. Nunca falla. Nunca peca. Parece increíble creerlo. Según la nueva criatura en cada uno de nosotros siempre somos santos, completamente limpios de pecado, capacitados y preparados para toda buena obra. Aunque parezca ilusorio, cada día es entonces una nueva resurrección con Cristo, una nueva oportunidad de ser santos con Cristo, vivir según su Espíritu en completa fidelidad a Dios y servicio al prójimo. Afirmar esto es obviamente un artículo de fe porque la perfección de la santidad no la vemos en el presente aunque oramos para que ésta crezca y aumente en nosotros. En su libro de oración, Lutero asocia la segunda petición del Padrenuestro ("Venga tu reino"), y todas las peticiones de los salmos que imploran a Dios por su gracia y toda virtud, con el incremento diario del reino en cada uno de nosotros, pidiendo que nos ayude a dar inicio a una vida de piedad y a progresar en ésta con vigor.[43] Al pedir la venida del reino, pedimos al Señor que nos envíe su Espíritu Santo para que, por medio de su Palabra, nos ayude a vivir diariamente la obediencia que produce la fe. Este crecimiento en la santidad resulta en la renovación diaria del corazón contrito por el perdón de los pecados y además un buen testimonio de vida ante el prójimo. Por eso canta el salmista: "Crea en mí, oh Dios, en corazón lim-

---

43 Véase Martín Lutero, *Personal Prayer Book*, en *LW*, vol. 43. Editado por Helmut T. Lehmann y traducido al inglés por Martin H. Bertram (Philadelphia: Fortress Press, 1968), p. 32.

pio, y renueva la firmeza de mi espíritu. No me alejes de tu presencia ni me quites tu santo Espíritu. Devuélveme la alegría de tu salvación; que un espíritu obediente me sostenga. Así enseñaré a los transgresores tus caminos, y los pecadores se volverán a ti" (Sal 51:10-13). La oración del salmista ha de ser una oración de toda la vida.

El modelo bautismal de la santificación, con su ciclo oscilante de bajas y altas, de morir y resucitar a diario, mantiene en tensión saludable el realismo de nuestra condición pecaminosa y el optimismo de nuestra identidad como nuevas criaturas. Toma en serio el peligro de caer en la esclavitud del pecado, de vivir solamente de forma injusta, separado de Dios y del prójimo. Por eso, Pablo nos advierte en su enseñanza a no persistir en el pecado, a no permitir que el pecado reine en nuestro cuerpos, a no dejarnos llevar por los deseos de la carne. Tiene una visión realista de la vieja criatura en nosotros. Sabe que la carne está siempre lista para hacer de las suyas. Sin embargo, el modelo bautismal no nos permite confundir este realismo con un negativismo de tipo fatalista acerca del cristiano, como si su pecado fuera la última palabra. Al contrario, toma en serio la identidad del cristiano como nueva criatura, como emprendedor en la renovación de su mente y en el plano de las buenas obras, buscando la oportunidad de servir sin esperar bien alguno, de crecer en santidad y progresar en su madurez cristiana y relación ante otros en el hogar, la empresa o la iglesia. Este optimismo no se basa en la capacidad del cristiano en sí, sino en la confianza en el poder de la palabra de Dios para transformar el corazón y cosechar las obras de santidad. San Pablo da por hecho que la identidad del cristiano consiste en que éste ya ha sido crucificado, librado del pecado, y por ende puede y debe vivir en el presente a la medida de la santidad de Cristo. Por eso no debemos sorprendernos, sino dar gracias a Dios, cuando el cristiano, con la ayuda del Espíritu, vence los deseos de caer en algún pecado que lo ata habitualmente, de lamentarse desesperadamente y sin cesar por alguna culpa que lo agobia, o de no ayudar a alguien que repentinamente necesita de su servicio. Estas victorias ocurren a menudo. A veces fallamos también. La onda oscila entre altas y bajas. Pero la constante que nunca falla en medio de los altibajos de la vida espiritual es la palabra de Dios. Ésta sabe mantenernos humildes ante la arrogancia de la carne y a la vez nos da la dignidad de vivir en el mundo como hijos e hijas de Dios, de acuerdo al ejemplo de Cristo, y por ende según los impulsos del Espíritu que mora en nosotros como su templo.

Resumen

1. En su catequesis bautismal, Lutero usa una variedad de imágenes de la historia de la salvación, también utilizadas por los padres de la iglesia antigua, para hablar de la santificación de las aguas de nuestro bautismo por medio de Cristo. Se enfoca Lutero en el tema de las aguas como instrumentos del juicio divino contra el mundo incrédulo que simbolizan Adán, los que rechazaron la proclamación de Noé y murieron en el diluvio, y el faraón y su ejército hundidos en el Mar Rojo. El viejo Adán en nosotros –incrédulo, pecador, y enemigo de Dios– también ha de ser ahogado en el bautismo. Señala Lutero además que, por la asociación de su Hijo con las aguas del Jordán, Dios ha hecho de las aguas de nuestro bautismo un medio de gracia, un diluvio de bendición que nos salva y mantiene secos y seguros en el arca de la iglesia. Por causa de Cristo, de su unción en el Jordán que lo ha de iniciar en su camino a su pasión y muerte por nosotros, todos los que bajamos a las aguas del bautismo con él salimos de las mismas revestidos de su pureza y santidad. Jesús es el nuevo Adán que nos devuelve la justicia perdida por nuestro padre Adán en el Edén. Él es el Siervo ungido y sufriente por medio del cual Dios librará del pecado a su pueblo y a las naciones en un nuevo éxodo. Él es la roca que nos da el agua del Espíritu para vida eterna. El agua en sí misma no es gran cosa, pero cuando ésta va unida a Dios y sus promesas en Cristo, se vuelve un bautismo en y con Cristo y por ende un instrumento de perdón, de fe, y del Espíritu, en fin, un instrumento de santificación.

2. Siguiendo el paradigma paulino de Romanos 6 donde el bautismo se presenta como la participación del cristiano en la muerte y resurrección de Cristo, Lutero habla del bautismo no sólo como un evento pasado con repercusiones futuras sino como una forma de vida en el presente. Corresponde esta forma de vida, del diario ahogo del viejo Adán y su diario surgir de las aguas, con el arrepentimiento, a saber, el regreso periódico a la confesión de pecados y la absolución por los mismos. En las aguas del bautismo fuimos revestidos de la justicia de Cristo y de su Espíritu, pero en el presente esta vestimenta lleva consigo las manchas de nuestros pecados y no siempre manifiesta los frutos de la justicia con la que hemos sido revestidos. Por eso volvemos siempre a las aguas que nos sirven de espejo y revelan nuestros pecados. Allí Dios lava una y otra vez nuestras sucias vestimentas con su perdón, revistiéndonos de Cristo y su justicia una y otra vez. Lutero, por lo tanto, nos llama a ejercitarnos en el bautismo, a vestirnos diariamente del bautismo para apaciguar a la vieja

criatura y crecer en la nueva. Según este modelo bautismal o cíclico de la santificación, la vida cristiana es un retorno de toda la vida a las aguas del bautismo, donde siempre estamos muriendo y viviendo con Cristo, hasta la resurrección cuando su justicia y pureza se manifiesten plenamente en nuestros cuerpos. Así pues, el bautismo, al cual se vuelve una y otra vez, no sólo simboliza sino que efectúa o hace realidad en el hoy por hoy este diario morir al pecado para vida nueva.

3. El modelo bautismal o cíclico de la santificación evita caer en dos extremos. Por un lado, rechaza una visión perfeccionista de la vida cristiana o el progreso moral que no dé lugar a la necesidad de la renovación del cristiano por medio del arrepentimiento diario. El cristiano no madura en la santificación ocultando su pecado, o aparentando de forma arrogante que todo va santamente bien en su vida, sino confesándolo ante Dios cada día. Por otro lado, el modelo bautismal niega una visión fatalista de la vida cristiana que no dé lugar a la posibilidad y realización de victorias concretas del Espíritu sobre la carne. Afirma que la madurez del cristiano es posible, que el perdón de los pecados da fuerza al cristiano para desechar lo malo y vivir según lo que es bueno de acuerdo a la voluntad de Dios. La vida cristiana no es una línea ascendente de progreso ininterrumpida que sólo habla de la emersión de la nueva criatura y su progreso moral sin hablar de su necesidad de morir en las aguas una y otra vez. Tampoco es una línea descendente de muerte ininterrumpida de la cual nunca se puede escapar o salir con vida. Mejor sería pensar en la santificación como una onda que oscila entre altas y bajas, con victorias parciales de la carne pero también con victorias reales del Espíritu sobre la carne. Por eso, el modelo bautismal mantiene en tensión saludable el realismo de nuestra condición pecaminosa, la cual es ineludible en esta vida, con el optimismo de nuestra condición de justos que con la ayuda del Espíritu y la palabra de Dios llegan también a vencer los vicios y a adoptar las virtudes que Dios promueve en su Palabra.

Preguntas para la reflexión

1) San Pablo exhorta a los cristianos en Éfeso con las siguientes palabras: "Con respecto a la vida que antes llevaban, se les enseñó que debían quitarse el ropaje de la vieja naturaleza, la cual está corrompida por los deseos engañosos; ser renovados en la actitud de su mente; y ponerse el ropaje de la nueva naturaleza, creada a imagen de Dios, en verdadera justicia y santidad" (Ef 4:22-24). ¿Cuáles son aquellos "deseos engañosos" o pecaminosos,

actitudes o hábitos dañinos, a los que usted todavía se adhiere y le cuesta quitarse de encima? Por cada deseo, actitud o hábito dañino, piense en el deseo saludable opuesto y luego trate de ponerlo en práctica. Por ejemplo, si tiene el deseo de hablar mal o dar falso testimonio de alguna persona que no le cae bien, piense en aquellas cualidades buenas de esta persona y trate de hablar bien de ella aunque le sea difícil. Trate de poner este ejercicio en práctica cuando "el ropaje de la vieja naturaleza" intente irse en contra de su "nueva naturaleza, creada a imagen de Dios, en verdadera justicia y santidad".

2) Una congregación ha tenido problemas con el pago de salarios y cuentas de luz, agua, y teléfono. Dos miembros de la iglesia escuchan la exhortación a ofrendar más de lo normal que hace el pastor durante el sermón del domingo. Después del sermón, uno comenta: "Somos tan amantes del dinero que nos será imposible ofrendar más." Otro miembro le responde: "Pero somos cristianos. Si cada miembro ofrenda exactamente cinco por ciento más de lo que generalmente da, nunca tendremos retos económicos en la iglesia." ¿En qué sentido reflejan los comentarios la visión paulina de la necesidad de ahogar al viejo Adán y la realidad de la nueva criatura que emerge de las aguas? ¿Cómo se refleja el problema del fatalismo (el viejo Adán es ahogado pero no emerge como nueva criatura) o el problema del perfeccionismo (la nueva criatura emerge de las aguas pero nunca tiene que ahogar a su viejo Adán) en los comentarios de los miembros? Finalmente, ¿con qué miembro se identifica más usted? ¿Cuál se expresa más como usted? A la luz del modelo de la santificación como el bajar a las aguas y el subir de las mismas, ¿cuáles son las ventajas o desventajas de su manera de hablar acerca de exhortaciones que se le hacen en la iglesia? ¿Tiende a ser fatalista o perfeccionista?

3) El retorno diario al bautismo no es más que confesar los pecados y recibir el perdón por los mismos. Antes de confesar los pecados en público con la congregación durante el culto o en privado ante el pastor o confesor, Lutero recomienda que hagamos lo siguiente: "Considera tu estado basándote en los Diez Mandamientos, seas padre, madre, hijo o hija, señor o señora o servidor, para saber si has sido desobediente, infiel, perezoso, violento, insolente, reñidor; si hiciste un mal a alguno con palabras u obras; si hurtaste, fuiste

negligente o derrochador o causaste algún otro daño."[44] Es bueno llevar a cabo este ejercicio antes o durante la confesión. Éste no debe tener como fin hacer de la confesión un "martirio" sino de dar al pecador la certeza de que al recibir la absolución Dios le perdona de todos sus pecados, incluyendo aquellos pecados que más lo agobian y necesita sacárselos del pecho. Este ejercicio también se puede llevar a cabo de manera personal. Lea uno de los mandamientos cada semana, considere cómo lo ha transgredido y luego confiese a Dios su pecado, pidiéndole su perdón. Luego, escuche el perdón o absolución de parte del pastor en la iglesia, o de algún hermano o hermana en privado, y tenga por seguro que es Dios mismo en su palabra de perdón quien ha escuchado su confesión y le ha dado su perdón por medio de sus siervos.

---

44 *Catecismo Menor*, Confesión y absolución, 18, en *LC*, p. 364.

CAPÍTULO 4

BATALLANDO EN EL DESIERTO Y EL JARDÍN: La santificación como conflicto y victoria contra el maligno

El desierto es lugar de oración y meditación. Allí va Jesús después de su bautismo y antes de iniciar su ministerio público (Lc 4:1ss). El Espíritu con el cual Dios lo unge en el Jordán lo lleva "en seguida" al desierto (Mc 1:12). Pero el desierto también es un lugar peligroso, espacio conflictivo, donde el diablo ataca. El desierto es preámbulo al conflicto que caracterizará todo el ministerio de Jesús, su conflicto con los poderes del antireino, es decir, todo lo que se opone al establecimiento del reino de Dios en el mundo. En el desierto desolado lo lleva Satanás a una montaña y le ofrece poder sobre todos los reinos del mundo (Mt 4:8). Le ofrece un reino que no se acoge al plan del Padre, que se opone al mismo, que intenta poner freno a la misión salvífica para la cual él ungió a su Hijo con el Espíritu Santo en el Jordán. Así pues, la vida de Jesús se caracteriza por el conflicto con el espíritu maligno. Su vida en el Espíritu Santo lo lleva precisamente a tal conflicto y lucha espiritual. Después de todo, y aunque parezca extraño a primera vista, es el Espíritu quien lo lleva al desierto. No para hacerlo caer en pecado, sino para acompañarlo en su lucha contra el espíritu maligno donde es con la Palabra, "la espada del Espíritu", que tendrá que enfrentarlo. Donde está el Espíritu y la Palabra, está también merodeando el diablo. Es de esperar que la intensidad del ataque contra el Hijo sea constante porque en él habita el Espíritu sin medida para nuestra salvación; porque es con ese Espíritu que es ungido por el Padre para ser nuestro siervo hasta la cruz (Lc 3:22, Is 42:1; cf. Lc 4:18, Is 52:13-53:1ss). Esto alborota al diablo, enemigo de la cruz. Por eso, la presencia del Espíritu en Cristo lo hace acreedor de los ataques del espíritu maligno durante toda su vida y misión, en toda su marcha a la cruz, su ida de vuelta al Padre que lo envío.

Ya que el Hijo ha dado su Espíritu a la iglesia, no nos debe sorprender que la vida de todo cristiano sea también de lucha contra los poderes del maligno que se oponen a Cristo y su evangelio. Por eso la vida del cristiano, discípulo de Jesús, en este mundo tampoco será fácil. El siervo no es mayor que su señor. El discípulo sufrirá los ataques y persecuciones del "mundo", esfera del príncipe de las tinieblas (Jn 15:18ss). De hecho, los insultos que la iglesia recibirá por su testimonio de fe en Cristo son prueba del reposo del Espíritu sobre los cristianos (1P 4:14). La misma recepción que recibe Jesús la recibe el discípulo. Así como fue al desierto "lleno del Espíritu Santo" donde fue atacado, Jesús empieza su ministerio público en Galilea "en el poder del Espíritu" para ser casi arrojado desde un precipicio por un pueblo rebelde e incrédulo (Lc 4:14ss), anticipo de lo que experimentaría en todo su camino a la cruz. Asimismo, Esteban proclama a su Señor "lleno del Espíritu" y no recibe otra cosa que el martirio (Hch 7:55ss), entonando a su Señor Jesús desde su cruz la misma oración que elevó Jesús a su Padre desde la suya: "Recibe mi espíritu… ¡Señor, no les tomes en cuenta este pecado!" (Hch 7:59-60, cf. Lc 23:34, 46). La presencia del Espíritu en el creyente lo hace partícipe de los sufrimientos del Hijo pero también de su gloria, y por ende lo hace partícipe de las tentaciones que sufrió Cristo pero también de su victoria sobre el maligno. Por eso, el Hijo le recuerda a una iglesia perseguida: "Yo he vencido al mundo" (Jn 16:33). Por su muerte en la cruz, y su intercesión ante el Padre a nuestro favor, el que fuera una vez tentado ha vencido al diablo y la muerte, quitándole al hermano que es tentado ahora el temor del diablo y prometiéndole socorro en medio de toda tentación (Heb 2:14ss). Nos toca ahora explorar un poco más a fondo esta dimensión de la vida en el Espíritu como conflicto y victoria contra el maligno y sus implicaciones para el creyente en su diario vivir. Llamamos a esta descripción de la vida cristiana el modelo dramático de la santificación.

El desierto y el jardín: Acentos bíblicos y patrísticos de la santificación como batalla y carrera contra el maligno

La experiencia de Jesús en el desierto repite la de Israel y la sobrepasa. Así como el pueblo de Israel pasó por el desierto por cuarenta años, asimismo Jesús, el Hijo amado de Dios Padre, pasa cuarenta días y cuarenta noches en el desierto (Mt 4:2; cf. Dt 8:2). En el Sinaí, el pueblo de Israel, el hijo primogénito a quien su Padre Yahvé liberó del yugo egipcio y eligió entre las naciones, cae en la idolatría y termina adorando al becerro de oro (Dt 9:7ss). Jesús, el Hijo del Padre, también es tentado. Al mostrarle los reinos del mundo, Satanás le dice: "Todo esto te daré si te postras y me adoras" (Mt 4:9). La fidelidad del Hijo al Padre es lo que está en juego: "Si eres el Hijo de Dios...", entonces haz esto o lo otro (Mt 4:3, 6). Israel también es puesto a prueba, pero éste termina siendo hijo infiel y su idolatría caracterizará toda su historia. A diferencia del primer hijo Israel, Jesús, el segundo Hijo y por ende el nuevo Israel, toma el lugar del viejo Israel y resiste la tentación de caer de rodillas ante Satanás. Donde el primer hijo falla, el Hijo de Dios vence: "¡Vete Satanás! –le dijo Jesús–. Porque escrito está: "Adora al Señor tu Dios y sírvele solamente a él." Entonces el diablo lo dejó..." (Mt 4:10-11). Como nuestro nuevo Israel, Jesús pasa a tomar el lugar del antiguo Israel, a repetir y llevar a su plenitud su historia fallida ante la tentación del diablo, de tal manera que mediante su fidelidad al Padre salvará a Israel e incorporará al resto de las naciones a Israel.

El desierto es lugar de tentación y la lucha de Jesús contra el diablo en el desierto es paradigmática para la iglesia. El autor de la epístola a los Hebreos la considera prueba de la solidaridad de Jesús con los santos. Como parte de su sufrimiento, Jesús sabe lo que es ser tentado. Ciertamente el Hijo es "el resplandor de la gloria de Dios", pero a la vez comparte con sus hermanos la naturaleza humana "a fin de llevar muchos hijos a la gloria" por medio de su sufrimiento (Heb 1:3, 2:10). Tanto el Hijo que santifica como los santificados tienen un mismo origen en Dios Padre, porque el Hijo se ha hecho nuestro hermano en el misterio de la encarnación y la cruz (Heb 2:11). En su humillación hacia la cruz, en ese perfeccionamiento en la vía de la obediencia que lo lleva a su sacrificio, el Hijo sabe lo que significa sufrir la tentación que sus hermanos sufren. Pero el Hijo se diferencia de ellos en que él no cae en las garras del maligno. Al contrario, el camino de Jesús al altar de la cruz lleva a su fin el plan de Dios para él y lo hace nuestro "sumo sacerdote", aquel que se da a sí mismo en servicio a Dios para limpiar a sus hermanos de todo pecado (Heb 2:14ss). Así pues, Jesús no sólo se solidariza con sus hermanos en medio de sus luchas contra el diablo, sino que además puede socorrer a los que son tentados" (Heb 2:18).

Desde la cruz, podemos ver la experiencia de Jesús en el desierto como su sí al plan de Dios y su no al plan diabólico. Podemos ver su muerte como signo de su victoria contra los poderes del diablo a favor de los tentados que a menudo temen caer en garras del maligno y morir bajo sus ataques. En la cruz, Jesús hace de la muerte un instrumento de liberación no sólo contra el dominio del pecado en nuestras vidas sino también contra el dominio del diablo en las mismas. El Hijo de Dios tomó sobre sí nuestra "naturaleza humana para anular, mediante la muerte, al que tiene el dominio de la muerte –es decir, al diablo–, y librar a todos los que por temor a la muerte estaban sometidos a esclavitud durante toda la vida" (Heb 2:14-15). Se nos presenta a Jesús como aquel que nos libera de la esclavitud al pecado, el diablo, y la muerte. La temática vicaria está presente cuando vemos la lucha en el desierto desde la cruz, pues Jesús se libra del maligno en el desierto y en toda oportunidad que el maligno toma para hacerlo caer en el camino a la cruz, con el fin de poder librar a sus hermanos del poder del diablo en sus vidas.

Los padres de la iglesia usan el lenguaje del combate entre bandos opuestos para referirse a la batalla entre el diablo y la cruz. Ignacio, en su enseñanza contra los docetas que niegan la humanidad y el sufrimiento del Hijo, comenta que la obra del diablo, "este capitán de la maldad", en algunos es "que nieguen la cruz, que se avergüencen de la pasión, que llamen apariencia la muerte del Señor…"[1] Usando el lenguaje del encuentro entre equipos opuestos, se pinta al diablo como "capitán de la maldad", al mando de los que se oponen a Cristo y su verdad, "porque el príncipe de este mundo se alegra siempre que alguien niega la cruz, pues sabe que la confesión de la cruz es ruina suya. En efecto éste es trofeo contra su poder, viendo el cual se estremece y, oyéndolo, se espanta".[2] Ya Cristo ha vencido a su oponente en la cruz, ha recibido el trofeo de campeón, y ésta es la derrota del maligno. Sólo le queda al diablo silenciar la noticia, incorporando a su bando "*hijos de la incredulidad*".[3] Este silencio y reclutamiento a la causa del mal empieza ya desde el desierto con la tentación de Jesús, comienzo de su "marcha hacia la cruz".[4] Ya desde el desierto, sin embargo, el Señor lo expulsa y continúa su marcha al Gólgota: "*Marcha, Satanás…* porque yo sé quién soy, y por quién he sido enviado, y a quién se debe adorar… *Porque yo vivo por el Padre.*"[5]

Otro lugar en que el maligno ataca es en el jardín. Así fue en el Edén, donde la serpiente diabólica pone a prueba la fidelidad del primer Adán y la primera Eva (Gn 3:1ss). Le reclama Ignacio a aquel que es "pisadura de los pies del Señor": "Tú, Belial, dragón apóstata, serpiente enroscada, que te

---

1 *A los Filipenses* IV, 3, en *Padres apostólicos*, p. 529. Aunque el texto no parece ser escrito originalmente por Ignacio, la descripción de la obra del diablo, su oposición a la cruz, en términos de la competencia entre dos bandos opuestos es ilustrativa.

2 Ibíd., III, 3, p. 528.

3 Ibíd., IV, 1, p. 528. El autor incluye, entre otros, a Judas, los fariseos, los sacerdotes y Pilato como instrumentos de su obra de maquinación en contra de la "marcha hacia la cruz" de Cristo, aunque paradójicamente "principio de su condenación" (Ibíd.).

4 Ibíd., IX-XI, pp. 532-534.

5 Ibíd., XII, 2-3, p. 353.

apartaste de Dios... que te levantaste contra los primeros hombres y, sin que te hubieran en nada agraviado, les hiciste infringir el mandato de Dios..."[6] ¿Qué mandato? Dios el Creador pone el árbol del conocimiento del bien y del mal en el medio del jardín, y con éste le pone un límite al ser humano: "...pero del árbol del conocimiento del bien y del mal no deberás comer" (Gn 2:17a). Éste es el mandato. Dios siempre ha de estar en medio del jardín, como "el árbol de la vida" que fluye del Dios viviente, fuente de vida (cf. Gn 2:9). Él es el centro de nuestras vidas, sus criaturas dependen de él y por ende siempre orientan sus vidas hacia ese centro, hacia ese Dios cuya palabra incluye su mandato.[7] Sin embargo, el diablo engaña a Adán y Eva, haciéndoles creer que ellos deben comer del árbol que está en el medio del jardín, que no deben limitarse a ser criaturas sino que deben ser "como Dios" (Gn 3:5). La mentira es que supuestamente la criatura, y no el Creador, debe ser el centro de su propia vida. Con la caída al pecado, esa primera rebelión, nuestros primeros padres caen bajo el yugo del maligno. Pero en su economía de la salvación, Dios promete que la serpiente será destruida por la simiente de la mujer. Le dice a la serpiente: "Podré enemistad entre tú y la mujer, y entre tu simiente y la de ella; su simiente te aplastará la cabeza, pero tú le morderás el talón" (Gn 3:15). El lenguaje de Génesis es de combate entre dos fuerzas opuestas: la que muerde el talón y la que aplasta la cabeza. La imagen implica lucha y conflicto. ¡Qué peor ataque al campeón que la mordida del talón! La imagen también muestra la victoria del que aplasta al enemigo, ganándole el combate.

Jesús pasa a ser el último Adán, nacido de la última Eva –como dirían algunos padres de la iglesia– para ser herido en el talón.[8] El ataque comienza

---

6 Ibíd., XI, 1, 3, p. 534.

7 Para la reflexión acerca de Dios, su vida, y Palabra, como centro de la criatura, y acerca de la rebelión de la criatura o su querer ser "como Dios" (*sicut deus*) en términos de su intento de tomarse o situarse en el centro, véase Dietrich Bonhoeffer, *Creation and Fall –Temptation*, pp. 53-62, 70-107.

8 En padres como Justino en oriente o Ireneo en occidente, la famosa comparación de Eva con María se debe entender en el contexto de la salvación en Cristo y no para hacer de María co-redentora con éste. El punto comparativo sobresaliente en ambos autores es la desobediencia de una a la palabra de Dios y la obediencia de la otra a la misma. Así pues, Justino nos dice que Jesús "...nació de la virgen como hombre, a fin de que por el mismo camino que tuvo principio la desobediencia de la serpiente, por ése también fuera destruida. Porque Eva, cuando aún era virgen e incorrupta, habiendo concebido la palabra que le dijo la serpiente, dio a luz la desobediencia y la muerte; mas la virgen María concibió fe y alegría cuando el ángel Gabriel le dio la buena noticia de que el Espíritu del Señor vendría sobre ella y la fuerza del Altísimo la sombrearía, por lo cual lo nacido

en el desierto. Pero en el jardín de Getsemaní, la serpiente vuelve con un último intento de hacer tropezar a Jesús en su marcha. Jesús ora a su "Abba" Padre en aquella otra ocasión –esa "otra oportunidad" (Lc 4:13)– en que el diablo desea obstruir su camino a la cruz, su ida al Gólgota para redimirnos de nuestros pecados y el poder del maligno en nuestras vidas (Mc 14:16). De forma similar, Pablo habla de la oración de los hijos a su "Abba" Padre en medio de sus sufrimientos como su clamor en el Espíritu de filiación (Ro 8:15-17). Tanto el que santifica como los santificados, tanto el Hijo como los hijos, se dirigen al mismo Padre en medio de sus dolores. La iglesia participa de la oración del Hijo en el jardín de Getsemaní y tiene acceso al Padre únicamente por medio del Hijo. El Espíritu acompañó al Hijo en la agonía del jardín, y así también acompaña a los hijos en su peor hora, cuando no saben cómo orar (Ro 8:26). Cuando el diablo ataca y pone en duda la fe, y no sabemos exactamente qué decirle a Dios porque el mal y el dolor nos deja mudos, allí, en ese desierto y jardín nos acompaña el Espíritu Santo y hace intercesión por nosotros ante el Padre (Ro 8:27).

La enseñanza acerca de la solidaridad del Hijo con los hijos sirve para consolar a los cristianos en medio de sus tentaciones. Nuestro hermano Jesús ha vencido al diablo por nosotros, nos ha librado del yugo del maligno. Sirve además como una advertencia a tener cuidado y mantenerse alerta para no caer en la tentación, para vivir conformes a la liberación obtenida en Cristo. El autor de los Hebreos le recuerda a los santos y hermanos de Jesús que al igual que el pueblo de Israel en el desierto Sinaí serán tentados a apartarse del Dios vivo, a endurecer su corazón, a caer en la incredulidad de sus antepasados (Heb 3:7ss). Todos tenemos nuestros desiertos, donde el diablo muerde el talón de los hijos de Dios, donde podemos caer ante el enemigo. Por eso, los hermanos deben darse ánimo cada día, velar el uno por el otro para que nadie caiga en la rebeldía contra Dios. Se hace la vigilancia necesaria ante

---

de ella, santo, sería Hijo de Dios; a los que respondió ella: *Hágase en mi según tu palabra*. Y de la virgen nació Jesús, al que hemos demostrado se refieren tantas Escrituras, por quien Dios destruye la serpiente y a los ángeles y hombres que a ella se asemejan, y libra de la muerte a quienes se arrepienten de sus malas obras y creen en él". *Diálogo con Trifón* 100, 4-6, en *Padres apologistas griegos*, pp. 478-479. Aún la afirmación no tan precisa de Ireneo de Lyon de que por su obediencia la virgen se hizo "causa de salvación" (véase *Adv haer* III, 22, 4) se debe entender en el contexto más amplio tanto de la crítica de Ireneo a la negación gnóstica de la humanidad del Hijo que éste recibe de María (*Adv haer* III, 22, 1) como de la realidad de la obediencia de la virgen dentro del plan de salvación del Padre por medio de Cristo encarnado, el segundo Adán, quien triunfa donde el primer Adán falla para así recapitular la historia y darnos la victoria sobre la muerte y el pecado (*Adv haer* III, 21, 10).

un posible ataque, ante la posible jugada en contra nuestra. Los hermanos deben recordarse los unos a los otros que su fe y firmeza en medio de todo ataque del maligno dependerá al fin de su unión a Cristo. Él es que le aplasta la cabeza. Por ello, todo aquel que en medio de la lucha ponga su fe en el Hijo, nuestro sumo sacerdote, "que ha sido tentado en todo de la misma manera que nosotros, aunque sin pecado", hallará la gracia de Dios y entrará en su reposo (Heb 4:14-16).

El cristiano es como un atleta que tendrá que disciplinarse para no caer en la corrupción del mundo y perder "los bienes incorruptibles", pues sólo "cumpliendo la voluntad de Cristo, hallaremos descanso".[9] Al igual que Ignacio, Clemente elabora el tema de la vida cristiana como lucha contra el mal. Ésta se presenta como un combate entre el mundo corruptible que nos invita al servicio de otro señor y el mundo venidero donde Cristo es Señor.[10] La vida del cristiano es un navegar o un correr "por el recto camino" hacia la vida eterna donde Cristo nos espera con la "corona" de victoria.[11] Ya que el atleta descuidado que infringe las leyes del juego es azotado y expulsado del estadio, el cristiano que tiene el beneficio del "sello" de su bautismo debe cuidarse de guardarlo para no ser expulsado de la vida eterna.[12]

Estos escritos asociados con el testimonio post-apostólico de Ignacio y Clemente, testigos de despliegues de atletas y combates en el mundo grecorromano, nos recuerdan las exhortaciones paulinas al cristiano. En su combate con el diablo, el cristiano es gladiador, atleta, y boxeador que lucha contra todo obstáculo para alcanzar la meta deseada. Por eso nos dice el apóstol: "Pónganse toda la armadura de Dios para que puedan hacer frente a las artimañas del diablo… para que cuando llegue el día malo puedan resistir hasta el fin con firmeza" (Ef 6:11, 13). Pablo ve la fidelidad a su ministerio apostólico, en servicio al evangelio, en términos de la "disciplina" con la que el atleta se prepara para correr la carrera y así obtener el "premio" deseado (1Co 9:24-27). El apóstol no es como el boxeador que tira puñetes al aire sino que trata de dominar su cuerpo, imponiéndose su disciplina ante las tentaciones,

---

9 *Carta segunda de San Clemente*, VI, 6-7, en *Padres apostólicos*, p. 360. "Y ya sabéis, hermanos, que nuestra peregrinación de esta carne por este mundo es pequeña y de breve duración; mas la promesa de Cristo, grande y maravillosa y descanso del reino venidero y de la vida perdurable" (Ibíd., V, 5, p. 359).

10 Ibíd., VI, 1-5, p. 359. Allí se nos dice: "Este mundo y el otro son dos enemigos… No podemos ser amigos de los dos."

11 "Y así, corramos por el recto camino hacia el combate incorruptible y naveguemos muchos a él y combatamos, para ser también coronados…" Ibíd., VII, 3, p. 360.

12 Ibíd., VII, 4-6, p. 361.

a fin de que nada obstaculice su carrera y "quede descalificado", y así pueda al fin obtener el premio "que dura para siempre". Le sigue a esta imagen del atleta disciplinado el "ejemplo" de los hijos de Israel en el desierto que cayeron en la idolatría, usando la historia de su caída como advertencia a los hijos de Dios (1Co 10:1-11). "Por lo tanto, si alguno piensa que está firme, tenga cuidado de no caer" (1Co 10:12).

El apóstol también sitúa su enseñanza apostólica en el contexto de la fidelidad a Cristo y su doctrina, exhortando a Timoteo a mantenerse firme en la sana doctrina que recibió desde su niñez. Aquí une la temática de la batalla con la de la carrera. Exhorta al joven pastor, diciéndole: "He peleado la buena batalla, he terminado la carrera, me he mantenido en la fe. Por lo demás me espera la corona de justicia que el Señor, el juez justo, me otorgará en aquel día; y no sólo a mí, sino también a todos los que con amor hayan esperado su venida" (2Ti 4:7-8; cf. Fil 3:14). Así pues, la firmeza del cristiano, en medio de los ataques recibidos durante su carrera hacia la meta prometida –a saber, el descanso en Cristo para la vida eterna y la corona de la gloria con el Cristo resucitado–, es la lucha contra todo instrumento diabólico en la forma que se nos presente. Se trata de la lucha contra el mundo que incluye a los falsos profetas y anticristos de todo tiempo y lugar, pues éstos también son enemigos de la cruz. Pero se trata también de la lucha con uno mismo en cuanto pecador rebelde, es decir, en cuanto viejo Israel, hijo infiel que cae en el desierto; o en cuanto viejo Adán, padre infiel que cae en el jardín.

La vida cristiana es entonces un combate y una carrera contra el maligno. La iglesia participa de las tentaciones que sufrió su Señor en su marcha a la cruz, en su combate y carrera contra Satanás y sus secuaces. Cada cristiano en quien habita el Espíritu que llevó a Jesús al desierto y al jardín entrará en conflicto con el espíritu maligno. Tendrá sus experiencias del desierto y del jardín. Ante esta realidad, esta lucha contra el pecado, que ha caracterizado la vida de todo creyente a través de los tiempos, se nos llama a que "corramos con perseverancia la carrera que tenemos por delante" (Heb 12:1). Pero no sin fijar "la mirada en Jesús, el iniciador y perfeccionador de nuestra fe, quien por el gozo que le esperaba, soportó la cruz, menospreciando la vergüenza que ella significaba, y ahora está sentado a la derecha del trono de Dios" (Heb 12:2). Fijando la mirada en Cristo, quien corrió su carrera y triunfó contra todo obstáculo y oposición del diablo, el cristiano es motivado a luchar y correr: "Así, pues, consideren a aquel que perseveró frente a tanta oposición por parte de los pecadores, para que no se cansen ni pierdan el ánimo" (Heb 12:3). Para el cristiano, su batalla y carrera pasan a ser, contra los planes del diablo, una "disciplina" que usa el Padre "para nuestro bien, a fin de que participemos de su santidad" (Heb 12:10). Es Dios quien paradójicamente nos prepara y disciplina mediante estos ataques para fijar nuestra fe en Jesús. Y es Dios quien a la vez "no permitirá que ustedes sean tentados más allá de lo que pueden aguantar. Más bien, cuando llegue la tentación, él les dará también una salida a fin de que puedan resistir" (1Co 10:13).

Orando y meditando en medio de los ataques: La visión dramática de la vida cristiana en el pensamiento de lutero

Lutero tiene una visión dramática de la vida cristiana, es decir, la ve en términos de un drama o conflicto entre Dios y el diablo. No lo ve de forma secularizada, sino como un lugar de batalla entre el reino de Dios y el antireino. No exorciza del mundo al diablo como es común después del Iluminismo. No lo reduce a alguna institución injusta o a la maldad del ser humano, aunque obviamente no descarta la influencia del diablo en el ser humano, la iglesia y la sociedad. En su instrucción bautismal de 1526 define el bautismo como el comienzo de la batalla espiritual del cristiano, el momento en que se le cuelga al niño por el cuello un enemigo para toda la vida.[13] Sin la iniciación al bautismo, no existe conflicto o drama espiritual alguno. El diablo ya tiene al ser humano en cadenas, como su esclavo, en las tinieblas. Al ser bautizado, sin embargo, uno pasa a ser objeto de los ataques del maligno. Empieza el conflicto. Lutero de hecho entiende el bautismo como un tipo de exorcismo y en su rito bautismal clama a Dios para que el espíritu maligno que tiene en sus manos a la criatura nacida en pecado sea expulsado para dar lugar al Espíritu Santo. El ministro ha de decir: "Vete, espíritu inmundo, y da lugar al Espíritu Santo."[14] Y también dirá: "Te conjuro, espíritu inmundo, en el nombre del Padre y del Hijo y del Espíritu Santo, para que salgas y te vayas de este siervo de Jesucristo."[15] Luego los padrinos han de renunciar al diablo y todas sus obras por el niño.

La renuncia al diablo es la única parte que nos queda de aquel rito, y quizás es suficiente para anunciar el aspecto de liberación del maligno que ocurre en el bautismo. Es obvio que el lenguaje más dramático de Lutero se ha perdido, quizás en parte por el énfasis teológico más prominente que se le da al perdón de los pecados como beneficio del bautismo, o a la palabra

---

13 Martín Lutero, *The Baptismal Booklet*, 2, en *BC*, p. 372.

14 Ibíd., 11, p. 373. La traducción del inglés es mía.

15 Ibíd., 15, p. 374 (traducción mía).

("en el nombre del Padre, del Hijo y el Espíritu Santo") y el agua como elementos constitutivos de la institución del sacramento.[16] No se enfoca el rito tanto en las consecuencias del sacramento en el plano de la lucha espiritual del cristiano, aunque la tradición luterana sí permite el uso de la ceremonia del exorcismo para enseñar este efecto de liberación que acompaña el bautismo.[17] No cabe duda, sin embargo, que en la práctica y desde una perspectiva cultural parte del eclipse del aspecto de liberación del maligno en el bautismo está relacionado a la mentalidad secularizada de algunos cristianos a partir del Iluminismo, su creencia formal pero no concreta en el diablo como agente personal que lo asecha, como su verdadero y formidable adversario. En un mundo donde la ciencia lo explica casi todo en términos materialistas, ¿tiene sentido vivir como si la vida fuera una lucha contra el demonio? ¿No habrá que desmitificar la realidad espiritual en un mundo moderno donde la gente ya no cree en ángeles o en el diablo? Se relaciona además el eclipse del aspecto conflictivo de la vida cristiana en parte a la incapacidad de algunos cristianos de reconocer que desde el punto de vista espiritual aún la más bella criatura nace en pecado y bajo el yugo del maligno. ¿Tiene sentido hacerle un exorcismo a tan bella e inocente criatura? En fin, hemos perdido el valor de ver el mundo y nuestras vidas en términos de la narrativa bíblica donde Dios y el diablo a menudo batallan por las almas y las vidas de los seres humanos.

Si bien la catequesis bautismal de Lutero nos ayuda a recobrar el realismo de la vida del cristiano como una lucha con el maligno, ésta también nos habla del bautismo como su liberación del yugo del diablo. Lutero no escatima decir que, antes del bautismo, "el infante está poseído por el diablo", que es "un hijo del pecado y la ira".[18] Poner las cosas de este modo le permite a Lutero mostrar la grandísima diferencia que constituye el bautismo, porque convierte al infante en "un hijo de Dios" al expulsar al diablo del pequeño niño.[19] El niño recibe su nueva identidad. Pasa de ser hijo del pecado y objeto de la ira divina a ser hijo de Dios. Lutero habla del bautismo como la obra divina del "nuevo nacimiento" en el contexto de este paso de una identidad

---

[16] En su *Doctrina Cristiana*, Mueller se refiere al exorcismo en el bautismo como una "costumbre" o "ceremonia" que no es demandada ni prohibida por Dios en su institución del sacramento (p. 336). Véase también Lutero, *The Baptismal Booklet*, 5, en *BC*, p. 372.

[17] Por otro lado, Mueller, al hablar de la práctica de la renuncia de Satanás, presenta esta práctica como apropiada porque "llama la atención hacia el ***efecto*** del Santo Bautismo; pues por este medio de gracia el bautizado es trasplantado del reino de Satanás al reino de Jesucristo, nuestro Señor, Juan 3:5". Ibíd., 337.

[18] Martín Lutero, *The Baptismal Booklet*, 2, en *BC*, p. 372 (traducción mía).

[19] Ibíd., 2-3, p. 372.

a la otra: "Él mismo lo llama un "nuevo nacimiento", por medio del cual nosotros, siendo librados de la tiranía del diablo y del pecado, el diablo y el infierno, pasamos a ser hijos de vida, herederos de todos los bienes de Dios, hijos de Dios mismo y hermanos y hermanas de Cristo."[20]

En la catequesis de Lutero, el bautismo introduce al infante al conflicto con el diablo durante toda su vida pero a la vez le da la identidad de hijo de Dios que lo hace acreedor a la protección del Padre de todo mal. Antes de la renuncia a Satanás que los padrinos articulan en nombre del infante, el pastor impone las manos sobre la cabeza del infante y con sus padrinos ora el Padrenuestro. Allí se dice: "Y no nos dejes caer en la tentación, más líbranos del mal. Amén."[21] Así pues, el bautismo no sólo "libera al niño del poder del diablo" sino que también "fortalece al niño para que éste pueda resistirlo con valentía en la vida y en la muerte".[22] Lo introduce al privilegio de la oración, arma importante en el conflicto donde sólo Dios nos puede ayudar. Podemos hablar de batallas y luchas diarias, pero también de victorias diarias. La palabra de Dios, por la cual éste promete al infante la liberación del maligno en el bautismo, también constituye otra arma y promesa a la cual el bautizado tendrá que anclarse una y otra vez cuando los ataques vengan. Nos toca entrar más de lleno en estos santos recursos que el cristiano tiene a su disposición como bienes de Dios –a saber, la Palabra y la oración– para mantenerse firme contra los ataques del maligno en su vida. Para ello, pasamos a otra descripción que Lutero nos ofrece de la vida del cristiano.

Lutero usa el término alemán *Anfechtung* o *tentatio*, su equivalente en latín, para referirse a los ataques espirituales que el cristiano ha de experimentar en su caminar por el mundo.[23] Los ataques vienen del diablo, a quien Lutero de manera algo sorpresiva llama "el mejor maestro de teología", ya que el Espíritu de Dios lo usa como instrumento para formarnos como teólogos fieles a su Palabra y la oración en medio de los ataques. La visión dramática del conflicto claramente pone al diablo bajo el control de Dios, quien en cualquier momento usa las artimañas del maligno para llevar a sus hijos a depender más y más de su Palabra de consuelo y su ayuda en la oración.

---

20 Ibíd., 8-9, p. 373 (traducción mía).

21 Ibíd., 17, p. 374 (traducción mía).

22 Ibíd., 4, p. 372.

23 Kleinig resume de manera sucinta la teología de Lutero en esta área de su pensamiento, aplicándola específicamente a la formación del teólogo seminarista. Véase John W. Kleinig, "*Oratio, Meditatio, Tentatio*: What Makes a Theologian?", en *Concordia Theological Quarterly* 66/3 (2002): 255-267.

Lutero resume esta espiritualidad del cristiano, su formación como teólogo por el Espíritu Santo, con los términos latinos *oratio*, *meditatio*, y *tentatio*. Estas realidades describen la vida cristiana como un ciclo, no en términos de muerte y vida como en el modelo bautismal, sino en términos de un diario combate del cristiano atacado con las armas necesarias para mantenerse firme, a saber, la meditación en la palabra de Dios (*meditatio*) y la práctica de la oración (*oratio*). En este ciclo, sin embargo, la aflicción espiritual o *tentatio* a la vez incita al diablo a atacar de nuevo en cualquier momento oportuno. Tenemos entonces un ciclo dinámico de conflicto y resolución que luego nos trae de nuevo a la lucha y sólo termina con una resolución definitiva al fin de los tiempos. Así pues, en el hoy por hoy, la escucha, lectura, canto y proclamación de la Palabra (lo que Lutero llama *meditatio*) –particularmente pero no de forma exclusiva en el contexto del culto de la congregación donde estas acciones de los hijos de Dios son comunes– así como las plegarias elevadas a Dios día a día, son tanto la resolución como la incitación al ataque del diablo.

Este ciclo de *oratio - meditatio - tentatio* no se debe interpretar como una manera parroquial luterana de expresar la vida cristiana. No es único al pensamiento de Lutero. Tiene sus raíces en la vida monástica, aunque Lutero –a diferencia del monasticismo que éste experimentó– no entiende *meditatio* de forma mística como unión con Cristo en su gloria sino como recepción del Espíritu por la Palabra para ser conformado a Cristo en su cruz.[24] El ciclo que Lutero presenta se ancla más fundamentalmente en las narrativas bíblicas, y específicamente, en la vida de Jesús en el Espíritu de la cual somos partícipes por el bautismo y a partir del mismo. Lutero no profundiza mucho acerca de esta base cristológica-pneumatológica del modelo dramático de la santificación, pero no es difícil ver cómo la formación del teólogo por el Espíritu Santo en medio de su *tentatio* a la que se refiere el reformador es en realidad una participación del cristiano en la experiencia desértica de Jesús.[25] Al igual que sus hermanos, Jesús ora a su Padre en el desierto al que lo lleva el Espíritu (*oratio*), donde también es atacado por el diablo (*tentatio*), y en ese encuentro habla la Palabra de su Padre (*meditatio*) en defensa

---

24 Ibíd., pp. 257-258, 265.

25 Aunque Kleinig habla del *tentatio* como la manera en que Dios Padre, por medio de su Espíritu que obra por la Palabra, nos va "conformando a su amado Hijo" (Ibíd., p. 264), llevándonos a experimentar así "el dolor de la unión con Cristo crucificado" y "sufriendo con él en la iglesia" (p. 265), éste no fundamenta esta participación de la iglesia en el propio ciclo de vida que el Hijo vive en el Espíritu, es decir, como el Hijo que es tentado por el diablo y confronta sus ataques con la palabra de su Padre y la oración al Padre.

contra el diablo. Estos ataques ocurren en momentos difíciles de necesidad, en medio del hambre de la que Israel a menudo se queja en su transcurso por el Sinaí o la que pasa Jesús en el desierto sin quejarse. "Si eres el Hijo de Dios, ordena a estas piedras que se conviertan en pan", le dice el diablo (Mt 4:3). Cuando no nos queda nada, y se nos ha despojado de todo, sólo nos queda la palabra y promesa de Dios. En medio de su despojo, el Hijo acude a la palabra de Dios y pone su confianza en la misma: "No sólo de pan vive el hombre, sino de toda palabra que sale de la boca de Dios" (Mt 4:4, cf. Dt 8:3). La iglesia de Cristo no busca en sus propias fuerzas la respuesta al ataque sino que es impulsada por el Espíritu de Dios para actuar en conformidad con su Señor, anclando su esperanza en la Palabra.

Así pues, nos recuerda Bonhoeffer que, en la soledad del desierto donde Jesús está en cierto sentido solo y abandonado por Dios, sólo tiene a su disposición su Palabra y se aferra a ésta: "No le ha quedado otra cosa que la palabra de Dios, la palabra salvadora que le sostiene, le conduce, combate y vence por él."[26] Bonhoeffer contrasta el aferro de Jesús a esta palabra de Dios en su tentación en el desierto con la duda acerca de esta Palabra por parte de Adán en el jardín.[27] De hecho, toda la historia de la salvación se puede resumir a partir de la experiencia de *tentatio* que compartimos ya sea con Adán o con Cristo. La Biblia sólo nos presenta "dos relatos de tentaciones" que nos conciernen:

> "...*la del primer hombre y la de Jesucristo*, es decir, la tentación que acarreó la caída del hombre y la tentación que condujo a la caída de Satanás. Todas las demás tentaciones que se dan en la vida humana, pueden reducirse a estas dos: o somos tentados *en Adán*, o somos tentados *en Cristo*. O bien es Adán el tentado en nosotros, y entonces es cuando caemos, o el tentado en nosotros es Cristo, y entonces es Satanás quien habrá de caer."[28]

Lutero discursa acerca de las tentaciones de la iglesia como su participación en las de Cristo. En un sermón de 1537, basado en el texto de la

---

26 Dietrich Bonhoeffer, *Tentación*. Traducido por Sergio Vences y Ursula Kilfitt (Buenos Aires: Editorial La Aurora, 1977), p. 25. "En la tentación de Jesús, lo único que subsiste en realidad es la palabra y la promesa de Dios—no la fuerza propia ni la alegría de combatir el mal, sino tan sólo la fuerza y la victoria de Dios, puesto que la palabra de Dios arrebata a Satanás todo su poderío. La tentación sólo es vencida por la palabra de Dios" (p. 26).

27 Ibíd., pp. 16-17.

28 Ibíd., p. 14.

tentación de Jesús, Lutero compara tres tipos de tentación por las que Jesús pasa con las tentaciones que puede esperar su iglesia en el mundo.[29] Está el tipo de tentación que nos toca en la forma de "fustigaciones exteriores" o "físicas", como el hambre que sufre Jesús en el desierto después del ayuno por cuarenta días, e incluyen la aflicción "con hambre, sed y toda suerte de males, con aflicciones, miedo, y penurias".[30] Asocia estas persecuciones con aquellas que sufrieron los mártires en la iglesia antigua que prefirieron sufrir antes que renegar de su bautismo, pues "les importaba mucho más conservar la preciosísima palabra de Dios que conservar la vida temporal aquí en la tierra".[31]

Bonhoeffer habla de las "tentaciones de la carne" para referirse a este aspecto del pensamiento de Lutero, e incluye aquí la tentación suscitada por el placer y el sufrimiento.[32] Lutero trata más el problema del sufrimiento de los mártires en su reflexión, mientras que Bonhoeffer añade además una breve reflexión acerca del placer. Allí se enfatiza cómo el placer puede cegar al ser humano, hacerle perder "la lucidez de su discernimiento y de decisión", llevándolo a entregarse por completo a la "concupiscencia" o tendencia innata al pecado.[33] Nos viene a la mente el pecado al que uno se va acostumbrando poco a poco, por decirlo así, a tal punto que ya no parece pecado sino rutina y hasta cuestión normal que uno justifica. Como solución a la concupiscencia, el cristiano no apela a sus propias fuerzas sino que huye de la tentación "y esto sólo puede significar que huyamos hacia el crucificado... Aquí vemos el cuerpo crucificado y en él discernimos el fin de toda concupiscencia... Aquí percibo, pues, la perdición e el abandono de mi condición carnal y el justo juicio de la ira de Dios sobre toda carne".[34] Se nos dirige entonces a la palabra de Dios que nos lleva a Jesús, a huir de la tentación huyendo al crucificado.

Luego, Lutero nos habla de la tentación "espiritual", la del engaño y la ilusión, donde el diablo se nos presenta como bello ángel luminoso y cita las Escrituras como lo hizo con Jesús, aparentando ser lo que no es, llevándonos "a un modo de pensar que en apariencia concuerda con la Palabra divina, pero que en realidad es opuesto a lo que esta Palabra dice en verdad".[35] Así

---

29 Martín Lutero, *La iglesia es tentada por Satanás*, en *Obras de Martín Lutero*, vol. 9. Traducido por Eric Sexauer (Buenos Aires: Editorial La Aurora, 1983), pp. 291-299.

30 Ibíd., p. 293.

31 Ibíd., pp. 293-294.

32 Dietrich Bonhoeffer, *Tentación*, pp. 48-62.

33 Ibíd., p. 49.

34 Ibíd., p. 51.

35 Martín Lutero, *La iglesia es tentada por Satanás*, p. 295.

pues, el diablo lleva a Jesús no a cualquier sitio sino al lugar espiritual y santo, a Jerusalén y al pináculo del templo mismo, y desde allí le pide que se tire abajo porque la Palabra dice que Dios le dará la protección de sus ángeles. A esta tentación, Jesús responde: "No tientes al Señor tu Dios". Tentar a Dios, buscando que éste nos dé pruebas aparte de su Palabra, es la tentación espiritual. Interesante que así también tienta la serpiente a Adán, con esa promesa de algo más espiritual, más santo, ser como Dios, haciéndole pensar que quizás la palabra que Dios le dio en el jardín ("no comerás") no era lo único a lo que debía aferrarse. Pero la realidad es que no hay nada más santo y espiritual que la Palabra. El diablo sabe manejarla para que paradójicamente el tentado se aparte de la misma. El reformador asocia esta tentación espiritual con la falsa doctrina, la herejía, que dice la verdad a medias lo suficiente para hacerla falsa y decir lo que la Palabra no dice. Ante esta tentación, hay que discernir los espíritus, los lobos y falsos profetas, "hay que examinar la palabra de Dios certera y adecuadamente, y ver si el que la emplea, la emplea en forma correcta o incorrecta".[36] ¿Pero cómo hacerlo? Hay que meditar en la Palabra no como pasatiempo, sino todo el tiempo. No puede "defenderse el hombre sencillo, que posee una instrucción sólo superficial en cosas referentes a la palabra de Dios"; por eso además hay que orar para que Dios nos ayude a aguantar los ataques con "predicadores piadosos y conscientes de su responsabilidad".[37]

Bonhoeffer asocia la tentación espiritual con "el pecado del orgullo espiritual (*securitas*)" o con "el pecado del desconsuelo (*desperatio*)".[38] Tanto la seguridad carnal del pecador arrogante que no necesita la palabra de Dios como la aflicción del pecador desesperado que no confía en la misma son formas de tentar a Dios precisamente porque ninguna de estas actitudes se aferran a Dios a su manera, es decir, tomando en serio sus mandatos y promesas. El orgullo espiritual viene por el desprecio de la ley e ira de Dios que Satanás incita en nosotros, haciéndonos pensar que el amor y la misericordia de Dios permiten que sigamos pecando y que ya no es necesario orar, obedecer a Dios, perseverar en la fe ante la tentación, o ser un penitente contrito por los pecados que comete.[39] Se trata de un evangelio sin ley, por decirlo

---

36 Ibíd., p. 295.

37 Ibíd., p. 296.

38 Dietrich Bonhoeffer, *Tentación*, p. 63.

39 Ibíd., pp. 63-65. "El orgullo espiritual nace del desprecio a la ley y a la ira de Dios, tanto si creo que ateniéndome a la ley de Dios puedo vivir por mi única piedad particular (justicia de mis obras), como si me adjudico a mí mismo un derecho especial de

así, que ya no es palabra de Dios sino una fabricación del diablo, una verdad a medias que termina siendo falsedad e ilusión. El pecador arrogante debe morir con Cristo. Habría que añadir lo que Bonhoeffer implica pero no dice claramente: la solución es matar al pecador arrogante con la ley que le muestra su pecado para así llevarlo al arrepentimiento. Por otro lado, Bonhoeffer nos habla también del desconsuelo que nace de la duda acerca del evangelio de la gracia de Dios en Cristo a la que Satanás nos quiere llevar, poniéndonos ante la cara todos los pecados que hayamos cometido en nuestra vida, acusándonos ante Dios por los mismos y desinflando todo gozo de la salvación que tengamos.[40] Se trata entonces de la ley sin evangelio, lo cual tampoco es palabra de Dios. Aquí la solución ha de ser resucitar al pecador con Cristo, proclamándole la promesa de perdón de toda culpa una y otra vez.

Finalmente, Lutero se refiere a un tercer tipo de tentación donde "el que habla ya no es el diablo en forma humana ni el diablo en forma de ángel de luz, sino lisa y llanamente el diablo divino, que quiere ser adorado".[41] Es la tentación al modo craso, y ya no sutil, por la que se nos incita a hacer del diablo nuestro "dios". A esta tentación Bonhoeffer llama la "tentación última", la que se asocia con el pecado imperdonable contra el Espíritu Santo que atribuye al diablo lo que le pertenece sólo a Dios.[42] Lutero aplica esta tentación por la que Jesús pasa, donde el diablo le pide que lo adore, con la tentación que la iglesia sufre por parte de todo "anticristo" que pretende ponerse por encima de la palabra de Dios y quiere someterla a darle culto.[43] Ya es conocida la crítica de Lutero al papado como manifestación de "anticristo" que a su manera sucumbió ante esta tentación al enseñar doctrinas que terminan negando los méritos de Cristo. Pero la crítica aplica a toda enseñanza o práctica en la iglesia en todo tiempo y lugar que atenta contra Cristo y su evangelio. El punto no es discernir quien ha cometido el pecado contra el Espíritu Santo –cuestión que sólo le compete a Dios– sino guardarse de caer en la apostasía de todo "anticristo" que se pone en el lugar de Cristo y nos llama a adorarlo. El punto de Lutero no es siquiera llegar a una respuesta definitiva acerca de la identidad de la singular manifestación del "anticristo"

---

pecar presuponiendo la gracia (nomismo y antinomismo). En ambos casos tiento a Dios, puesto que pongo a prueba la seriedad de su ira y le exijo, además de la Palabra, un signo particular" (p. 65).

40 Ibíd.

41 Martín Lutero, *La iglesia es tentada por Satanás*, p. 297.

42 Dietrich Bonhoeffer, *Tentación*, pp. 69-70.

43 Martín Lutero, *La iglesia es tentada por Satanás*, pp. 297-298.

en la historia –aunque Lutero obviamente tiene su opinión teológica acerca esto– sino la de advertir al cristiano en todo tiempo y lugar acerca de la realidad de esta tentación y hacerle ver que ante este ataque debe nuevamente aferrarse al evangelio. Aquí hay que correr a la cruz de nuevo y adorar a ese Cristo que nos revela al único Dios como nuestro "amoroso Padre".[44] Vemos que el cristiano recurre a la Palabra en medio de su tentación para así elevar sus oraciones al verdadero Dios que se nos revela en Cristo. Lutero nos da en su catequesis no sólo una descripción de la realidad del combate espiritual y las formas de *tentatio* que el cristiano ha de encontrar en su vida sino también una enseñanza acerca de la importancia de la oración y el poder de la palabra de Dios en la lucha. Bonhoeffer inicia y concluye su presentación en torno al tema de la tentación, recordándonos la oración que nos enseña Cristo a orar al Padre ante los ataques: "No nos induzcas en la tentación." ¡No nos dejes caer en la tentación, mas líbranos del maligno! Oramos con la confianza de que el Padre escucha nuestra oración y la responderá dándonos su Espíritu Santo con la Palabra para seguir en la lucha y mantenernos firmes en la carrera, llevándonos a poner toda tentación ante el crucificado que nos ha dado la victoria sobre el diablo.

Batalla, vigilancia y firmeza:
Lmplicaciones del modelo dramático de la santificación

Denominamos la visión de la vida cristiana que hemos descrito –aquella que incluye el conflicto o la lucha con los poderes del antireino así como también la promesa de la victoria sobre los mismos por medio de Cristo– como el modelo dramático de la santificación. Nos viene a la mente lo que en obras de teatro se denomina a veces una situación dramática, es decir, los actos o escenas de la obra en que se muestra cómo algún carácter o persona afronta o resuelve algún conflicto. Enfatiza nuestro modelo de la santificación que todo cristiano camina en el desierto. Éste es el lugar donde se es más vulnerable, donde es más fácil que uno sea atacado, donde el diablo le encuentra a uno su talón de Aquiles, y por ende donde uno tiene más posibilidad de caer en las garras del maligno. Ese desierto, lugar conflictivo, es distinto para cada cristiano. Representa aquellos pensamientos, palabras, obras, actitudes, hábitos que tienden a separarnos de Dios y del prójimo. Para algunos es la arrogancia, para otros la falsa humildad. Para unos es la bebida, para otros la pornografía. Para algunos el trabajo, para otros la pereza. Para unos

---

44 Ibíd., 298.

es la desesperación, para otros la seguridad carnal. El modelo dramático presenta la santificación en términos de la batalla del cristiano, en quien mora el Espíritu Santo, contra el espíritu maligno, así como también el camino que ha de tomar –o la carrera que ha de correr– día a día para vencer en la batalla. Como situación dramática, el modelo nos presenta la realidad del conflicto que se debe tomar en serio y que ha de esperarse, así como la resolución cotidiana del mismo por medio de la búsqueda de ayuda en oración y el apoyo en la palabra de Dios.

Si bien es cierto que el bautismo nos introduce al conflicto, también lo es que éste nos libera de la tiranía y dictadura del diablo en nuestras vidas. Las dos realidades deben mantenerse en tensión. Por un lado, no hay que confiarse demasiado. La lucha es real en el presente, entre los tiempos escatológicos, entre la victoria de Cristo sobre el diablo que ya es nuestra por promesa y la manifestación definitiva de tal victoria en la última venida de nuestro Señor cuando el diablo "será arrojado al lago de fuego y azufre... por los siglos de los siglos" (Ap 20:10). Los ataques vendrán de seguro y, como Jesús le dice a sus discípulos, hay que mantenerse alerta para no caer en la tentación: "Vigilen y oren para que no caigan en tentación" (Mc 14:38a). Pablo advierte lo mismo en sus epístolas a sus hijos espirituales en distintas congregaciones. Hay que ponerse la armadura de Dios para hacer frente a los ataques del maligno, para resistir sus artimañas, para apagar sus flechas encendidas (Ef 6:10ss). La visión paulina es definitivamente una de batalla, de guerra contra el mundo de las tinieblas. Uno no puede quedarse dormido en medio de una batalla. Satanás nos hará dudar de los mandatos y las promesas de Dios, de su ira contra el pecado y su bondad al pecador contrito. Cuando los ataques vengan habrá que dirigirse a la palabra de Dios para así recordar lo que Dios demanda de sus hijos y para recibir el consuelo de sus promesas, y también habrá que dirigirse a la oración para que Dios nos dé toda la fuerza necesaria de su Palabra y Espíritu para resistir las tentaciones. Así como Jesús responde a las tentaciones de Satanás con la palabra de Dios en el desierto, lugar de oración donde el Espíritu lo lleva, asimismo Pablo dirige a los atacados a usar "la espada del Espíritu, que es la palabra de Dios" y a orar en el Espíritu "en todo momento", manteniéndose alerta y perseverando en oración "por todos los santos" (Ef 6:17-18).

Por otro lado, aunque hay que tomar en serio la realidad de la batalla, esto no quiere decir que hay que obsesionarse con el tema del diablo. Una visión menos secularizada y más espiritual del mundo se encuentra también entre nuestros pueblos. Pero esto puede llevar al interés desubicado por el mundo de los espíritus y los trucos o las estrategias minuciosas para echarlos de la casa o la vecindad. Algunos cristianos ponen demasiada atención en los tipos de artimañas que usa el diablo y sus demonios y conciben modelos elaborados para confrontarlos, desarrollando un tipo de teología acerca del demonio y dándole un lugar demasiado prominente a los conjuros y los exorcismos en la vida de la iglesia. Hay que reconocer que el diablo actúa no sólo de forma crasa u obvia, sino que a menudo lo hace de forma sutil. Podríamos enfocarnos tanto en las posesiones físicas o la presencia de espíritus malignos en este u otro lugar, que nos olvidamos del simple hecho de que el diablo ataca a menudo usando aquellas áreas de nuestras vidas que habitualmente nos hacen vulnerables al pecado. Viene a nosotros vestido de ángel luminoso, con el engaño, más que como los monstruos de las películas de horror.

Así pues, a la Escritura no le interesa el desarrollo de una demonología, sino el mensaje del plan de salvación de Dios en Cristo Jesús. Dentro de tal plan, se sitúa el conflicto de Jesús con el antireino que se opone al reinado misericordioso de Dios entre su pueblo. En los evangelios sinópticos, los exorcismos y sanaciones de Jesús se nos presentan, junto con su autoridad de perdonar pecados, como instancias concretas de este establecimiento del reino de Dios ante las fuerzas del antireino. Debemos admitir que en los sinópticos el diablo subyuga el cuerpo con posesiones físicas y con toda clase de enfermedades. Se presenta la obra obvia del diablo en su forma más visible y dramática. En su obra de liberación, Jesús expulsa demonios y sana enfermos pero no por el poder de Beelzebú, como insinúan sus detractores (Mt 12:22ss). ¿Cómo puede el reino de Satanás estar dividido contra sí mismo? Todo lo contrario. Al sanar enfermos y expulsar demonios, Jesús se nos presenta como el "hombre fuerte" que entra a la casa del diablo, lo ata y toma los bienes que tiene bajo su poder (Mt 12:29). Es por el Espíritu de Dios, el mismo que lo llevó al desierto para enfrentar los ataques de Satanás, que Jesús hecha fuera demonios, estableciendo el reino de Dios entre un pueblo encadenado a Satanás (Mt 12:28).

Pero por otro lado, a diferencia de los sinópticos, está el evangelio de Juan que nos presenta la otra cara de la acción del diablo, una más sutil y menos obvia aunque también visible. La narrativa joánica no menciona exorcismos porque prefiere presentar la incredulidad como la principal forma de yugo al maligno (Jn 8:42-47). Ésta es la peor forma de opresión diabólica, la de tipo espiritual que toca no sólo el cuerpo sino todo el ser. La oscuridad de las tinieblas es la falta de fe en el Hijo, la ceguera espiritual que condena (cf. Jn 3:19, 9:35-41); la luz, la vida eterna, es la fe en el Hijo, a quien el Padre nos ha enviado, para librarnos del príncipe de este mundo (véase Jn 12:46; 16:11, 33). Aunque parezca inconcebible a primera vista, la opresión del cuerpo y quizás aún la posesión del mismo, no es la forma de encadenamiento más problemática. ¿No son los exorcismos de Jesús parte de su obra de liberación en pro de los hijos de Dios, de aquellas ovejas de Israel a quienes Jesús fue enviado a servir en su ministerio? ¿Es posible entonces que un hijo de Dios sea poseído por demonios? Los sinópticos no lo descartan. Entramos al área del misterio. Aunque la posesión del cuerpo puede ser una manifestación externa de un problema interno más serio, a saber, la opresión espiritual que implica la falta de fe en Cristo, éste no tiene que ser necesariamente el caso. Por eso, la teología luterana, desde la perspectiva del cuidado pastoral del oprimido, puede hablar de la opresión física del cristiano –y de su posesión por algún tiempo– sin asumir que ésta es prueba definitiva de la pérdida de su fe.[45] Aún la fe más débil sigue siendo fe cuando ésta se aferra de Cristo. Más problemática es la incredulidad, la opresión espiritual en la que se enfoca el evangelista Juan, aquella opresión que nos ata al príncipe de este mundo aunque tal yugo no se manifieste físicamente en alguna posesión.

¿Cómo puede el Espíritu Santo morar donde mora el maligno? Se podría hacer la pregunta de otra manera: ¿Cómo puede el Espíritu morar donde mora la carne? Éstas son maneras estáticas de aproximarse al misterio –inexplicable por cierto– de la presencia continua de la maldad y el pecado en la vida del cristiano. Pero la pregunta no se resuelve con algún sí o no. Hay que ver porqué se hace la pregunta. Y quién la hace. Alguno pensará: "Si el Espíritu siempre acompaña al cristiano, ¿puedo dejarme seducir por el diablo y continuar en mi pecado?" Al pecador arrogante y confiado, la respuesta es un rotundo no. Donde mora el demonio y el pecado, no puede morar el Espíritu Santo. ¡No hieras al Espíritu! Se aplica la palabra de la ley. Así de sencillo. Pero otro pensará: "¿Cómo puede el Espíritu morar en un pecador como yo? Temo que el diablo se haga poseedor de mi vida." Al pecador contrito que reconoce su pecado y debilidad ante la seducción del maligno, no se le da la misma respuesta. Se le recuerda que el Espíritu mora en los pecadores, en los que son tentados, en los que temen a los demonios. Se les proclama el evangelio, a saber, la promesa de la presencia santificante del Espíritu en

---

45 En su *Doctrina Cristiana*, Mueller distingue entre obsesión "espiritual y "física" (pp. 132-133). La primera aplica "a todos los incrédulos, a quienes Satanás tiene cautivos en las tinieblas espirituales", y no impide la "responsabilidad humana" del incrédulo quien es responsable de su propia voluntad pecaminosa. La segunda "ocurre cuando el diablo habita en el cuerpo humano y lo gobierna de un modo inmediato" de manera que éste hace su voluntad en la persona sin que ésta puede usar sus facultades "intelectuales, emocionales y volitivas". Ésta se describe como "una aflicción que nos puede suceder aún a los más fieles cristianos".

ellos que no los abandona y luchará contra los deseos de la carne, el mundo y el diablo en ellos. Se aplica la palabra de promesa, de evangelio.

El modelo dramático también habla de la victoria de Cristo sobre el diablo. En definitiva, los evangelios no presentan el conflicto entre Dios y el diablo como un conflicto entre iguales, como una batalla entre el bien y el mal que cualquiera puede ganar, sino como una victoria definitiva de Cristo sobre el maligno para beneficio de su iglesia. El hombre fuerte ata al maligno y lo soltará por un momento al acercarse su última venida (Ap 20:1-3). Pero al fin lo lanzará al fuego eterno con todos sus secuaces (Ap 20:9b-10). No nos deja la narrativa bíblica desesperados ni con miedo ante los ataques diabólicos sino que nos dirige a la fe en Cristo como nuestro redentor. Nos dirige además al Espíritu Santo como el compañero de Jesús –tanto en el desierto como en Getsemaní– que vence al espíritu maligno. El mismo Espíritu acompaña a sus discípulos de ayer y hoy en medio de los ataques, pero no nos permite la narrativa bíblica hablar del poder del diablo para evadir nuestros propios pecados o la necesidad de reconocerlos y morir a los deseos del viejo Adán en cada uno de nosotros. Tanto el diablo como la vieja criatura en nosotros son causas del pecado.[46] El predicador no le debe echar la culpa de todo al diablo si esto significa el fin del arrepentimiento. Aquí el modelo bautismal que nos llama a crucificar los deseos de la carne para ser resucitados a nueva vida servirá de complemento y balance a la visión de lucha contra el maligno en la vida cristiana.

Finalmente, el modelo dramático nos prepara para los ataques que han de venir, asegurándonos de la presencia en nuestras vidas del mismo Espíritu que acompañó a Jesús en el desierto, en quien éste oró al Padre y se sometió a su Palabra, para establecer su reino entre nosotros mediante su muerte. Ciertamente llama al cristiano a mantenerse firme y vigilante, y que ayude a sus hermanos a mantenerse despiertos, pero no le dice que lo haga con sus propios recursos sino haciendo uso de la espada del Espíritu –es decir, la palabra de Dios– y la oración en el Espíritu. Al ver la santificación como una lucha o conflicto, el modelo nos ayuda también a aceptar lo difícil que puede ser zafarse de hábitos dañinos que el diablo usa para alejarnos de Dios y el prójimo. Al ser realista, esta perspectiva evita la tendencia a la idea de la santificación espontánea que de un día a otro pretende haber dejado atrás de forma absoluta serios problemas o adicciones. Toma en serio la vulnerabilidad del cristiano, sus áreas débiles, y le advierte que por allí atacará o morderá

---

46 "...la voluntad pervertida –es decir, la del diablo y de todos los impíos– produce el pecado en todos los malos y en quienes desprecian a Dios." *CA*, Art. XIX, en *LC*, p. 34.

el talón el maligno para hacerlo caer en la tentación y perder la carrera. Lo ayuda a ser sincero consigo mismo, a reconocer su talón de Aquiles, para no dejar que el ataque se convierta en infidelidad a la voluntad de Dios y termine hiriendo al prójimo.

En términos de la resolución del conflicto, el escape de la tentación, el modelo trata la salud espiritual de cada cristiano en su desierto o jardín con los recursos del Padre, llevando siempre al atacado a las promesas de Dios y a la oración para recibir las fuerzas necesarias para resistir los ataques y mantenerse firme en la carrera de la fe. Se promueve ciertamente aquella disciplina que puede incluir el dominio del cuerpo y la mente, así como el atleta disciplina el cuerpo para vencer al bando enemigo. El cristiano que conoce sus áreas de debilidad tendrá que evitar ciertas situaciones o lugares que lo tienten a pecar. La vigilancia es crítica. Tal disciplina puede ser la negación de algún placer que aunque bueno en sí mismo y en su contexto apropiado tiende a ser abusado. ¿Comida? ¿Sexo? ¿Internet? Disciplina externa como abstinencia para enfocarse en las cosas de Dios tendrá su lugar. La disciplina del ayuno podría ser de beneficio preliminar para darnos el espacio necesario para la oración y la meditación en la Palabra. Pero toda disciplina externa sin la Palabra y la oración es en vano porque termina en la búsqueda de la santidad aparte de la Palabra que santifica nuestras vidas. El modelo dramático reconoce, como diría Lutero, que el diablo construye una capilla al lado de la iglesia. Reconoce también que no hay nada que el diablo haga que Dios no use para beneficio de sus hijos, ya sea para advertirles de su ira y juicio contra el pecado o para llevarlos a la oración y la Palabra. El diablo está bajo el control de Dios y la iglesia tiene como su Señor nada más y nada menos que al hombre fuerte que ha atado al diablo y nos ha rescatado de su yugo. Sólo Cristo es el reposo del cristiano en su lucha y carrera, y sólo su cruz es el ancla que lo mantiene firme en la batalla, en su marcha a la corona que le espera en el día postrero.

Resumen

1. Las Escrituras presentan una imagen dramática de la vida cristiana en la que la presencia del Espíritu en el cristiano lo introduce al combate con el diablo y sus secuaces. Al participar de los sufrimientos del Hijo, la iglesia también sufre las tentaciones que éste enfrentó en el desierto y el jardín. A diferencia de Israel en el desierto o Adán en el jardín, Jesús, quien es el nuevo Israel y el nuevo Adán, no cae en pecado. Es el Hijo fiel al Padre y su voluntad. Vence al diablo por nosotros, sin caer en pecado, y así vence al maligno en la cruz, dándonos acceso al Padre en

oración y "la espada del Espíritu" (la palabra de Dios) para batallar con el maligno. Inspirados en la catequesis paulina, la iglesia se ha identificado con el lenguaje del atleta y el gladiador en su forma de describir la carrera y el combate que el cristiano lleva a cabo contra el bando enemigo del maligno durante toda su vida.

2. La catequesis de Lutero presenta el bautismo como un exorcismo y a la vez como el inicio de la lucha del cristiano con su enemigo el diablo. La práctica de renunciar al diablo en el rito bautismal no se limita a las palabras del bautizado o sus padrinos en el caso de infantes, sino que describe la realidad y trayectoria dramática de toda la vida cristiana. En su peregrinar por el mundo, el cristiano, al igual que su Señor, será atacado por el diablo no sólo de manera crasa para que lo adore, sino de manera más sutil en lo que concierne al cuerpo mediante llamados al abuso del placer y sufrimientos de todo tipo, y en lo que concierne al espíritu mediante la atracción a "tentar a Dios" que lleva al desprecio de la Palabra que se manifiesta en la seguridad carnal o la desesperación. Lutero usa el término *tentatio* o *Anfechtung* para referirse a estos ataques que sufre el cristiano, enfatizando la necesidad de la oración (*oratio*) y la Palabra (*meditatio*) para hacer frente a los mismos. De forma paradójica, estos ataques hacen del diablo nuestro mejor "maestro de teología" porque, bajo la providencia o preservación de Dios, la *tentatio* del cristiano le enseña a depender una y otra vez de la Palabra y las promesas de Dios en Cristo y a poner su vida cada día en las manos de Dios.

3. El modelo dramático de la santificación no permite evadir la realidad de los ataques del diablo o reducirlos a alguna institución humana, pero tampoco permite la elaboración de una demonología o la fascinación con el mundo de los espíritus. Más que nada, el modelo le ayuda al cristiano reconocer los desiertos o jardines de su vida donde el maligno lo ataca más a menudo y por ende su vulnerabilidad al pecado es más aguda. Presta atención a aquellos hábitos dañinos que requieren especial atención o vigilancia por parte del atleta y gladiador para que así éstos no obstaculicen su carrera de la fe y el cristiano se pueda mantener firme ante ataques del bando enemigo. Ve la necesidad de la disciplina corporal, externa, como abstinencia para evitar ponerse en situaciones donde uno puede caer más fácilmente ante los ataques, pero no a expensas de la oración ni de la palabra de Dios que nos dan el poder y la sabiduría para resistir al diablo.

Preguntas para la reflexión

1) ¿Cuáles son los "desiertos" o "jardines" de su vida donde Satanás le ataca más a menudo? ¿A qué tipo de tentaciones es usted más vulnerable? ¿Cuál es su talón de Aquiles espiritual? ¿En qué situaciones, o aún lugares, le es más fácil caer en el pecado? ¿Qué actitudes, pensamientos, palabras, comportamientos o hábitos son los que a menudo le alejan de Dios y de su prójimo? En otras palabras, ¿en qué áreas de su vida sufre más a menudo la *tentatio* o *Anfechtung* de la que habla Lutero? Identifíquelas.

2) El apóstol Pablo usa una variedad de imágenes para hablar de la vida cristiana como batalla contra el maligno. Habla del atleta disciplinado que corre la carrera de la fe ante el bando enemigo para ganarla. Nos presenta la imagen del gladiador que tiene la armadura de Dios para resistir las artimañas del maligno. Nos muestra al boxeador que no tira puñetes al aire sino que se disciplina para ser fiel a su ministerio. ¿Con qué imagen de la vida cristiana se identifica más? ¿Por qué? Explique.

3) Lea Mt 4:1-11, Mc 14:32-42, Ef 6:10-18 y Heb 4:14-16. ¿Cómo describen estos pasajes la vida de Cristo o del cristiano? Establezca los puntos de similitud. ¿A qué recursos le dirigen estos pasajes para luchar contra el diablo como Cristo luchó contra éste en el desierto y el jardín? Recuerde o comparta situaciones en la que estos recursos le fueron de ayuda y consuelo en algún momento difícil de su vida.

4) El ayuno no puede reemplazar la oración ni la centralidad de la palabra de Dios en la vida cristiana. Tampoco es una obra meritoria cuya práctica nos hace más santos ante Dios. Sin embargo, algunos cristianos practican el ayuno como un tipo de disciplina externa o abstinencia que les permite o ayuda a enfocarse en las cosas de Dios. Por otro lado, no todo cristiano siente que el ayuno en particular le ayuda a enfocarse en la palabra de Dios y la oración. ¿Cuáles serían otras formas de disciplina externa o maneras de abstinencia que podrían permitirle dar más atención al estudio y escucha de la Palabra y a la oración? Para responder a esta pregunta, considere primero aquellos dones, intereses o actividades (p ej, el uso de la televisión o el Internet) que, aunque no son malos en sí mismos, tienden a separarlo de la Palabra y la oración.

CAPÍTULO 5

RECIBIENDO GRACIA Y DANDO GRACIAS: La santificación como ofrenda agradable a Dios

¡Qué agradable el aroma de las rosas, el café, o un asado! ¡Cuántos poetas han pintado con la pluma los aromas del campo y de la buena cocina! Las Escrituras hablan de olores agradables como el del incienso, representativo de las oraciones que el pueblo eleva a Dios, ya sea pidiendo su auxilio o dándole gracias por sus beneficios. Tenemos además el olor de los sacrificios que prefiguran la ofrenda que Cristo hace de sí mismo en la cruz, único y definitivo sacrificio agradable a Dios para aplacar los pecados del mundo. También existen olores desagradables a Dios, las oraciones y los sacrificios que apestan porque son pura apariencia y no proceden del corazón contrito y confiado en el perdón de Dios. Se contrasta la dádiva maloliente del hipócrita con el aroma fragante de los hijos de Dios, los santos de todo tiempo, cuyas vidas dan testimonio de su fe en Dios y amor al prójimo. En conformidad a Cristo, ofrenda agradable a Dios, y con gratitud por su gran sacrificio, los cristianos esparcen el aroma de Cristo por todo el mundo. Dan sus vidas como ofrenda fragante al Padre en servicio a algún prójimo, dando testimonio de Cristo por medio de sus oraciones y sacrificios en pro del necesitado. A continuación tratamos el modelo de la vida cristiana que hace uso de todas estas imágenes bíblicas para hablar de la santificación en términos eucarísticos, es decir, como acción de gracias ofrecida a Dios por su gracia dada a nosotros en Cristo.

Cristo es nuestro cordero pascual y siervo: Acentos bíblicos de la santificación como sacrificio a dios en servicio al prójimo

El éxodo de Israel, su liberación del cautiverio de Egipto, no es solamente un evento inmemorial en la historia de Israel sino también un momento paradigmático en la historia de la salvación. Clave anticipo de tal liberación del yugo del faraón es el incidente de la Pascua (Éx 12). Después de enviar una serie de plagas a Egipto como juicio contra un faraón que se niega a librar al pueblo escogido y cuyo corazón se ha endurecido, Yahvé advierte que pasará sobre Egipto y herirá de muerte a todo primogénito. Además promete a su pueblo que los postes y el dintel de las puertas de las casas untados con la sangre del cordero se salvarán de su juicio divino. La sangre del cordero sacrificado ha de señalar las casas donde se encuentren los hijos de Dios para que éste pase de largo por las casas israelitas, para que salte por encima de las mismas.

Notamos el beneficio del cordero sacrificado para un pueblo esclavizado a Egipto. Muchos años más tarde, el profeta Isaías (cc. 40-55) nos habla de un nuevo éxodo por el cual Yahvé, único Señor y Dios, librará no sólo a Israel sino a todas las naciones de su esclavitud al pecado. Tal liberación se llevará a cabo por medio de su Siervo sufriente, quien será llevado como cordero al matadero cargando sobre sí las transgresiones del pueblo (Is 52:13-53). Por su sacrificio, su ofrenda de vida, muchos serán sanados, justificados y expiados de la culpa del pecado ante Dios. La temática profética del nuevo éxodo escatológico de los últimos días que inaugura el Siervo y su obra redentora hace alusión a la victoria del pueblo de Dios en el mar y su entrada a la Tierra Prometida con gozo y paz (véase Is 48:20-21; 49:8-12; 51:9-10; 52:11-12; 55:12-13).

Los escritores neotestamentarios anuncian el cumplimiento del éxodo por medio de Cristo de diversas formas, pero siempre haciendo referencia a los eventos del primer éxodo y la promesa del nuevo. En los evangelios sinópticos, la voz del cielo afirma que Jesús es el Hijo amado con quien Dios está muy complacido, y al hacerlo nos confirma su identidad como aquel a quien el Espíritu ha ungido en el Jordán para ser nuestro siervo (Lc 3:22; cf. Is 42:1). En las epístolas paulinas, se nos enseña que Jesús tomó la forma de un siervo en su humillación y fue obediente hasta la cruz (Fil 2:7-8), y además que fue sacrificado para ser "nuestro cordero pascual" (1Co 5:7b) respectivamente, alusiones al siervo del nuevo éxodo escatológico de Isaías y al cordero del primer éxodo bajo Moisés. En el evangelio de Juan, el Bautista proclama a Jesús como "el Cordero de Dios que quita el pecado del mundo" (Jn 1:28). La consumación del misterio del éxodo veterotestamentario en la ofrenda de Jesús al Padre, en su pasión y cruz, con el fin de salvarnos de nuestros pecados es indiscutible para los autores del Nuevo Testamento.

En la noche que fue entregado, y anticipando la venida de su pasión y muerte, Jesús celebra su última Pascua con sus discípulos, instituyendo para la posteridad el evento inmemorial de su Santa Cena (Mt 26:17-30 y paralelos; 1Co 11:23-26). Ya no será necesario sacrificar un cordero cada año para celebrar la Pascua y conmemorar la salvación de Yahvé, ni ratificar el pacto de Sinaí con su pueblo rociando al pueblo con la sangre de holocaustos, pues de ahora en adelante Cristo ha de ser nuestro cordero y su cuerpo y sangre nuestra comida (véase Heb 9:15ss). No será necesario hacer otros sacrificios para expiar pecados, ni para aplacar o propiciar el juicio de Dios. Al dar su vida en la cruz por un pueblo pecador, Jesús pasa a ser la ofrenda agradable a Dios, el único y último sacrificio propiciatorio. El que fue ungido con el Espíritu para ser el Siervo sufriente finalmente vierte su sangre en la cruz como ofrenda sin mancha a Dios por medio del mismo Espíritu eterno (Heb 9:14). Su sacrificio y ofrenda supera cualquier holocausto o dádiva a Dios de tiempos pasados. En su Santa Cena, comemos y bebemos su cuerpo y sangre, instituidos en su última Pascua, para recibir en el presente los beneficios de su muerte en el pasado, a saber, la remisión de nuestros pecados.

Toda la vida de Jesús, desde su nacimiento hasta su muerte, es una ofrenda santa a Dios, y de su agrado, llevada a cabo por nosotros y por nuestra salvación. Por causa de la dádiva del Hijo al Padre en la cruz, Dios ofrece su gracia al pecador. Al recibir el cuerpo y la sangre de Cristo, no sólo recordamos su muerte sino que la proclamamos hasta que él vuelva (1Co 11:26). Esta proclamación no es mera información acerca del pasado sino una palabra de Dios en el presente que lleva a cabo lo que éste promete. Lo que Jesús dice, Jesús da: Éste es mi cuerpo, ésta es mi sangre, para perdón de tus pecados.

Es notable que los escritores del Nuevo Testamento, al hablar de la identidad de Jesús como el Siervo de Yahvé y nuestra Pascua, no sólo se enfocan en su santidad y los beneficios de la misma para nuestra relación ante Dios. Nos dirigen además a su servicio como ejemplo de vida, de entrega al Padre por otros, orientándonos así al tema de nuestra santificación. Así como Jesús no vino para ser servido sino para servir y dar su vida en rescate por muchos, asimismo sus discípulos no deben imponerse ante otros por medio del poder y sólo buscar su gloria sino mostrar humildad, generosidad, y compasión en su trato con los demás (Mc 10:35-45). El último será el primero, y el que se humilla será enaltecido. De forma similar, el himno cristológico de Filipenses no es solamente una enseñanza discreta acerca de la humillación y exaltación del Siervo, sino que está conectada intrínsecamente con una exhortación a los santos que viven en unión a Cristo y en el Espíritu a imitar la actitud de su Señor velando no sólo por sus propios intereses sino también por los de los demás (Fil 2:1-5). La implicación es que el discipulado consiste en seguir los pasos de Jesús que se negó a sí mismo y dio su vida en servicio a sus semejantes. La obediencia de Cristo hasta la cruz no se interpreta de forma cuantitativa e individualista con el fin de medir el nivel de santidad de éste u otro cristiano, sino que está completamente orientada al prójimo y sus necesidades.

Al proclamar a Jesús como "nuestro cordero pascual", el apóstol Pablo lo hace en el contexto de otra exhortación a los santos a que no se relacionen con aquellos hermanos que han caído en pecado y viven de manera impenitente (1Co 5). Identifica a los santos con la masa del pan sin levadura que se comía para celebrar la Pascua y los compara con los impenitentes que son levadura dañina y por ende pueden echar a perder toda la masa buena. La levadura representa la vieja vida con sus deseos pecaminosos, pero el pan sin levadura representa la nueva vida de los santos que pertenecen al cordero pascual quien murió por su liberación del pecado. La moraleja es que hay que apartarse de hipócritas y no compartir de sus pecados para que así éstos puedan reconocer sus faltas y puedan ser salvos en el día del Señor. El problema en este caso no consiste en ser pecador –todos lo somos– sino en vivir de forma consistente sin arrepentimiento alguno. Se asume que la asociación con personas que se llaman cristianos pero siguen en sus pecados de manera rebelde tendrá su influencia nociva sobre otros. Un miembro dañino puede echar a perder el resto del cuerpo. La levadura puede echar a perder toda la masa.

Más adelante, en exhortaciones que llaman a huir de la inmoralidad, Pablo les recuerda a los santos que su cuerpo es "templo del Espíritu Santo", perteneciente al Señor, y por ende creado para honrar a Dios (1Co 6:19-20). El apóstol usa además el término "templo de Dios" para hablar de la inhabitación del Espíritu en los santos (1Co 3:16-17), advirtiéndoles que dejen de ser inmaduros al causar divisiones en la iglesia por preferir a un obrero por encima de otro, por debatir si Pablo es mejor que Apolos o viceversa (1 Co 3). La vida de aquellos en quienes habita el Espíritu Santo no compara entre servidores, no hace comparaciones inmaduras, sino que reconoce los dones de todos en servicio a Cristo y su iglesia. Celebra la unidad el cuerpo de Cristo, del cual son miembros todos los bautizados, sin entrar en jueguitos acerca de quién es el mejor de los miembros (1Co 12:12ss). A su manera, Pablo encontró los mismos problemas entre sus discípulos que el Señor encontró entre los suyos. También se peleaban entre sí para ver quién era el más importante entre ellos. ¡Qué difícil es estar unido a nuestro Señor en su humillación y servicio!

El apóstol describe la vida del cristiano volviendo a la imagen del sacrificio. Lo llama a reconocer la misericordia de Dios por medio de su ofrenda de culto espiritual, ofreciendo su cuerpo "como sacrificio vivo, santo y agradable a Dios" (Ro 12:1). Unida a Cristo, la vida del cristiano es una ofrenda aromática a Dios. Esta imagen se enfoca en la santidad como adoración a Dios y respuesta a su gracia. Culto agradable implica la renovación de nuestra mente en Cristo, dejando atrás las maneras de pensar y actuar del mundo (Ro 12:2; cf. Fil 2:5). En este sentido, se asemeja nuestra descripción de la vida cristiana como ofrenda o sacrificio agradable a Dios al modelo bautismal en el cual la vieja criatura debe morir con sus pasiones y deseos. Incluye además ser ofrenda santa a Dios no tener un concepto exagerado de nosotros mismos, sino vernos más moderada y humildemente como miembros del cuerpo de Cristo con distintos dones que aportan a su manera al bien del cuerpo y fomentan su unidad (Ro 12:3ss). En la eclesiología paulina, la ofrenda del cristiano está orientada más al bien común que al bien individual. Sacrificio aromático incluye además un sinnúmero de actitudes y acciones como la paciencia en el sufrimiento, la perseverancia en la oración, la ayuda a los necesitados, la práctica de la hospitalidad, y aún el amor por los enemigos (Ro 12:9ss). Aunque imperfecta, la vida del cristiano, en conformidad a la del Siervo, es un sacrificio viviente al Dios que nos ha dado su gracia en Cristo.

Del altar del señor al lugar del dolor: La santificación como comunión con cristo y sus santos y como sacrificio eucarístico

Es común en el mundo latino encontrarse con grupos de personas en la iglesia que recogen ofrendas especiales para celebrar eventos importantes, quizás en conmemoración de algún aniversario importante de la fundación de la iglesia o con el fin de organizar ferias para recaudar fondos para la iglesia o alguna causa social. En tiempos de Lutero, como en nuestros tiempos, existían grupos llamados gremios o cofradías que recolectaban fondos y se dedicaban a organizar fiestas durante días especiales en conmemoración de algún santo, o santo patrono de la ciudad o el pueblo. Como lo vemos a menudo también hoy en día en las llamadas fiestas patronales que se celebran en muchos pueblos, pasaba en tiempos de Lutero que las cofradías habían caído en vergonzoso pecado, fomentando "malas prácticas... un festín y borracheras".[1] Se usa entonces el servicio o culto divino, así como días de fiesta en la iglesia, para justificar placeres egoístas. Más decoroso sería "santificar con buenas obras" el tiempo que Dios nos da, usando la cofradía para

---

1 Martín Lutero, *Sermón acerca del dignísimo sacramento del santo y verdadero cuerpo de Cristo y las cofradías*, en *Obras de Martín Lutero*, vol. 5. Versión castellana de Carlos Witthaus y Manuel Vallejo Díaz (Buenos Aires: Editorial Paidós/Publicaciones El Escudo, 1971), p. 215.

reunir dinero que alimente "una mesa o dos de gente pobre, y atenderla por amor de Dios".[2] O de repente las cofradías pudiesen recolectar dinero y destinarlos a "una caja común" que pudiera servir para asistir a algún miembro necesitado del gremio, "un tesoro común para ayudar también exteriormente a los hombres".[3] El problema de la cofradía no es sólo de tipo externo como en el caso de la borrachera, las malas palabras o el despilfarro del dinero en cuestiones triviales, sino más profundo, de tipo espiritual. El problema de raíz o la "maldad espiritual" u "opinión falsa" es la actitud egoísta del corazón que sólo piensa en su festejo y busca sólo lo suyo mientras que los demás sufren a su lado.[4]

En su crítica a las cofradías, Lutero habla de la santificación de días especiales con oraciones y otras buenas obras en pro de algún prójimo necesitado. "Éstas serían verdaderas obras fraternales que harían de la cofradía agradable a Dios y a sus santos, y éstos serían con gusto sus patronos".[5] Tales obras agradan no sólo a Dios sino a "sus santos" en el sentido de que éstas honran a los cristianos que nos han precedido en la fe con aquellas decorosas obras por las cuales los recordamos y los imitamos. En el marco más amplio de la fe evangélica, no se trata al fin de fomentar culto al santo ni de buscar su intercesión, sino de honrarlo al emular su ejemplo en nuestro diario vivir. Es esto lo que se ha perdido en los abusos de las cofradías, a saber, honrar al santo como realmente se debe imitando su ejemplo de caridad y fraternidad. Más fundamental, sin embargo, es la crítica que Lutero dirige en contra de la pretensión de aquellos que creen que tendrán la protección de algún santo patrono por ser miembros de alguna cofradía u organización de cualquier tipo, sea ésta promotora de abusos o no. Y esto en última instancia porque no hay cofradía, gremio u organización externa que merezca la protección y los beneficios de Cristo. Sólo la iglesia es la verdadera comunión espiritual de Cristo y todos los santos de todo tiempo y lugar de manera que "no hay otra cofradía alguna que sea tan profunda y tan íntima" como ésta.[6] Únicamente la iglesia es "la común cofradía cristiana emanada de las heridas de Cristo" que Dios ha hecho por el bautismo y preserva en la unidad por el sacramento como "un cuerpo espiritual".[7] En este cuerpo espiritual

---

2 Ibíd., p. 216.

3 Ibíd., pp. 216, 218.

4 Ibíd., pp. 216-217.

5 Ibíd., p. 216.

6 Ibíd., p. 217.

7 Ibíd.

que es la iglesia compartimos todo en común con Cristo y sus santos, sus beneficios y sus sufrimientos.

En su sermón acerca del sacramento, Lutero enfatiza entonces la "significación" del cuerpo y la sangre de Cristo como medio que nos une a Cristo y a sus santos. Éste pasa a ser el sentido "interior y espiritual" del sacramento que, sin negar la presencia del verdadero cuerpo y sangre de Cristo en su cena, nos ayuda a enfocarnos en la forma de vida que ha de emanar de la comunión de los santos quienes han compartido del mismo Cristo en el sacramento.[8] El sacramento del cuerpo y la sangre de Cristo no significa la unión al cuerpo espiritual de Cristo con sus santos en un sentido meramente simbólico, sino que de hecho la efectúa incorporando al cristiano a Cristo y a sus hermanos y hermanas en Cristo. En el sacramento recibimos un "signo cierto" o promesa de tal incorporación que se recibe por la fe en el Cristo que se nos da en su cena.[9] La unión al cuerpo de Cristo ciertamente nos da los beneficios espirituales de su vida y muerte en la cruz, el consuelo del perdón de los pecados, y en este sentido el cristiano participa ya de los sufrimientos de Cristo para su bien espiritual de manera que nunca está sólo ante la amenaza del pecado y toda tragedia puesto que la justicia de Cristo es suya así como las oraciones que los cristianos elevan a su favor por medio de Cristo.[10] Lutero en su sermón se enfoca entonces en el "uso" y el "fruto" de la participación

---

8 Ibíd. p. 203. "El significado o la obra de este sacramento es la comunión de todos los santos. Por ello, es llamado también por su nombre común: *synaxis* o *communio*, es decir comunión, y *communicare* en latín significa recibir esta comunión, lo cual en lengua vernácula llamamos tomar el sacramento. La causa es que Cristo forma con todos los santos un cuerpo espiritual..." (p. 204). En su explicación introductoria al sermón, Hoeferkamp distingue entre esta obra temprana de Lutero donde se enfatiza con provecho el significado espiritual del sacramento como la unión con Cristo y sus santos, y otros escritos donde más adelante Lutero tendrá que defender contra Zwinglio y otros la presencia verdadera (y por ende no sólo simbólica) del cuerpo y la sangre de Cristo en su cena (véase p. 201).

9 "En consecuencia, este sacramento recibido en pan y vino, no significa otra cosa que recibir un signo cierto de esta comunión y la incorporación en Cristo y todos los santos. Es como dar a un ciudadano un comprobante, un documento o algún otro certificado para que tenga la seguridad de que será ciudadano de la ciudad y miembro de esta misma comunidad [Lutero luego cita 1 Corintios 10:17]." Ibíd., p. 204.

10 "Si soy pecador, si he caído, si me sobreviene esta o aquella desgracia, iré al sacramento y tomaré de Dios un signo de que la justicia de Cristo, su vida y padecimiento, me defienden, con todos los ángeles y los bienaventurados en el cielo, y con los piadosos en la tierra. Si tengo que morir, no estaré solo en la muerte; si padezco, ellos sufren conmigo. Toda mi desdicha se volvió común con Cristo y los santos, puesto que tengo un signo de que me aman." Ibíd., p. 206.

del cristiano en Cristo y sus santos para el diario vivir, inspirándose en la catequesis paulina según la cual "los miembros se interesan los unos por los otros y notamos que cuando uno padece, todos los demás se conduelen de él; y cuando le va bien, todos unánimemente gozan con él" (1Co 12:25ss.).[11] Al unirse a Cristo en la comunión, los cristianos entran en comunión entre sí. Por ello, comparten no sólo los gozos sino también las penas y los sufrimientos de cada uno, siguiendo así la exhortación de Pablo de sobrellevar las cargas los unos de los otros (Gá 6:2).[12] La Cena del Señor pasa a ser el alimento, por decirlo así, que nos da fuerzas para servir al prójimo con nuestras oraciones y obras y nos asegura a la vez que dará las mismas fuerzas a otros para servirnos a nosotros con sus plegarias y obras de amor.

Participar del cuerpo y la sangre de Cristo significa entonces participar tanto de los bienes como de las necesidades de los santos. Aunque su reflexión es de corte más que nada paulino, el espíritu del pensamiento de Lutero se refleja en la descripción lucana de la iglesia apostólica.

> "Se mantenían firmes en la enseñanza de los apóstoles, en la comunión, en el partimiento del pan y en la oración... Todos los creyentes estaban juntos y tenían todo en común: vendían sus propiedades y posesiones, y compartían sus bienes entre sí según la necesidad de cada uno. No dejaban de reunirse en el templo ni un solo día. De casa en casa partían el pan y compartían la comida con alegría y generosidad, alabando a Dios y disfrutando la estimación general del pueblo" (Hch 2:42, 44-47a).

El texto de Lucas describe la íntima comunión o "koinonia" de los santos de varias formas. Comparten un solo Cristo y por ende un solo bautismo (cf. Hch 2:38), una sola enseñanza apostólica y una sola comunión en el partimiento del pan y la oración. De tal comunión espiritual surgen a la vez manifestaciones externas de la unidad interna de los santos como lo son su compartir de bienes, propiedades y comida, teniendo en cuenta a los más necesitados entre ellos. La Didajé, importante texto del cristianismo primitivo, enseña entre los deberes de la comunidad cristiana el de no rechazar al necesitado de manera que "comunicarás en todo con tu hermano y de nada dirás que es tuyo propio. Pues si os comunicáis en los bienes inmortales, ¿cuánto más en los mortales?"[13] Se fundamenta la "koinonia" (o comunica-

---

11 Ibíd., p. 205.

12 Ibíd., p. 207.

13 *Doctrina de los doce apóstoles* IV, 8, en *Padres apostólicos*, p. 82.

ción mutua) de tipo material en la comunión espiritual de los santos entre sí. Asimismo, al describir la práctica de la Eucaristía a una audiencia pagana, Justino Mártir hace mención de la colecta que se acostumbraba recoger en la iglesia después de tomar el sacramento, colecta a la cual "los ricos que quieren, cada uno según su voluntad" podían contribuir para asistir a huérfanos, viudas, enfermos, peregrinos y "cuantos padecen necesidad".[14] Luego de recibir el pan y el vino y concluir la celebración de la Santa Cena, Hipólito de Roma exhorta a comulgantes, diciéndoles "apresúrese cada uno a hacer buenas obras".[15] Y así también San Juan Crisóstomo, al reflexionar en una de sus homilías acerca de la enseñanza paulina de la participación de la iglesia en el mismo cuerpo de Cristo en el pan de su cena, nos pregunta: "Si, pues, todos participamos del mismo pan y todos nos hacemos una misma cosa, ¿por qué, pues, no manifestamos la misma caridad, y con ello nos convertimos en una misma cosa?"[16] Luego compara Crisóstomo el fruto de tal comunión en Cristo y con los santos, expresada en la caridad, con lo que Lucas nos dice acerca de aquellos primeros cristianos quienes "eran de un solo sentir y pensar" (Hch 4:32).

Lutero forma parte entonces de una rica tradición que se aproxima a la Santa Cena como participación o comunión espiritual con Cristo y sus santos, y que se manifiesta de forma concreta en un tipo de interdependencia de amor y fraternidad en la que cada miembro del cuerpo no sólo recibe sino que también da al hermano o hermana en su necesidad. Lutero añora aquellos tiempos de la iglesia antigua donde el culto divino era ocasión para enseñar al pueblo aquel uso del sacramento en el que los cristianos "juntaban también la vianda exterior y los bienes llevándolos a la iglesia y allí los repartían entre los indigentes".[17] Por medio del sacramento, Cristo y sus santos "toma nuestra forma" de pecado e injusticia, dándonos auxilio, y nosotros además "tomamos su forma" recibiendo sus bienes y amando al

---

14 *Apología primera*, 94, en *Textos eucarísticos primitivos*. Editado por Jesús Solano (Madrid: BAC, 1952), p. 64.

15 *Tradición apostólica*, 174, en *Textos eucarísticos primitivos*, p. 120.

16 *1 Cor. Hom. 24*, 2:862, en *Textos eucarísticos primitivos*, p. 603.

17 Martín Lutero, *Sermón acerca del dignísimo sacramento del santo y verdadero cuerpo de Cristo y las cofradías*, p. 208. "En esa época había menos misas y mucha fuerza y fruto de ellas. Entonces un cristiano se preocupaba por el otro; uno ayudaba al prójimo y le tenía compasión; uno llevaba la carga y la desgracia del prójimo. Todo esto se ha desvanecido ahora y tan sólo quedan muchas misas y muchos reciben este sacramento sin entender su significado y sin practicarlo" (p. 209).

mismo Cristo en sus santos necesitados.[18] A esta conformación de Cristo y sus santos en nosotros y de nosotros en Cristo y sus santos, Lutero considera una transmutación, transformación o generoso cambio.[19] Son formas de describir lo que es e implica la comunión con Cristo y entre nosotros, una comunión que recibe auxilio de Cristo y su iglesia y da auxilio a Cristo en su iglesia. Así pues, la Cena del Señor tiene significado para toda la vida, nos da la promesa de comunión y unión con Cristo y sus santos, y nos da la fuerza para recibirla por la fe, cada vez que participamos de su cuerpo y de su sangre con el pan y el vino. Se nos asegura así la ayuda de Cristo y sus santos, lo cual no es más que beneficiarse de su defensa, protección y amparo. Pero es Cristo quien pasa a ser nuestro patrono por excelencia. ¿Y qué de los santos?

Aunque en este sermón temprano de la pluma de Lutero, la audiencia obviamente asume el papel prominente de los santos en el cielo en su protección, la teología evangélica en todo su conjunto no nos lleva a pensar en "santos" en términos de alguien que desde el cielo intercede por nosotros y nos da su auxilio sino en términos de alguien cuyo ejemplo nos impulsa a fortalecer la fe y a crecer en las buenas obras.[20] De este modo, los santos de la iglesia triunfante nos sirven a nosotros y a nuestro prójimo de consuelo y paradigma de servicio. De hecho, Lutero, al hablar del auxilio de los santos en su sermón, parece enfocarse menos en los santos específicos que se honran en fiestas especiales y más en los santos entre nosotros que a diario honramos en el presente compartiendo sus bienes y padecimientos. En el pensamiento más amplio de Lutero, todo cristiano es santo sin distinción

---

18 "Cristo con todos sus santos, por su amor toma nuestra forma y lucha con nosotros contra el pecado, la muerte y todo mal. Por ello, encendidos en amor, tomamos su forma y confiamos en su justicia, su vida y bienaventuranza. De este modo, por la comunión de sus bienes y de nuestra desdicha formamos un pastel, un pan, un cuerpo, una bebida, y todo es común… Por otra parte, a causa del mismo amor también nosotros hemos de transformarnos y hacer nuestros los defectos de todos los cristianos y tomar sobre nosotros su forma y sus necesidades y darles participación en cuanto de bueno seamos capaces, a fin de que ellos disfruten de ellos." Ibíd., pp. 209-210; "…y como has recibido amor y auxilio, por tu parte, debes prestar amor y ayudar a Cristo en sus indigentes" (p. 206).

19 "Ésta es la verdadera comunión y el verdadero significado de este sacramento. De ese modo nos transmutamos los unos en los otros y nos tornamos comunes por el amor, sin el cual no puede haber transformación." Ibíd., p. 210; Hablando de la fe que recibe la promesa de Cristo en el sacramento, Lutero comenta: "No es suficiente que sepas que [el sacramento] es una comunión y un generoso cambio, o amalgama de nuestros pecados y padecimientos con la justicia de Cristo y de sus santos; sino que has de anhelarlo también y creer firmemente que los has alcanzado" (p. 211).

20 Acerca del culto a los santos, véase *CA*, Art. XXI, en *LC*, pp. 36-37.

por la fe en Cristo. Por ende, todos los santos o creyentes que comparten sus bienes con los santos en su necesidad son en fin sus "patronos", y además tendrán "patronos" de por vida puesto que estos santos, quienes han recibido tales bienes, se han de convertir con el tiempo también en sus protectores y abogados cuando sus prójimos se encuentren necesitados. Ayudar y ser ayudado. La enseñanza de Lutero acerca del significado espiritual del sacramento en contra de los abusos de las cofradías enseña en última instancia el privilegio y la responsabilidad de cada cristiano de ser patrono del otro, de manera que todos los miembros del cuerpo espiritual de Cristo reciban de sus hermanos y ofrezcan a los mismos defensa, protección, amparo, oración y todo tipo de ayuda y obra buena en todo tiempo y lugar. Lutero enseña que es al recibir el cuerpo y la sangre del Señor en su cena que el cristiano recibe el signo, la promesa y por ende la seguridad de que el sacramento llevará a cabo en nuestras vidas el fruto del amor.

Cada buena obra en pro de los santos en la iglesia, pero también de todo prójimo necesitado en general, puede verse como un sacrificio de acción de gracias por los bienes recibidos en la Cena del Señor. Felipe Melanchton, colaborador de Lutero, distingue entre el único y definitivo sacrificio de Cristo en la cruz y los sacrificios de acción de gracia que los santos elevan a Dios. Así pues, distingue entre el sacrificio propiciatorio de Cristo que aplaca el juicio de Dios contra el pecado y nos reconcilia ante él, y el sacrificio eucarístico "que no está destinado a merecer remisión de pecados... antes bien, lo presentan los ya reconciliados para dar gracias o manifestar gratitud por la remisión de pecados concedida, y por otros beneficios recibidos".[21] El sacrificio propiciatorio de Cristo no puede repetirse una y otra vez durante la misa, como si el sacerdote tuviera el poder de replicar en el presente lo que ya ocurrió en el pasado. Más bien, en la Santa Cena, no se sacrifica Cristo de nuevo mediante el acto del ministro sino que se recibe el beneficio en el presente de lo que Cristo ya hizo una vez y para siempre en la cruz. Estos beneficios no se reciben por el mero hecho de hacer el acto (*ex opere operato* en latín) sino por la fe en Cristo. El punto de este argumento es que la Cena del Señor no es en primer lugar una obra humana sino un medio divino de gracia que se recibe por la fe en el Cristo que se nos da en su cuerpo y sangre mediante el sacramento.[22] No es en primer lugar un acto o rito humano,

---

21 *Apología*, Art. XXIV, 19, en *LC*, p. 253.

22 "Los teólogos suelen distinguir correctamente entre sacramento y sacrificio. En términos generales se podría hablar de ceremonia u obra sagrada. Un sacramento es una ceremonia o una obra en que Dios nos presenta lo que ofrece la promesa que acompaña a

sino fundamentalmente un acto de Dios que nos otorga su salvación y se apropia por la confianza en la obra y los méritos de Cristo.

Pero luego Melanchton abre espacio para hablar de la respuesta humana al don de Dios en Cristo. Lo hace al hablar de los sacrificios eucarísticos. Aquí se puede hablar de la cena propiamente como Eucaristía, es decir, como ocasión y punto de partida para dar gracias a Dios por todas sus dádivas y bondades a nuestro favor.[23] A tales sacrificios de gratitud se les llama "sacrificios de alabanza" o "sacrificios espirituales" y Melanchton los atribuye "a los impulsos del Espíritu Santo en nosotros".[24] Así pues, presenta la santificación o toda la vida cristiana como una ofrenda a Dios. Tal ofrenda incluye toda una gama de respuestas al amor de Dios en Cristo: "La predicación del evangelio, la fe, la invocación, la acción de gracias, la confesión, las aflicciones de los santos, en fin, todas las obras buenas de los santos."[25]

En el Antiguo Testamento, el pueblo de Dios también ofrecía sacrificios de tipo eucarístico, ciertas ofrendas, libaciones, retribuciones, primicias o diezmos prescritos por la comúnmente llamada ley ceremonial.[26] Pero ahora, en tiempos del Nuevo Testamento, el sacrificio que damos a Dios es de tipo "espiritual". Por ello, el culto agradable a Dios "es justicia de la fe en el corazón, y los frutos de la fe".[27] No se trata de seguir o cumplir ciertas prescripciones levíticas, ceremonias que se requerían de Israel como parte de su culto a Yahvé antes de la llegada de Cristo y que sólo señalaban de manera imperfecta –como en el caso de los holocaustos– el sacrificio y entrega de Cristo en la cruz que habría de venir.[28] Con la cruz queda abrogada la ley

---

dicha ceremonia. Así el bautismo no es una obra que nosotros ofrecemos a Dios, sino una obra en la cual Dios nos bautiza, vale decir, el ministro en representación de Dios, y en la cual Dios nos ofrece y nos muestra el perdón de los pecados, etc., según su promesa (Mr. 16:16): 'El que creyere y fuere bautizado, será salvo.' Un sacrificio en cambio es una ceremonia o una obra que nosotros tributamos a Dios para honrarle." Ibíd., 17-18, en *LC*, pp. 252-253.

23 "...puede ser alabanza o acción de gracias el hecho mismo de participar en la Cena del Señor; pero no puede justificar *ex opere operato* ni debe ser aplicada a otros con el fin de que merezca para ellos remisión de pecados." Ibíd., 33, en *LC*, p. 257. La intención no es negar la Cena del Señor como sacramento y medio de gracia, sino el uso de la misma como una obra humana que justifica ante Dios aparte de la fe en Cristo.

24 Ibíd., 25-26, en *LC*, pp. 254-255.

25 Ibíd., 25, en *LC*, p. 254 (cf. 30, p. 256).

26 Ibíd., 21, en *LC*, p. 253.

27 Ibíd., 27, en *LC*, p. 255 (cf. 34, p. 258).

28 Ibíd., 24, en *LC*, p. 254.

ceremonial. Pero el espíritu en el cual estas ofrendas habían de ofrecerse se mantiene vigente, pues en su esencia se esperaba que fueran expresiones de la fe sincera del pueblo hacia su Dios y muestras de gratitud por su misericordia.

Aún en tiempos veterotestamentarios Yahvé detesta los holocaustos y las ofrendas de su pueblo cuando los ofrecen de manera hipócrita, pretendiendo que son hijos de Dios mientras continúan en sus transgresiones sin arrepentimiento alguno. Estos tributos no son aroma agradable al Señor. Huelen mal. Apestan. La fragancia que agrada al Señor es el arrepentimiento, la falta que se confiesa, el perdón que se recibe con fe en las promesas de Dios, y los frutos de arrepentimiento que han de seguir en la obediencia a los mandamientos de Dios. Por eso el salmista alaba a Yahvé con aquellas palabras célebres: "Tú no te deleitas en los sacrificios ni te complaces en los holocaustos; de lo contrario, te los ofrecería. El sacrificio que te agrada es un espíritu quebrantado; tú, oh Dios, no desprecias al corazón quebrantado y arrepentido" (Sal 51:16-17). En algunas ocasiones, la iglesia ha cantado en su liturgia parte de este salmo, identificándose con el salmista en su confesión.

Según Melanchton, entre los sacrificios eucarísticos que agradan al Señor, tiene lugar privilegiado la predicación del evangelio.[29] Éste honra el nombre del Señor, llevándonos a la fe en Cristo, quien nos ofrece su perdón por medio de su cuerpo y sangre, y nos santifica además para orar y hacer buenas obras. Sin este evangelio como fundamento y motivación de la fe y la vida cristiana no es posible ser fragancia agradable a Dios. No ha de sorprendernos que Pablo, por ejemplo, defina su deber sacerdotal como ministro en términos de la proclamación de este evangelio "a fin de que los gentiles lleguen a ser una ofrenda aceptable a Dios, santificada por el Espíritu Santo" (Ro 15:16).[30] Estas afirmaciones le dan una orientación no sólo evangélica sino también evangelística a la acción de gracias del cristiano y de la iglesia. En el contexto del modelo eucarístico de la santificación, nos enseñan que el evangelio es el fundamento de toda obra buena, y por ende que la santificación de la iglesia siempre dependerá de su asociación a la escucha del evangelio y se manifestará de manera más indiscutible y única en su proclamación del mismo en el mundo. La santificación de los cristianos se nutre del evangelio. Tiene un movimiento centrípeto hacia el evangelio, el corazón de la vida de la iglesia. Su santificación también tiene un movimiento centrífugo, pues el evangelio se desborda desde altar del Señor al mundo mediante el testimonio de la iglesia ante los seres humanos.

---

29 Ibíd., 31-32, en *LC*, p. 256.

30 Ibíd., 34, en *LC*, p. 257.

El aroma de cristo en el mundo: Implicaciones del modelo eucarístico de la santificación

A diferencia del modelo bautismal de la santificación, el modelo eucarístico no presenta la vida cristiana en primer lugar como un ciclo de muerte y vida, aunque Melanchton pueda referirse en ocasiones a nuestro culto racional en términos de la mortificación de la vieja criatura y la vivificación de la nueva. Más bien, la imagen predominante del modelo es la del sacrificio. Toda la vida del cristiano es de servicio al prójimo conforme a la identidad de Jesús el Siervo, quien no vino para ser servido sino para servir hasta la cruz. El mismo Espíritu con el cual Jesús fue ungido para ser nuestro Siervo en su bautismo también nos unge en nuestro bautismo para sacrificarnos por otros. Se presta el modelo entonces para hablar de Cristo como nuestro ejemplo de servicio, o mejor aún de nuestra conformación a la imagen del Siervo por la obra del Espíritu Santo en nosotros. No se trata simplemente de imitar la figura externa del Siervo apelando a nuestras fuerzas, sino de que Cristo sea formado internamente, o en nuestros corazones, por la acción del Espíritu. En una de sus instrucciones acerca de los evangelios, Lutero distingue entre Cristo como don y Cristo como ejemplo. Aunque Cristo es ante todo nuestro Redentor y por ende no se reduce a un nuevo Moisés, hay espacio en los evangelios para hablar de Cristo como nuestro ejemplo a seguir. Por un lado, Cristo como don corresponde a la fe y nos hace propiamente cristianos. Por otro lado, Cristo como ejemplo corresponde a las obras que no nos hacen cristianos; sin embargo, éstas son necesarias y vienen de la fe por la cual ya hemos sido hechos cristianos.

Toda ofrenda viene de algún dador cuya vida es purificada constantemente por el Espíritu Santo. Todo sacrificio debe pasar por el fuego. En un sentido espiritual, este refinamiento lo provee el Espíritu. El Espíritu pasa a ser el fuego que pule el metal duro, el alfarero que da forma al barro amorfo, o el escultor que poco a poco va cincelando, moldeando y puliendo la piedra densa para ir creando poco a poco un producto no perfecto pero sí una ofrenda aromática agradable al Señor. Ser discípulo implica seguir los pasos del Siervo, negarse a uno mismo, pero caminar en esta dirección asume un cambio de ser que sólo el Espíritu Santo puede crear en nosotros y que el apóstol Pablo denomina tener la actitud o mente de Cristo. Significa no ofrendar la vida a los dioses de este mundo, no tener la actitud y mente del mundo que sólo busca el bien propio y no el del prójimo. Si bien el modelo eucarístico enfatiza que toda la vida del cristiano –y no sólo el dinero que ponga en la canasta el domingo– es una ofrenda a Dios en servicio a otros, también reconoce que el dador en sí es un trabajo en curso, siempre en un proceso de refinamiento, de continua conformación a la imagen o mente del Siervo, de crecimiento y madurez en el discipulado. Este modelo de santificación nos enseña que nuestro Señor no sólo quiere nuestros diezmos sino nuestras vidas. Nos instruye además que el Señor nos da su Espíritu para purificar aquellas áreas de las mismas que en este u otro momento se conforman a la mentalidad del mundo, orientándolas así a la forma de la vida del Siervo.

Al hablar de la vida del cristiano como un sacrificio agradable a Dios desde la perspectiva cristoforme, hay que tomar en cuenta la continuidad y discontinuidad entre Cristo y los santos. Sólo Cristo vive en relación al Padre y al prójimo en plena santidad, sin los impulsos y el control del pecado en su vida, y por eso sólo él puede entregarse a Dios sin mancha alguna en el Espíritu eterno para limpiar nuestras conciencias. Además, sólo Cristo es sacrificio por los pecados del mundo, de manera que su servicio es único, inigualable e irrepetible. Sólo Cristo ofrece sacrificio propiciatorio ante Dios. Sólo su sangre apaga el fuego de la ira de Dios por nuestros pecados, tornando su ira en gracia y el fuego de su juicio en fuego purificador de nuestras vidas. Los santos, por otro lado, no pueden aplacar o propiciar la ira de Dios por medio de su servicio, de su fe y de sus obras. Su culto espiritual no es meritorio ante Dios sino una respuesta de acción de gracias por lo que Dios ha hecho por ellos en Cristo.

El modelo eucarístico se adapta bien entonces al ritmo de la liturgia o servicio del culto dominical, y en particular al ritmo de la ofrenda sacramental en la Cena del Señor, donde Dios primero nos da sus dones y luego su pueblo responde agradecido por medio de la fe en sus promesas, la oración, y las obras de todo tipo que se desbordan desde la iglesia a todo el mundo necesitado y lleno de dolor. Melanchton enfatiza en particular el sentido del término "liturgia" como servicio de acción de gracias por parte del pueblo de Dios en su definición de la misa, palabra que se refiere al culto en el que se celebra la Santa Cena. Habla de liturgia o servicio refiriéndose, por ejemplo, a las dádivas que los israelitas daban cada año al celebrar la Pascua, así como a la costumbre de los primeros cristianos de llevar a sus comidas ágape, ofrenda de pan, vino, y otras cosas, parte de la cual "se consagraba a la Cena del Señor, y el resto se distribuía entre los pobres".[31]

El aroma de la acción de gracias del pueblo de Dios, de sus buenas obras entre los más necesitados dentro de la iglesia, había de llegar también al mundo, de ser olido fuera de la iglesia para que así tal aroma también

---

31 Ibíd., 86, en *LC*, p. 268.

atrajera a las naciones al altar del Señor. Al hacer sus obras en conformidad a la vida del Siervo, el aroma del sacrificio eucarístico de sus discípulos derrama el dulce perfume que huele a Cristo por todo el mundo. De hecho, en el modelo eucarístico de la santificación, toda la vida del cristiano puede verse como una oración a Dios no sólo en agradecimiento por sus dones sino también como petición por la continuación de la labor de la iglesia en la proclamación del evangelio a las naciones y las obras de misericordia entre los pobres. No ha de sorprendernos que la iglesia, a través de los tiempos, siempre haya incluido en sus letanías la conversión del mundo y el cuidado de los más necesitados. Es parte de su identidad como pueblo santificado para dar sacrificio de alabanza, de acción de gracias, a Dios animados por la fe en Cristo como don y siguiéndole como ejemplo.

El modelo eucarístico pone de relieve el sacrificio o la abnegación del cristiano que carga su cruz por causa del evangelio y del servicio a los más vulnerables entre nosotros. Decía Lutero que no se puede ser cristiano sin ser *crucianus*. Jesús les advierte a sus discípulos que participarán no sólo de su gloria en la resurrección de los justos, sino también de sus dolores, es decir, de burla, crítica, rechazo, persecución y aún la muerte por causa de su mensaje. Aunque la muerte de Jesús fue designada por Dios Padre desde antes de los tiempos, y Jesús se ofreció a sí mismo voluntariamente por los pecados del mundo, la cruz es también pintada en los evangelios como el rechazo de un pueblo pecador a su mensaje, a su proclamación del reino en palabra y obras de amor. Al igual que su Señor, los discípulos serán rechazados. Pero esto es difícil de aceptar o vivir. Después de todo, nadie busca o escoge su cruz por sí mismo. A menudo los discípulos de Jesús se muestran listos para compartir su gloria y poder, pero no su negarse a sí mismo hasta la cruz. Pedro no quiere a un Mesías cuyo destino –como el hijo del hombre– sea ser crucificado. Prefiere al Jesús que expulsa demonios, sana enfermos y calma la tormenta. Jesús le tiene que enseñar que su discípulo es aquel que se niega a sí mismo, toma su cruz y lo sigue (véase Mc 8:31ss). En otra ocasión, como vimos anteriormente, Jesús pregunta a dos de sus discípulos, los hijos de Zebedeo, si están dispuestos a beber la copa que él ha de beber, es decir, a sufrir hasta la muerte por su causa. Les dice esto porque Juan y Jacobo se peleaban entre sí para ver quién se iba sentar a la derecha e izquierda de Jesús en su gloria. Es en este contexto que Jesús les enseña a los doce que su vida ha de conformarse a la de su Señor, quien no vino para ser servido sino para servir y dar su vida en rescate por muchos.

El discípulo no es mayor que su maestro. Experimentará también la oposición y el odio del mundo al amor de Dios y, en muchos casos, como lo demuestra la historia de la iglesia a través de los tiempos, podrá ser aún martirizado por su testimonio de Cristo. El evangelista Lucas, también escritor del libro de los Hechos, muestra cierta continuidad entre Jesús y sus discípulos. Éstos comparten el sufrimiento de su Señor. La historia de Esteban, muchas veces llamado el primer mártir de la iglesia, pasa a ser en el pensamiento lucano, paradigmático en su afirmación de la cruciformidad de la vida de la iglesia (Hch 7:54ss). En primer lugar, cabe observar que así como Jesús es ungido por el Espíritu para ser el Siervo sufriente, y por eso "lleno del Espíritu Santo" recibe además el rechazo de su pueblo, así también se nos dice que Esteban va camino a su muerte "lleno del Espíritu Santo" (v. 55, cf. Lc 4:1). Aquí la unción o llenura del Espíritu se asocia con el dar la vida por la causa del plan de Dios. No se asocia la unción, como es común en ciertos sectores del cristianismo, con la prosperidad material como signo definitivo de la presencia de Dios con su pueblo. Al contrario, Pedro le recuerda a la iglesia marginada por el mundo que sus sufrimientos son signos de que el Espíritu de gloria mora en ellos. La vida en el Espíritu no nos hace inmunes al sufrimiento, sino que se mantiene aún en medio de la cruz. Tanto Jesús como Esteban se entregan a Dios en el Espíritu hasta la cruz.

En segundo lugar, hay que notar que así como Jesús le pide a Dios Padre desde la cruz que perdone a sus enemigos, así también Esteban ora, mientras lo apedreaban, diciendo, "¡Señor, no les tomes en cuenta este pecado!" (Hch 7:60; cf. Lc 23:34). Se nos muestra que el negarse a uno mismo ha de incluir el perdón a nuestros enemigos, actitud que obviamente llama al cristiano a vivir conforme a la magnanimidad de Cristo que se extiende aún a los que nos han herido o hecho mal. En tercer y último lugar, Lucas también pone en labios de Esteban palabras similares a las de Jesús al Padre desde la cruz: "¡Padre, en tus manos encomiendo mi espíritu!" (Lc 24:46). Con la misma esperanza del salmista que pone su confianza en la salvación de Dios aún en medio de la inminente muerte, Esteban también dice con Jesús, y de hecho a Jesús: "Señor Jesús, recibe mi espíritu" (Hch 7:59).

No todos los santos son mártires como Esteban, pero todos son llenados o ungidos por el Espíritu para ser formados como siervos. Estas plegarias nos muestran en parte que aún a pesar de la carga de la cruz que se nos dé, cualquiera que ésta sea en el caso particular de cada cristiano, podemos encomendar nuestras vidas a Dios como sacrificio agradable a él con la plena confianza de que el mismo Dios que resucitó a Jesús de entre los muertos también dará vida a nuestros cuerpos mortales por medio del Espíritu Santo. Esta confianza en la soberanía del Señor Jesús sobre el poder de la muerte es en parte lo que impulsa a los discípulos a dar testimonio de su fe con denuedo y sin temor a la muerte, y a gozarse a pesar de sus sacrificios por causa del nombre de Jesús. Nos vienen a la mente las célebres palabras de Tertuliano, padre de la iglesia occidental: "La sangre de los mártires es la semilla de la iglesia." El aroma del sacrificio de los mártires en pro de la proclamación del evangelio en el mundo dará sus frutos, esparcirá la semilla de la buena nueva en todo terreno, derramará el perfume de Cristo por todos lados, no sólo con el fin de atraer a los seres humanos a la iglesia sino también de animar a la iglesia sufriente a mantenerse firme en su fe y testimonio en tiempos buenos y malos.

A diferencia de los modelos bautismal y dramático, el eucarístico tiende a ser más centrífugo, enfocándose no en la mortificación del pecador en nosotros ni en su lucha contra los ataques espirituales, sino más bien en la trayectoria de la vida cristiana "hacia fuera", hacia las necesidades de otros en la iglesia y más allá en el mundo. Si el cristiano está agobiado con vergüenza o culpabilidad por sus pecados, o si tiene que pararse firme ante las tentaciones del diablo en áreas vulnerables de su vida, se torna difícil enfocarse en las necesidades de otros. Esto es normal. ¿Cómo se puede auxiliar al prójimo, amarlo como a uno mismo, si uno mismo todavía necesita ser auxiliado y amarse a sí mismo a la luz del evangelio? ¿Cómo puede uno ayudar en el combate contra el maligno si uno mismo está sufriendo los ataques? Así pues, en cierto sentido, y lógicamente hablando, la posibilidad de darse como ofrenda agradable a Dios en servicio al prójimo, de ser sacrificio eucarístico, presupone la renovación del pecador arrepentido por el perdón de los pecados y su liberación del yugo del maligno en áreas vulnerables de su vida donde es tentado a caer. Antes de poder ayudar a otros, uno necesita ser ayudado.

Por otro lado, la vida cristiana es más complicada y todos los modelos no deben verse de forma tan rígidamente secuencial. La realidad es que, aunque el cristiano se identifique de vez en cuando con un modelo más que otro, éstos representan aspectos de la vida cristiana que cada cristiano experimenta todo el tiempo de distintas formas. En otras palabras, los modelos nos presentan aspectos de una realidad más compleja que denominamos santificación. En repetidas ocasiones, ¿no hemos tenido que ayudar a nuestro hermano en momentos debilitantes de nuestra propia vida, confortar a alguien con el evangelio cuando nosotros lo necesitamos quizás aún más, u orar por otros que sufren tentaciones o dudas acerca de Dios cuando nosotros nos encontramos también en tiempos de vigilancia que requieren de oración y meditación en la Palabra? Por eso Lutero habla no sólo de la comunión con Cristo y sus santos en términos unilaterales, ya que tal comunión en la que nos adentra la Santa Cena implica no sólo compartir con otros sus dolores y orar por ellos sino recibir de ellos sus plegarias por nosotros y su caridad en nuestros tiempos de lucha y carencia. Cargamos mutuamente con nuestros pecados, sufrimientos, necesidades, y así tenemos todo en común. El modelo eucarístico de la santificación nos recuerda que la santidad no es una realidad individualista que se vive para uno mismo sino un don que comparten todos los miembros del cuerpo de Cristo.

Resumen

1. El sacrificio de Cristo como nuestro cordero pascual y siervo se presenta en la Escritura como la garantía de nuestra salvación ante Dios, pero también como instancia paradigmática de la vida agradable a Dios en servicio al prójimo que ha de caracterizar la santidad de sus discípulos. Por eso, el apóstol Pablo llama a los creyentes a ser sacrificios vivos y agradables a Dios en su conducta ante otros, a tener la actitud del Siervo sufriente que veló por los intereses de otros hasta dar su vida por ellos, y a guardarse de participar de los pecados de los impenitentes porque la mala levadura puede echar a perder toda la masa del pan pascual que representa a los santos. Por medio de sus discípulos, el aroma de Cristo se extiende por el mundo mediante su testimonio de fe y caridad cristianas.

2. La Santa Cena es ante todo el verdadero cuerpo y sangre de nuestro Señor Jesucristo que se nos da para perdón de nuestros pecados. Nos ofrece los beneficios en el presente del sacrificio propiciatorio de Cristo en la cruz. Pero la Santa Cena también se puede ver como comunión porque al recibir el cuerpo y sangre de Cristo con el pan y el vino entramos en comunión con él y sus santos. Tal comunión es tan íntima que por ella el comulgante entra en unión con Cristo y sus santos de tal manera que éste comparte todo en común con ellos, tanto sus bienes como sus dolores y necesidades. Por medio del sacramento, Cristo y sus santos "toman nuestra forma" de pecado e injusticia, dándonos auxilio, y nosotros además "tomamos su forma" recibiendo sus bienes y amando al mismo Cristo en sus santos necesitados. Finalmente, la Santa Cena puede llamarse Eucaristía ya que al recibir la gracia de Dios en Cristo el sacramento también impulsa al cristiano a ofrecer acción de gracias por los dones recibidos. Por medio del sacramento, el cristiano presenta su culto de acción de gracias o sacrificio agradable a Dios al recibir por le fe los dones del altar y al hacer las buenas obras que fluyen de la fe hacia un mundo lleno de dolor y necesidad. Se habla entonces del significado de la vida cristiana como sacrificio eucarístico, de acción de gracias, que

fluye del evangelio pero que también promueve el testimonio evangélico en el mundo mediante obras de evangelización.

3. El modelo eucarístico de la santificación resalta la identidad del cristiano como sacrificio, pero al mismo tiempo un sacrificio que debe ser pulido o limpiado a diario por el fuego del Espíritu Santo para ser ofrecido como ofrenda santa y agradable a Dios. Esto lo hace el Espíritu al llevarnos al altar del Señor a recibir por fe sus dones de perdón, vida y salvación. Así también nos va formando el Espíritu, como artista escultor, para darnos la forma del Siervo que se da en sacrificio por otros. Aunque el modelo incluye entre las obras de acción de gracias por la gracia de Dios el ofrendar de bienes y tiempo, éste enfatiza más que nada el darse con todo el ser a Dios y al prójimo. Dios no quiere sólo nuestras ofrendas, sino nuestras vidas. Esta entrega total también es un don que sólo el Espíritu puede obrar en los santos, como lo apreciamos en las vidas de los mártires de la iglesia como Esteban, que han dado sus vidas en servicio al evangelio. Aunque el modelo tiene una orientación hacia el mundo que asume la libertad del evangelio y del yugo de los ataques del diablo en la vida del cristiano para así poder enfocarse en las necesidades de otros, es importante recordar que la comunión o "*koinonia*" que une a los cristianos con Cristo también asume que todos los santos necesitan del servicio de otros. La santidad es una realidad no sólo de tipo individual sino eclesial, es dar y recibir consuelo y amor.

Preguntas para la reflexión

1) Lea 1Co 5:1-12. Luego lea 1Co 9:13-27 y 1Co 10:23-33 conjuntamente. Enfóquese en 1Co 5:1-5. Según el apóstol, ¿cómo se practica la santidad para bien y aún para salvación del prójimo? Enfóquese ahora en los textos de 1Co 9:19-22 y 10:23-24, 31-33 y responda a la misma pregunta. Si 1Co 5 trata con la santidad dentro de la iglesia, los textos de 1Co 9 y 10 ya mencionados tienden a preocuparse también por el buen testimonio a los que están fuera de la iglesia con vistas a su evangelización. Teniendo en cuenta esta distinción relativa, ¿por qué es importante que el cristiano crezca, con la ayuda del evangelio, en ambos aspectos de la santidad? ¿Qué ocurre si sólo uno de los aspectos de la exhortación paulina se practica a expensas del otro?

2) Lea Gá 6:1-10. ¿Qué ejemplos nos da San Pablo de lo que implica ayudar "a otros a llevar sus cargas"? (p ej, vv. 1, 6, 10). Inspirándose

en Pablo, Lutero habla de los comulgantes como santos que entran en comunión con Cristo y sus santos de tal manera que uno comparte todo en común con ellos, ya sea sus bienes o sus sufrimientos. ¿Qué sufrimientos, dolores o retos difíciles ha compartido o necesita compartir usted con miembros del cuerpo de Cristo? ¿Qué bienes o auxilio temporales espirituales ha recibido o necesita recibir actualmente de parte de los miembros de la iglesia? La comunión con Cristo y sus santos es recíproca. Por ende, usted también ha de ayudar "a otros a llevar sus cargas". Piense en necesidades concretas por las que están pasando miembros del cuerpo y maneras específicas en las que usted puede ayudar a estos santos necesitados. Termine esta reflexión con una oración a Cristo por estos hermanos o hermanas.

3) El modelo eucarístico de la santificación nos lleva del altar del Señor al lugar del dolor en el mundo. Este servicio al prójimo lo lleva a cabo el cristiano mediante sus diversas vocaciones en el plano espiritual que fomenta la proclamación del evangelio para salvación de los seres humanos o en el plano temporal donde el cristiano en cuanto ciudadano promueve el orden, la justicia y la paz entre los seres humanos. ¿Qué tipo de labores o actividades realiza usted que, ya sea directa o indirectamente, ayudan a promover la proclamación o enseñanza del evangelio en el mundo? ¿Qué tipo de labores realiza usted que, ya sea directa o indirectamente, ayudan a promover el orden, la justicia y la paz con los amigos, sus vecinos, personas más necesitadas que usted, y otros ciudadanos del país o pueblo donde vive? Para ayudar en la reflexión, piense en una vocación específica. Por ejemplo, como padre o madre, ¿qué labores lleva a cabo que por un lado promueven el evangelio (plano espiritual) y la justicia ante los hombres (plano temporal) en el hogar? Otras vocaciones incluyen ser pastor o diaconisa, maestra(o), persona de negocios, etc. Termine esta reflexión con una oración de acción de gracias a Dios por la provisión que él nos da para nuestra salvación en Cristo (plano espiritual) y para poder vivir en paz y de forma justa ante nuestros prójimos (plano temporal) mediante personas que llevan a cabo fielmente sus vocaciones en el mundo.

TERCERA PARTE

TEMAS DE ACTUALIDAD EN TORNO A LA SANTIFICACIÓN

CAPÍTULO 6

JUSTOS ANTE DIOS Y ANTE EL PRÓJIMO: Justificación y justicia ante la teodicea, la pobreza y la humanización

En la tradición dogmática luterana, cuando los teólogos hablan de "justificación" se refieren por lo general al sentido forense del término que se le atribuye al apóstol Pablo cuando éste habla de la sentencia de justicia que Dios pronuncia a favor de injustos (pecadores) por gracia y no por los méritos u obras del acusado. Se trata de la justicia que Dios otorga gratuitamente al pecador por la fe en Cristo y por causa de los méritos de Cristo a favor del acusado. Se habla entonces de una "justificación por la fe" y no por las obras de la ley. Al hablar del sentido "forense" de alguna realidad, estamos evidentemente en la esfera del foro, de la corte legal, de los tribunales de justicia donde se escuchan casos en contra o a favor de algún acusado.

En tal foro, tenemos que imaginarnos a Dios como juez, y a su ley (los diez mandamientos) como la regla o canon que determina lo que es legal o ilegal. Más que eso, tenemos que incorporarnos al foro como acusados, pecadores que no han cumplido cabalmente con lo prescrito en la ley de Dios, y por ende como merecedores de una sentencia en contra nuestra. Para meterle más drama al asunto, nos acusa ante el Juez el mismo diablo cuyo nombre es "acusador" y quien nunca escatima esfuerzos –como ya todos sabemos por las experiencias de *tentatio* (*Anfechtung*) que hemos sufrido– para recordarnos lo pecadores e injustos que somos. En la visión paulina de la corte, la historia de la salvación llega a su clímax cuando entra al tribunal a última hora uno que intercede por el acusado, uno que aboga por el injusto, dando su vida en lugar del que merecía la condena de muerte.

Su nombre es Jesús. Y al ver lo que ha hecho este hombre justo en lugar del injusto, al tomar en cuenta los méritos de Jesús a favor del pecador, Dios pronuncia al acusado libre de culpa, inocente de toda maldad. Dios lo justifica, lo proclama justo o recto ante él, y esta sentencia es tan efectiva y legítima que el acusado de hecho pasa de inminente muerte a vida. "Porque la paga del pecado es muerte, mientras que la dádiva de Dios es vida eterna en Cristo Jesús, nuestro Señor" (Ro 6:23). Esta dádiva de Dios al pecador por los méritos de Cristo, lo que hace a Dios al fin más un Padre bondadoso que un juez airado, es un "intercambio feliz", "negocio alegre" o "trueque gozoso" (*fröhlich Wechsel*) –para usar el término de Lutero– en el que nuestro pecado pasa a ser el pecado que Cristo toma sobre sí y en el que su justicia y rectitud pasa a ser nuestra justicia ante Dios.[1] Así lo resume el apóstol Pablo: "Al que no cometió pecado alguno, por nosotros Dios lo trató como pecador, para que en él recibiéramos la justicia de Dios" (2Co 5:21). En definitiva, Cristo recibe nuestro pecado e injusticia y nos da su justicia y perdón.

La necesidad humana de justificar y ser justificado: La teodicea como intento de justificación por la razón y las obras

No cabe la menor duda que el lenguaje forense se presta para dramatizar la situación de toda criatura, en cuanto pecadora, ante Dios. Es importante recalcar que tal imagen, sin embargo, tiene la intención de ser dirigida a todo ser humano. Trata de plasmar en imágenes de la vida diaria una realidad antropológica universal. No se debe, por ende, limitar o reducir esta realidad forense a la iglesia o a los cristianos, como a menudo ocurre cuando términos como "justificación" o "justificación por la fe" se vuelven tan técnicos o parroquiales que se hacen irrelevantes para el diálogo con el mundo, con todo ser humano.[2] No hace mucho que Oswald Bayer, teólogo alemán, criticaba al liderazgo tanto luterano como católicorromano por asumir en su "Declaración conjunta sobre la doctrina de la justificación" que la justificación es sólo

---

1 Lutero usa el lenguaje de la unión matrimonial del alma del creyente con Cristo por la fe. Esta unión de la esposa-esposo significa que "al apropiarse Cristo del pecado del alma del creyente en virtud del anillo de boda de esta, es decir, por su fe, es como si Cristo mismo hubiera cometido el pecado". Por lo tanto, "se ve el alma limpia de todos sus pecados, en virtud de las arras de boda, o sea, el alma es por su fe libertada y dotada con la justicia eterna de su esposo Jesucristo. ¿No es acaso alegre negocio que Jesucristo, el novio rico, noble y bueno, se despose con una insignificante ramera, pobre, despreciable y mala, sacándola así de todo mal y adornándola con toda clase de bienes?" Martín Lutero, *La libertad cristiana*, en *Obras de Martín Lutero*, vol. 1. Traducido por Carlos Witthaus (Buenos Aires: Editorial Paidós, 1967), p. 155.

2 Este tema lo abordo más a fondo en un artículo donde resumo la importancia de la obra de Oswald Bayer en torno a la justificación y de Gerhard Forde en torno a la elección (o predestinación) en el desarrollo de una antropología teológica. Véase Leopoldo A. Sánchez, "Do Divine Election and Justification Still Matter to the World?: Making Room for the Broader Anthropological Significance of Traditional Doctrines," *Testamentum Imperium* 2 (2009): 1-17.

una de muchas doctrinas de la iglesia, aunque de algún modo central para su vida. Lo que se ha perdido en el debate y acuerdo, según Bayer, es el sentido de que la justificación, más que una doctrina entre muchas o una mera cuestión de polémica intraeclesial, es una realidad y necesidad básica de todo ser humano. No es simplemente una cuestión que se aplica al cristiano de manera individualista. En otras palabras, Bayer sugiere que se ha perdido el "significado ontológico" más amplio de la justificación, su importancia para hablar del ser humano, sus necesidades y problemas.[3]

Para Bayer, todo el mundo es una gran corte de justicia: "Todas las historias de nuestras vidas son puestas ante un tribunal permanente en el cual actuamos como acusado, acusador, y juez."[4] Dicho de otra manera, nuestras vidas se caracterizan por el querer juzgar y ser juzgados. Todos quieren justificar su existencia de algún modo. El obrero justifica su trabajo ante el jefe, el niño su grado o calificación ante la maestra, líderes gubernamentales sus políticas ante la opinión pública. Y el jefe, la maestra y el pueblo juzgan la validez del producto y aún más del que lo produce. En un sentido positivo, esta realidad de querer justificarse o de justificar a otros es constitutiva del ser humano, parte de su ser criatura. ¿Y por qué? Necesitamos ser justificados ante alguien precisamente porque fuimos creados para el diálogo con el creador y la criatura. Fuimos hechos para la comunicación con el otro, y por ende para ser reconocidos por el otro, tanto por Dios como por nuestros semejantes. Somos seres forenses. O como lo diría Bayer: "No es cierto decir que el juicio se añade al ser. Lo que soy, lo soy en mi juicio acerca de mí mismo, entrelazado con el juicio que otros tienen de mí."[5] Así pues, la necesidad de juzgar, ser juzgado, justificarse a uno mismo o justificar a otros revela nuestra necesidad intrínseca de ser reconocidos por alguien, como personas con algún valor, como alguien que importa en este mundo.

No es sorpresa que el mundo busque su justificación a menudo en los logros o razonamientos, o de manera más general, en alguna moral o filosofía de vida que dé significado al mundo. Después de todo, Dios nos dio la vida, el cuerpo, el alma y la razón para ser usados. Por ello, el mundo busca el propósito de la vida –la justificación de la misma– en la intensidad o calidad de su praxis o productividad, o en la capacidad de la razón o lógica humana para dar sentido a la vida o vencer de algún modo un mundo trágico. ¿Quién no quisiera hacer un buen trabajo para impresionar al licenciado o al menos

---

3 Bayer, *Living by Faith*, xi-xiv.

4 Ibíd., 2. La traducción al español es mía.

5 Ibíd., 4 (traducción mía).

para sentirse bien por haber llevado algún proyecto a su finalización? ¿Y quién no quisiera interpretar el mundo que lo rodea, pensar acerca del significado de su vida, hacer preguntas acerca de su propósito en este mundo, o dar sus versiones acerca de porqué pasan las cosas que pasan en el mundo? Estos deseos de justificación por la razón y las obras se manifiestan especialmente cuando la vida se torna trágica, en medio del dolor, la enfermedad, la muerte, y la maldad.

El término "teodicea", cuyo uso se origina más o menos a inicios del siglo dieciocho con el filósofo alemán Liebniz, se compone de los vocablos griegos *zeos* (dios) y *diké* (justicia). Es aquella rama de la filosofía que, dada la existencia del mal en el mundo, busca (o al menos intenta) reconciliar, defender, o "justificar" la bondad (o el poder) de Dios. En particular, existen teodiceas que tratan de hacer uso de la vocación y la oración, en cuanto obras, para defender la bondad y la omnipotencia de Dios ante el sufrimiento. Se trata de intentos de justificación por las obras que terminan en desastre. Se pretende resolver el problema de la ausencia de Dios en medio del mal argumentando que todo depende al fin de nuestras obras, de la calidad o cantidad de nuestros esfuerzos. Se dice que Dios sigue siendo bueno, aunque esto no sea obvio inmediatamente, porque nos ha dado el sufrimiento para encauzarnos en el camino del progreso utópico o la devoción ferviente. No es que Dios sea incapaz, o que no tenga el poder de dar fin al sufrimiento –continúa el argumento– sino que se ha permitido darnos al sufriente para que crezcamos en el amor al prójimo y en el culto a Dios, para que intensifiquemos nuestro compromiso con Dios y nuestro semejante mediante la oración y la vocación. Tales intentos de justificación por las obras, sin embargo, se basan en teodiceas que irónicamente ponen en tela de juicio la misma bondad y poder divinos que tratan de defender al dejar todo en nuestras manos.

Intentos de justificación mediante utopías de progreso inevitable o razonamientos y ontologías de varios tipos nos fallan ante la inescapable realidad de un mundo donde el sufrimiento nos muestra su fea cara. La necesidad de la justificación por las obras o mediante la razón parece impotente ante la inexplicable maldad, injusticia, y muerte que nos rodean por doquier. Terrorismo, guerra, tráfico de menores, epidemias, racismo. La lista sigue. Ante la clara realidad del mal en el mundo, no importa qué tanto uno produzca para hacer del mundo un lugar más justo –intento noble que sin embargo no debe dejarse a un lado, por amor al prójimo– o qué tanto uno razone con teodiceas para hacer de un mundo trágico una realidad más o menos paliativa para el sufriente, todavía tenemos que enfrentar la cruda realidad de que simple y sencillamente ocurren tragedias. Es en estos momentos difíciles de la vida en los que Dios parece esconderse que el ser humano se apoya en su praxis o razón para justificar (o defender) a Dios. Se trata de un intento de obrar intensamente de tal manera que se haga de la dura situación algo menos doloroso o al menos un poco más entendible en el orden de la naturaleza donde todo supuestamente debe operar en armonía y las energías opuestas deben reconciliarse.

Tales intentos de justificación son criticados por Lutero en su *La disputación de Heidelberg*, donde éste distingue entre el teólogo de la cruz que "denomina a las cosas como en realidad son",[6] y el teólogo de la gloria que pretende entender "las cosas invisibles de Dios" (p ej, su poder, justicia, y bondad) mediante "las creadas".[7] El teólogo de la cruz no pretende entender a Dios en base a lo que observa en la creación. Al ver la maldad del mundo, no trata de defender o justificar a Dios, o defender sus atributos de poder, justicia o bondad. Tratar de hacerlo lo mete a uno en aprietos. ¿Cómo se pueden defender estos atributos divinos ante la maldad? Si Dios es poderoso, ¿por qué no le da fin a la maldad de una vez por todas? Si es justo, ¿por qué sufren los justos e inocentes? Si es bueno y bondadoso, ¿dónde está el amor en medio del sufrimiento?

Gerhard Forde ha observado que estos intentos del teólogo por explicar porqué Dios elige hacer ciertas cosas y dejar otras sin hacer en el mundo –en fin, el problema de tratar con el Dios de la elección en el sentido amplio del término– terminan haciendo de Dios un juez terrible que sentiremos como ley y carga pesada sobre nuestras espaldas. Partiendo del reconocimiento que Lutero hace del Dios escondido (*Deus absconditus*), cuyo pensar y actuar nadie puede predecir o controlar, Forde muestra cómo los seres humanos tratan por medio de explicaciones cuestionables de sacarse de encima a este Dios transcendente y omnipotente que hace lo que quiere sin consultarnos.[8] Son los teólogos de la gloria de los que habla Lutero, como aquellos tres teólogos que tratan de defender a Dios ante el penoso sufrimiento del justo Job, y lo hacen culpando al sufriente Job sugiriendo que son obras de justicia lo que hacen a unos sufrir y a otros prosperar. Le dice Dios a Elifaz, uno de los tres: "Estoy muy irritado contigo y con tus dos amigos porque, a diferencia de mi siervo Job, lo que ustedes han dicho de mí no es verdad" (Job 42:7-9). Job por otro lado reconoce al Dios escondido y no pretende justificarlo a pesar de su sufrimiento: "Reconozco que he hablado de cosas que no alcanzo

---

6 Lutero, *La disputación de Heidelberg*, Conclusión 21, p. 41.

7 Ibíd., Conclusión 19, p. 41.

8 Forde, *Theology Is for Proclamation*, pp. 13-37.

a comprender, de cosas demasiado maravillosas que me son desconocidas... y me arrepiento en polvo y ceniza" (Job 42:3, 6).

Lo que hace falta es dejar a un lado explicaciones de atributos divinos abstractos –"las cosas invisibles de Dios"– que pretenden hablar de la mente de Dios aparte de lo que éste nos ha revelado en Cristo y por medio de la Escritura. La solución al problema del Dios escondido, el Dios de la elección, es proclamar la promesa de Dios en Cristo: "¡Tú eres el elegido!"[9] Forde diría que Dios mismo tiene que sacársenos de encima, y lo hace proclamándonos a Cristo, haciéndose el Dios revelado (*Deus revelatus*) por nosotros. Es en el Dios revelado, que viene a nosotros en Cristo y en la Palabra que nos lleva a él, que Job se apoya en medio de la tragedia: "Yo sé que mi redentor vive, y que al final triunfará sobre la muerte. Y cuando mi piel haya sido destruida, todavía veré a Dios con mis propios ojos" (Job 19:25-26). Allí encontramos la promesa de Dios que Job mismo proclama desde su lugar de sufrimiento, haciéndose de forma anticipada partícipe de los sufrimientos de Cristo para así recibir también su gloria. Job es el teólogo de la cruz, del que nos habla Lutero, "que denomina a las cosas como son en realidad", que llama a la tragedia lo que es sin pintarla bonita, sin tratar de justificar a Dios. El teólogo de la cruz "entiende las cosas visibles e inferiores de Dios, considerándolas a la luz de la Pasión y de la cruz".[10] Es aquel que deja que Dios se justifique a sí mismo sin nuestra ayuda, a su propia manera, a saber, que se justifique y nos justifique en la cruz de Cristo para que desde allí nos dé su vida y nos conforte con sus promesas de salvación.

Es posible usar la vocación como un escape, una manera de justificar a Dios ante el problema del mal. Se hace del trabajo una teodicea. Así pues, cuando nos rodea la maldad, y la bondad o el poder de Dios no son obvios, nos metemos de lleno en el trabajo y lo usamos para tratar con el dolor, para ahogar las penas. Sin embargo, tal estrategia termina siendo un obstáculo para la práctica fiel de la vocación. Si nuestro laborar es la solución última para la sobrevivencia de la humanidad, como si este trágico mundo al fin dependiera de nosotros, de nuestro vigor ético o de nuestras decisiones certeras para garantizar su existencia, de repente cargamos el peso del mundo sobre nuestros hombros. En vez de ayudarnos o consolarnos, de darnos la certera paz y seguridad de que nuestras vidas y el futuro del mundo están en sus manos, Dios nos da más trabajo que hacer. Dios ya no es el proveedor y protector sino el que lo deja todo en nuestras manos para que nosotros nos

---

9 Ibíd., p. 33, cf. pp. 35-37.

10 Lutero, *La disputación de Heidelberg*, Conclusión 20, p. 41.

las arreglemos como podamos. La vocación ya no es una bendición mediante la cual Dios preserva su creación –como cuando la madre da de comer a su bebé o el doctor sana al enfermo– sino una obra que reemplaza a la divina providencia cuando ésta no aparece por ningún lado. Este reemplazo pone la bondad y el poder de Dios en duda.

A menudo, después de algún funeral o tragedia, escuchamos a personas con buenas intenciones que sobrevaloran la vocación a tal punto que terminan poniendo en cuestionamiento los atributos divinos, y dicen: "Dios permitió que esta muerte ocurriera para hacernos más solidarios, para así darnos la oportunidad de hacer obras de caridad." "Dios nos ha dado a los pobres para animarnos a hacer más obras de justicia." Estas visiones utilitarias del sufriente, o románticas del pobre, supuestamente tratan de buscar en las obras, en una sobrevalorización de la vocación, una respuesta, solución o desahogo ante el dolor humano. De repente, tal confianza en nuestra labor en pro de los sufrientes y pobres nos anima por un momento a tratar con un mundo lleno de dolor. Pero pensar de este modo acerca del rol de la vocación en nuestras vidas a la larga se resiente. Pues ya no experimentamos a Dios como un Padre bondadoso que nos da la vocación para servir al prójimo sino como una deidad justiciera que demanda más labor para salvar al mundo de su dolor y pobreza, una deidad más o menos impotente que deja en nuestras manos lo que no tiene el poder de arreglar por sí mismo, o peor aún una deidad injusta que ha permitido arbitraria o premeditadamente el sufrimiento de algún inocente para enseñarnos una lección acerca de la caridad.

Se usa también a menudo la oración como teodicea, para justificar a Dios ante mal. Si nuestras plegarias fuesen de algún modo la solución definitiva para evitar o tratar con el dolor humano, estaríamos en aprietos. En una ocasión, uno de mis alumnos del seminario compartía con sus compañeros de clase la dolorosa historia de aquel accidente automovilístico en el cual perdió la vida su esposa. Ese día él iba manejando. Algunos días después del incidente, un hermano de la iglesia se atrevió a decirle: "Eso pasó, hermano, porque usted no se encomendó al Señor ese día." Si tales palabras no nos llevan al rechazo de la existencia de Dios, nos hacen pensar que de repente pudimos haber hecho más para haber evitado la tragedia. Pudimos haber orado más, con más denuedo, más ganas, más sinceridad. Pero por no haber hecho la obra de oración, por no habernos entregado o encomendado al Señor en oración con la intensidad o la intención correcta, el mundo se nos desmoronó. Dios ya no es el Padre amoroso que nos consuela en medio de las tragedias de la vida, y nos promete una participación en la gloria del Cristo crucificado. Pasa a ser la horrible deidad que demanda la correcta oración como condición para darnos su amor y bendición, o que depende de nuestra oración intensa para poder darnos su protección. La oración ya no es el regalo de un Padre que escucha a sus hijos, sino una carga pesada sobre nuestros hombros, una maldición más que una bendición. La obra de oración como pretenciosa respuesta al dolor humano termina poniendo nuevamente en cuestionamiento la bondad y el poder de Dios.

No podemos justificar o defender a Dios y todos sus atributos ante el problema del mal por medio de teodiceas que sobrevaloren nuestra vocación y oración, es decir, que nos justifiquen ante él por las obras y la razón. ¿Cómo considerar entonces estos aspectos de la vida cristiana –vocación y oración– como teólogos de la cruz, es decir, "a la luz de la pasión y de la cruz"? Habría que ver estas dimensiones de la santificación desde otro ángulo. El resto de nuestro ensayo tratará de responder a esta pregunta en relación a la vocación, en particular, como expresión de la justicia activa del cristiano ante el problema de la pobreza y la tarea de humanización en contextos donde el pecado se ha institucionalizado en estructuras opresivas. La tradición luterana entra en diálogo con temas de importancia en nuestro mundo latino, sobretodo a la luz del pensamiento escatológico-liberacionista de los últimos tiempos. Para ello, nuestra contribución se valdrá implícita y explícitamente de la distinción entre los dos tipos de justicia. En el próximo capítulo trataremos entonces la cuestión de la oración, cómo ésta ha de entenderse "a la luz de la pasión y de la cruz", en diálogo con el problema del teísmo abierto y el teísmo clásico y considerando la contribución de la teología trinitaria y cristocéntrica a la definición de la oración como instancia de nuestra participación en los sufrimientos y la gloria de Cristo.

A los pobres siempre los tendrán con ustedes: La vocación del cristiano ante la visión romántica y utilitaria de los pobres

Nos toca profundizar un poco más acerca de la vocación, de nuevo en el contexto de la justificación de Dios ante la realidad del sufrimiento humano, en particular, la pobreza, realidad inescapable de nuestros pueblos. La creación de teodiceas puede llevarnos a la idea utilitaria de que la pobreza es supuestamente una realidad que Dios permite para dar a los más ricos la oportunidad de ejercer la compasión en pro del necesitado. Los pobres se convierten en medios que nos ayudan a quedar bien con Dios, a obtener su bendición o favor por haber hecho obras de evangelización o de misericordia entre ellos. Tales actitudes acerca de los pobres prevalecen en nuestro medio. Pero estos intentos de justificación de Dios por la razón hacen verlo mal ante la realidad de la pobreza. Éste parece injusto, usando al pobre como carnada para convertir a los opulentos o usando la pobreza para que los opulentos compartan su caridad.

Vimos que proponer teodiceas es manifestación del uso de la razón para justificar a Dios –defender sus atributos invisibles– "a partir de lo creado". Pretende hablar por Dios donde éste no ha revelado su voluntad, pretende penetrar los misterios inalcanzables del Dios escondido, y al tratar de defender sus atributos ante el problema de la pobreza deja a Dios mal parado. Si Dios es justo, ¿por qué permite la pobreza de los justos? Si Dios es poderoso o lleno de bondad, ¿por qué no erradica la pobreza? El utilitarismo ante los pobres es un intento de teodicea que el teólogo de la gloria lleva a cabo, haciendo de algo malo como la pobreza algo bueno, o de algo bueno como lo es la solidaridad con el pobre algo malo. Es un ejemplo de lo que tiene Lutero en mente cuando, en la tesis o conclusión veintiuno de *La disputación de Heidelberg*, dice: "El teólogo de la gloria llama al mal bien y al bien mal."[11] El teólogo de la cruz "denomina a las cosas como son en realidad", llamando a la pobreza lo que es sin darle una interpretación bonita, y viendo las obras de caridad a los pobres en términos de amor al prójimo y no como oportunidad para recibir la justificación ante Dios.

¿Cómo pensar entonces acerca de la vocación ante la problemática de la pobreza? Antes de entrar a la propuesta de Lutero, quien enfrentó actitudes utilitarias y románticas de los pobres en sus días, nos será de provecho un breve desarrollo de algunos aspectos bíblicos que tratan de la actitud del cristiano ante la pobreza. De allí, con la ayuda de Lutero, pasaremos a situar la pobreza fuera del marco de las teodiceas y dentro de uno que distingue claramente entre la justificación ante Dios por medio de la fe en Cristo y la justicia a la que somos llamados simplemente porque la voluntad de Dios y la necesidad del prójimo nos lo reclama. Los frutos de la investigación en torno a la problemática de la pobreza nos ayudarán a entender la vocación sin hacer de ésta una obra justificante ante Dios sino una obra de justicia ante el ser humano que nos necesita. Pasemos entonces a los datos bíblicos que promueven una teología responsable de la vocación en un mundo donde no sólo impera la pobreza sino donde también la mayoría de los cristianos viven en la misma.[12] ¿Cómo han de aproximarse los discípulos de Cristo a esta dura realidad?

---

11 Ibíd., p. 41.

12 Jenkins, observador del cristianismo global, comenta que hoy en día "el cristiano típico no es un hombre blanco, gordo y rico de los Estados Unidos o de la Europa del

En una ocasión los discípulos de Jesús se indignaron porque una mujer de un pueblo llamado Betania lo ungió con un perfume tan costoso que según ellos se pudo haber utilizado para ayudar a los pobres. En la versión del evangelio según San Mateo, Jesús les contesta: "A los pobres siempre los tendrán con ustedes, pero a mí no me van a tener siempre" (Mt 26:11). ¿Qué hacer con estas palabras? De vez en cuando uno escucha a cristianos que usan la primera parte del dicho para sugerir que ni el llamado a combatir la pobreza ni el esfuerzo para hacerlo puede ser suficiente para erradicarla. Por lo tanto, se resignan y concluyen que no es imperativo contribuir con nuestros mejores recursos humanos para alcanzar un sueño imposible. Aunque tal análisis del asunto pudiera interpretarse como más realista que pesimista en vista de nuestro egoísmo, nuestro pecado que nos ciega ante el dolor del prójimo, la versión del dicho que nos comparte San Marcos no nos permite teologizar acerca de la pobreza de ninguna manera que nos lleve a evadir nuestro compromiso vigoroso en pro de los pobres. Nos dice la versión de Marcos: "A los pobres siempre los tendrán con ustedes, y podrán ayudarlos cuando quieran; pero a mí no me van a tener siempre" (Mc 14:7).

Jesús asume que hacer el bien en pro de los pobres siempre es cuestión de cuando, y no cuestión de "de vez en cuando", es cuestión de siempre y no una opción que podamos tomar o dejar a un lado. Más que la cuestión de frecuencia o, mejor dicho, consistencia, el punto clave es que la solidaridad con el pobre es lo que Dios desea. Las palabras de Jesús a los discípulos aluden a un texto de Deuteronomio en el cual Yahvé le advierte a su pueblo que "entre ustedes no deberá haber pobres" (Dt 15:4). En el mismo capítulo, Yahvé a la vez anticipa las tristes consecuencias para el pobre que vendrán por causa de la desobediencia de su pueblo Israel, y por ello les recuerda su obligación para con los más necesitados. La primera parte de las palabras de Jesús a sus discípulos, "a los pobres siempre los tendrán con ustedes", son eco del mandato de Yahvé a su pueblo en el libro de Deuteronomio: "Gente pobre en esta tierra, siempre la habrá; por eso te ordeno que seas generoso con tus hermanos hebreos y con los pobres y necesitados de tu tierra" (Dt 15:11). En definitiva, el hecho de que el pobre siempre esté con nosotros, o que siempre habrá gente pobre en esta tierra, no debe frustrar sino promover la voluntad de Dios para nosotros de ayudar a los pobres en nuestro medio.

Norte, sino una persona pobre y a menudo inimaginablemente pobre de acuerdo a los estándares de vida en occidente" (traducción mía). Philip Jenkins, *The Next Christendom: The Coming of Global Christianity* (New York: Oxford University Press, 2002), p. 256.

Los primeros cristianos se tomaron la remembranza del pobre muy a pecho, como en el caso de los creyentes en Antioquía que daban de lo suyo "según los recursos de cada cual" a los hermanos que sufrían de hambre en Judea (Hch 11:29).[13] Tenemos también el caso de los cristianos en Macedonia que dieron "aún más de lo que podían" para ayudar a sus hermanos y hermanas (2Co 8:3), o de la iglesia en Jerusalén donde todo se compartía a tal punto que "no había ningún necesitado en la comunidad" (Hch 4:34).[14] Cuenta el apóstol Pablo que, durante la severa hambruna, los pilares de la iglesia en Jerusalén le habían pedido a él y a su acompañante Bernabé que "nos acordáramos de los pobres" (Gá 2:10). Pablo tomó esta petición en serio y como resultado dio a las iglesias que había fundado instrucciones concretas para la recolección de ofrendas que ayudaran a los santos en Jerusalén; esta labor fue parte importante y hasta característica del apostolado de Pablo (véase 1Co 16:1-4).[15]

Debemos recalcar que el compromiso de los cristianos a las obras de caridad también se extendió más allá de los confines de la comunidad de fe. Al llamar a los cristianos en Galacia a hacer el "bien a todos", Pablo nos da a entender que la iglesia extiende su amor "en especial a los de la familia de la fe" pero no exclusivamente a éstos (Gá 6:10). Por eso, el apóstol también exhorta a los miembros de la iglesia en Roma no sólo a que "compartan lo que tengan con los pobres de la iglesia", sino que también "reciban en sus hogares a los que vengan de otras ciudades y países" (Ro 12:13). La hospitalidad se extiende al forastero, al extraño, al inmigrante, y no sólo a los que pertenecen al club. La exhortación del apóstol a extender la mano amiga a todos y a los extranjeros concuerda con la voluntad de Dios para su pueblo Israel a quien éste salvó de Egipto: El Señor, tu Dios, "defiende la causa del huérfano y de la viuda, y muestra su amor por el extranjero, proveyéndole ropa y alimentos. Así mismo debes tú mostrar amor por los extranjeros, porque también tú fuiste extranjero en Egipto" (Dt 10:18).[16] No se le permite a Israel caer en una amnesia histórica que lo incapacite para solidarizarse con los extranjeros y otros que sufren, con los más débiles y marginados de la sociedad.

Lo que hemos dicho hasta ahora nos ayuda a elaborar una teología de la vocación con el más necesitado en mente, a la luz del problema de la pobreza,

---

13 Los cristianos en Antioquía enviaron ayuda a los creyentes en Judea durante "una gran hambre" (v. 28).

14 Cf. Hch 4:32-37, 2:44-45.

15 Cf. Ro 15:25-27, 2 Co. 8:9.

16 Cf. Éx 22:21, 23:9.

sin tratar de ver el asunto a la luz de una teodicea. Lo fundamental es que el compromiso para con el pobre surge del mandato de Dios que resume la ley con el conocido dicho "amarás a tu prójimo como a ti mismo" y, por ende, asume la obediencia o fidelidad de su pueblo a tal mandato. Al hablar del amor al prójimo, sin embargo, debemos tener cuidado de no despersonalizar a los pobres o minimizar la realidad de su pobreza, haciendo de ellos un tipo de prójimo en general o abstracto, como si fuera cualquier otro prójimo, o como el prójimo sin cara, invisible, y por ende sin un lugar en nuestra lista concreta de prójimos. Los pobres deben verse, en contraste a algún concepto general de prójimo, como los prójimos más necesitados entre nosotros y por ende los que requieren de una atención especial. Éste es el espíritu del lenguaje de la "opción preferencial por los pobres". No usa el calificativo "preferencial" con la intención de excluir a otros que también necesiten de nuestra ayuda y cuidado, sino para recordarnos de la manera poderosa que el pobre por lo general nos necesita aún más y por ende debemos darle en algún sentido la "prioridad" de nuestro amor.[17] Cada quien tendrá que ver cómo expresar este compromiso con los más débiles y marginados desde su contexto y a partir de su propia situación personal, vocacional, y económica, pero el reto de tal prioridad para con los pobres es para todos.

Los pobres son aquellas personas cuyo nivel de necesidad es tal que sufren un despojamiento parcial o continuo de necesidades básicas que deberían tener en principio y en concreto para vivir de manera más digna; necesidades como comida nutritiva, cuidado médico adecuado, vivienda segura y (para aquellos que no pueden trabajar) un trabajo decente. Desde luego, lo que es "nutricional", "adecuado", "seguro", o "decente" podrá ser debatido, pero no a expensas del pobre sino para su bien. Debates sobres los calificativos no deben volverse palabras vacías que pongan en juego las vidas de la gente. Existen parámetros estadísticos que pueden, al menos como punto de partida, informarnos de forma responsable acerca de los niveles de necesidad en nuestras congregaciones, comunidad, nación, y aún en otros países. El propósito de tal información no es el de sobrecargar a la congregación, "de que otros encuentren alivio mientras que ustedes sufren escasez", sino de ayudarle a determinar si "en las circunstancias actuales la abundancia de ustedes suplirá lo que ellos necesitan" (2Co 8:13-14). Se trata de ver nuestra presente abundancia y la necesidad de otros para así administrar lo

---

17 Las Escrituras a menudo nos hablan de los huérfanos y las viudas como objetos especiales del amor de Dios (Dt 10:18, Éx 22:22-23, Stg 1:27, 1Ti 4:16). Nos dirige además a cuidar de nuestros familiares, nuestros prójimos más cercanos (1Ti 4:8, 16).

que Dios nos ha entregado con el prójimo en mente. Como administradores de los bienes que Dios nos ha dado, se nos exhorta a evaluar oportunidades de ayudar a los necesitados en formas que vayan más allá de mera simpatía o interés, del regalo monetario ocasional, contribuciones de víveres de vez en cuando, o una experiencia de ayuda social en algún lugar donde abunden los pobres. Obviamente tales actitudes e iniciativas no se deben menospreciar ni se sitúan fuera de la esfera de la caridad, pero deben de alguna manera verse como algo complementario o especial en el contexto más amplio de un compromiso más profundo, serio y continuo con los marginados. Son las flores con la que se adorna el pastel, no el pastel en sí. Debemos decir también, a esta altura del argumento, que tales iniciativas esporádicas o especiales no deben verse como maneras de usar a los pobres para sentirnos bien acerca de nosotros mismos y nuestras buenas obras, o para que Dios nos sonría desde el cielo por nuestra caridad. Servimos al pobre de manera incondicional porque Dios así lo quiere y porque esto es bueno para el prójimo.

En tiempos de Lutero, la gente por lo general asumía que hacer un voto monástico de pobreza y dar limosnas a los pobres eran obras que lo hacían a uno merecedor del perdón de los pecados.[18] Esta mentalidad, y la práctica a la que llevó, contribuyeron a lo que ya hemos llamado una visión romántica y una actitud utilitaria hacia los pobres. En primer lugar, la renuncia monástica a las riquezas hizo de la pobreza un tipo de ideal, un estado de vida favorable ante Dios y por ende meritorio para la salvación eterna.[19] En particular la narrativa bíblica del joven hombre rico que le preguntó a Jesús lo que debía hacer para ser salvo fue reciclada una y otra vez para enseñar que la renuncia a las posesiones para darlas a los pobres ameritan la gracia de Dios (véase Mc 10:17-21).[20] Ante tal idealización de la pobreza, el pueblo la veía como

---

18 Acerca de la teología de la pobreza en la Edad Media, véase Carter Lindberg, *Beyond Charity: Reformation Initiatives for the Poor* (Minneapolis: Fortress, 1993), pp. 22-33; "Se sostenía que los votos monásticos eran iguales al bautismo y que mediante la vida monástica se merecía el perdón del pecado y la justificación ante Dios....de modo que así se alababan los votos monásticos más que el bautismo". *CA*, Art. XXVII, 11-13.

19 "Se sostenía también que mediante la vida monástica se conseguía más mérito que por medio de todos los demás estados de vida ordenados por Dios, como los de pastor y predicador, de gobernador, príncipe, señor y otros similares..." *CA*, Art. XXVII 13; cf. 16-17 (o los de "labrador" o "artesano", *Apología*, Art. XXVII, 37).

20 Lindberg, *Beyond Charity*, p. 27. Lutero argumenta en contra de la interpretación prevalente del texto paralelo (en particular, Mt. 19:21), apelando al sentido espiritual de la pobreza y su relación a la vocación o llamado de Dios en nuestras vidas: "Pues la pobreza evangélica no consiste en el abandono de lo que uno posee, sino en no ser avaro, en no confiar en riquezas....La perfección está en lo que Cristo añade: "Sígueme". Con

la condición espiritual más avanzada o elevada y al pobre en particular como la persona más cercana a Dios. En segundo lugar, dar limosnas pasó a verse entre la gente como un medio establecido por Dios para que los más ricos pudieran ser salvos y para asegurar la intercesión de los pobres ante Dios a su favor. La práctica justificaba la existencia del pobre como instrumento indispensable en el camino a la salvación. No sorprende que tal cosmovisión haya sido justificada por medio de éste u otro texto bíblico. Entre los pasajes bíblicos más utilizados tenemos los libros apócrifos como Tobías, en el cual se nos dice que "la limosna libra de la muerte y purifica de todo pecado", o el de Eclesiástico, donde se nos enseña que "la limosna expía los pecados".

Inevitablemente, cuando hacemos del pobre un ideal de vida o un medio para nuestro beneficio espiritual, el resultado es que el pobre en sí sigue sufriendo y no es el fin de nuestro amor. Estas actitudes no son simplemente vestigios medievales que Lutero vio en sus días sino modos de pensar aún vigentes en nuestros tiempos. Todavía se oyen por ahí entre cristianos pensamientos similares a los medievales. Por un lado, vemos a creyentes que alaban o admiran a los pobres por su despojo de las cosas materiales de este mundo y presuntamente desearían ser más como ellos. Se nota esta manera de pensar a menudo entre cristianos norteamericanos que van a alguna aldea pobre en Centroamérica y luego regresan de vuelta arrepentidos por sus excesos. Tal arrepentimiento por el despilfarro de tantos recursos cuando otros ni siquiera tienen qué comer puede ser positivo. Pero a veces, al sentirse mal por su condición de riqueza relativa, confunden la pobreza de espíritu con la material. Y esto lleva a un romanticismo del pobre que hace de éste una persona de fe, o más cercana a Dios por la simple razón de que es pobre. Tal romanticismo tampoco nos permite tomar en serio la dura realidad de la pobreza. En ambos casos, este romanticismo no toma al pobre en serio, no lo ve como agente en el sentido religioso ni como agente en el sentido ético. No permite ver al pobre como alguien que debe ser partícipe de su propia liberación, ya sea del pecado por la fe o de la opresión sicológica o económica-social por las obras de justicia. La visión romántica tampoco nos permite solidarizarnos con el pobre de manera constante y creativa, trabajando con éste para mejorar su situación.

Por otro lado, no restan cristianos con buenas intenciones que motivados por el deseo de presentar el evangelio a los pobres ven la ayuda humanitaria a éstos como cuestión de mínima importancia. Quieren ayudar a los pobres

---

esto se nos propone un ejemplo de obediencia a nuestro llamado". *Apología*, Art. XXVII 45, 48-49.

en ocasiones especiales, en este u otro proyecto, bajo la condición de que éstos escuchen el evangelio de alguna forma. Ésta es la visión utilitaria del pobre. La peor manifestación de esta actitud la experimenté en el comedor de una iglesia en un barrio de la ciudad donde los organizadores no le daban comida a los marginados a menos que asistieran a un culto. El problema no es que se proclame el evangelio de la justificación ante Dios por la fe sino que éste se confunda con las obras humanitarias de justicia ante el prójimo. Una forma de confusión la vemos cuando se piensa que hacer obras de caridad es exactamente lo mismo que proclamar el evangelio. Aunque se puede hablar en un sentido amplio de un evangelio integral que incluya la justicia social ante los seres humanos (*coram hominibus*), no se debe dejar que esto lleve a un menosprecio del evangelio que en un sentido estricto proclama el perdón de pecados y la justificación del ser humano ante Dios (*coram deo*) por medio de la fe en Cristo.

Habiendo aclarado este punto acerca de la distinción entre justificación ante Dios por la fe y la justicia ante el prójimo por las obras, volvamos sin embargo a aquella visión utilitaria del pobre en la que el cristiano tiende a menospreciar las obras humanitarias de carácter social que hacen en beneficio del prójimo a menos que éste haya escuchado la proclamación del evangelio. Tal actitud es en realidad un menosprecio de la vocación. Esto no tiene porqué ser así. Al pobre se le ayuda y con el pobre se trabaja para mejorar su situación simple y sencillamente porque tal es la voluntad de Dios. Y debemos gozarnos aún de ese trabajo que el Señor nos permite hacer para mejorar la vida de nuestros semejantes, aunque éste incluya o no la obra de proclamación del perdón de los pecados. En algunas ocasiones, el utilitarismo es notable, por ejemplo, cuando algunos cristianos norteamericanos viajan a alguna aldea pobre del otro lado de la frontera con México, y después de la experiencia, hablan de cómo ellos crecieron en su fe pero no dicen nada acerca de algún compromiso con los pobres. La conclusión lógica es que Dios nos ha dado a los pobres para nuestro beneficio espiritual, cuestión que no hace más que justificar la pobreza. Lo que se pierde al fin entre los muchos y bonitos testimonios es el pobre en sí.

La enseñanza de la justificación por la fe y no por las obras tiene la ventaja, ante una visión romántica de los pobres, de no permitir que se idealice algún estado o condición de vida (en particular, la pobreza) como el camino para la salvación ante Dios, como se asume a veces entre algunos teólogos de la liberación. Dicho sea de paso, la misma observación aplica a aquellos "predicadores de la prosperidad" que idealizan el estado de vida o condición de riqueza como si la acumulación de posesiones fuera signo certero de salvación ante Dios. Al dejar la cuestión de la justificación ante Dios en las manos de Cristo, y no en éste u otro estado de vida, es posible admitir con toda honestidad que la pobreza no es un ideal. Esto es un ejemplo de lo que, según Lutero en su tesis de Heidelberg veintiuno, hace el teólogo de la cruz, pues éste "llama a las cosas como son en realidad" sin tratar de justificar a Dios en medio de la pobreza o hacer de ésta algo bonito. Llamar la pobreza lo que es también nos ayuda a enfocarnos en soluciones al problema de la indigencia y a promover la justicia social sin tener que acudir a romanticismos. Ante la visión utilitaria de los pobres, la enseñanza de la justificación por la fe y no por las obras también tiene su ventaja. Al dejar la cuestión de la salvación ante Dios en las manos de Cristo, ya no se hace necesario obsesionarse acerca de los posibles beneficios o méritos espirituales que uno pueda adquirir por ayudar a los pobres. No es necesario tampoco tratar de justificar a Dios en medio de la pobreza, diciendo por ejemplo que los pobres siempre estarán allí como regalitos del cielo para ayudarnos a hacer las obras de caridad que la deidad demanda. Nuevamente, el teólogo de la cruz llama a las cosas como son en realidad. Somos libres entonces para servir al prójimo en cuestiones que tienen que ver con este mundo y sus duras realidades sin tener que justificar nuestra acción en términos de lo útil que sea el pobre o no para nuestra vida. Lo que importa ante todo es la promoción de la vida del necesitado que Dios nos llama a amar no para ser salvos sino para bien del prójimo.

La vocación no se enfoca en el Dios de los atributos cuyo poder y amor no parecen capaces de hacer algo por los pobres, o que sospechosamente nos ha dado la pobreza y a los pobres como medios de gracia. Tampoco se busca la razón de ser de la vocación en la ganancia del que labora. Se orienta la vocación, el deber y el gozo de la misma, a la palabra de Dios que nos llama a amar al prójimo y aún a poner sus necesidades antes que las nuestras.

En búsqueda de la esperanza: La humanización en el marco de la distinción entre la justicia pasiva y la justicia activa

Algunos teólogos latinoamericanos y sus colegas hispanos en EEUU han mostrado interés en articular con el lenguaje de la esperanza lo que significa ser humano. Ser humano es tener esperanza. En su obra clásica *Teología de la liberación*, el teólogo peruano Gustavo Gutiérrez introduce el capítulo acerca de escatología y política argumentando que "el compromiso por la creación de una sociedad justa, y en última instancia por un hombre nuevo, supone una confianza en el futuro".[21] Asume que un pueblo sin confianza en el futuro probablemente vive en algún tipo de condición deshumanizante que puede describirse en un sentido socioeconómico, personal (sicológico) o espiritual. Citando al filósofo de la educación brasileño Paulo Freire, Gutiérrez concuerda que la proyección de la historia hacia el futuro generalmente encuentra resistencia en el pueblo latinoamericano por "una fijación al tiempo parado que los lleva a sobrevalorarlo".[22] El problema consiste en la aproximación a la historia mediante la *anamnesis* o remembranza sin que ésta sea acompañada por una reflexión crítica acerca de cómo las tradiciones o instituciones del pasado pudieron haber fallado en la producción de "un hombre que analiza críticamente la actual situación, asume su destino y se proyecta hacia el futuro".[23]

Según Freire, los latinoamericanos, en especial las clases pobres y oprimidas, han sufrido históricamente de una "conciencia pre-crítica" que busca definir al ser humano en base a una lectura acrítica del pasado. A pesar de ello, Gutiérrez piensa que existen en la sociedad latinoamericana impulsos hacia lo que Freire, en su obra *Pedagogía del oprimido*, denominó *concientizaçao* o "concientización", es decir, "conciencia crítica".[24] La concientización consiste en un tipo de aprendizaje que rechaza la "educación bancaria" o la transmisión y recepción acrítica de aprendizaje, afirmando como alternativa la necesidad del estudiante de alcanzar niveles de toma de conciencia crítica que lo haga no un mero objeto de otros sino sujeto de su propia historia. Para Freire la concientización promueve la humanización.

El giro poscolonial en campos tan diversos como la música y la educación pueden entenderse como expresiones de humanización. Ya que tengo raíces en Panamá, presento a continuación ejemplos de concientización por parte de intelectuales panameños. En su canción "Blackamán", el cantautor, abogado y político Rubén Blades nos da un ejemplo de conciencia precrítica o educación bancaria en el conflicto entre amo y esclavo en la historia colonial de América.

> Nos enseñaron a leer y a hablar para repetir lecciones con que domar nuestra voluntad. Fue así como casi olvidé lo que fui porque al amo

---

21 Gustavo Gutiérrez, *Teología de la liberación. Perspectivas.* 3ra edición (Salamanca: Sígueme, 1973), p. 275.

22 Ibíd., p. 276.

23 Ibíd.

24 Ibíd., pp. 132-133.

> no le conviene la verdad... Nuestra historia aún existe. Sólo hay que redescubrirla. Porque desde niños nos enseñan verdades que son mentiras... porque crecemos como loros amaestrados para repetirlas... el racismo, los complejos, el machismo y la apatía.[25]

Nótese cómo Blades pinta el redescubrimiento por parte del esclavo de su propia historia perdida y por ende de su propia voz y dignidad humana. La esperanza de la libertad implica una apropiación crítica en el presente de un pasado frustrado. Al escribir su lírica, Blades está consciente de su propia historia como nieto paternal de un obrero antillano de Santa Lucía, antigua colonia británica en el Caribe, quien trabajó en la construcción del Canal de Panamá en una época en que a la gente de color se le trataba diferente al hombre blanco. Samuel, mi abuelo por parte de padre, hombre de piel morena, vivió una experiencia similar.

En su libro *500 años de educación en Panamá*, el Dr. Culiolis Bayard, profesor de educación en la Universidad de Panamá, argumenta que el país ha dependido de modelos colonialistas de educación durante sus tres principales períodos históricos, a saber, el modelo europeo bajo España y luego Colombia y después el estadounidense en los últimos cincuenta años. Tal dependencia ha promovido "condiciones de dependencia, subdesarrollo, de paternalismo y conformismo" en el panameño de hoy.[26] Un modelo autóctono educativo no debe hacerse cautivo a la ideología política de ciertos grupos –sean religiosos, revolucionarios, de izquierda o derecha– sino que "debe ser vista en función del bienestar y progreso general de la sociedad; pertenece toda a ella, a la que sirve con sentido crítico y creativo en la promoción de la persona humana y de toda la colectividad".[27]

La esperanza de un futuro promisorio de progreso social, justicia y paz implica una apropiación del pasado mediante la denuncia de ciertas ideas y prácticas deshumanizantes así como por medio de la promoción, mediante la educación, de un nuevo ser humano de mente crítica y con capacidad de propuesta acerca de la futura trayectoria de su historia. Desde la perspectiva de la crítica histórica de la educación en su país, Culiolis exhibe una apertura y propuesta a las posibilidades del futuro que representarían una dimensión de lo que significa ser auténticamente humano.

---

25 Rubén Blades, "Blackamán", en *Agua de Luna*, CD 60721-2 (Elektra Records, 1987).

26 Andrés Culiolis Bayard, *500 años de educación en Panamá: Un análisis crítico-político* (Panamá: Editora Escolar, 1992), p. 256.

27 Ibíd., p. 271.

Una cosmovisión fatalista se caracteriza por la falta de confianza en el futuro y una manera de vivir sin esperanza. En su cuento *Clarisa*, la novelista chilena Isabel Allende nos da un ejemplo de fatalismo. Clarisa ha dado a luz cuatro hijos; dos nacen saludables, los otros no. A raíz de su tragedia, la madre se crea una teodicea. Trata de justificar a Dios en medio del sufrimiento por medio de una visión cíclica de la vida, una teoría de compensaciones según la cual Dios, por voluntad divina, crea algunas cosas buenas y otras tuercas, por cada mal hay un bien y por cada fortuna alguna mala suerte.[28] Clarisa cree que Dios actúa en todo acontecimiento de la vida pero a la vez lo sujeta a una cierta inevitabilidad entretejida en su propia creación. Asimismo latinoamericanos e hispanos en EEUU que vienen de trasfondos religiosos pueden afirmar que Dios está presente de forma activa en la historia, aunque no siempre de manera nueva y personal sino más bien de modo predecible y además algo apático. Esta cosmovisión da lugar a una visión conformista de la vida que termina en la resignación del oprimido sin la esperanza de que Dios pueda actuar en el presente para mejorar su situación. "Dios nos ama", dicen algunos, "pero no interviene en nuestros asuntos cotidianos". Cuando una fijación acrítica en el pasado se une a la cosmovisión fatalista de la vida, no sólo se pierde la confianza en el futuro sino que se alimenta una actitud de escepticismo hacia el futuro. Nada ha cambiado; por lo tanto, nada cambiará.

En su obra *Esperanza en busca de inteligencia*, el teólogo chileno Juan Noemí nos dice que el valor negativo que se le atribuye al futuro como fenómeno humano no es nada nuevo en la historia. El escepticismo acerca del futuro se remonta a la apreciación clásica greca del tiempo como una anomalía. Esta manera de ver el tiempo engendra un tipo de conciencia que interpreta la historia en términos de descomposición, camino a la muerte, y por ende una conciencia que prefiere arraigarse a la edad dorada del pasado en vez de confiarse en un oscuro e incierto presente.[29] En la perspectiva greca del tiempo y la historia se resalta la fijación en el pasado, pero a la vez se interpreta la esperanza como una dimensión dudosa del ser humano precisamente porque su orientación futura en el tiempo aleja al ser humano del pasado deseado y lo acerca más a su descomposición y muerte. Por ende el futuro no tiene nada de positivo.

---

28 Isabel Allende, "Clarisa", en *Cuentos de Eva Luna* (New York: HarperLibros, 1989), pp. 40-41. Acredito este breve análisis a mi previa obra *Pneumatología*, pp. 22-24.

29 Juan Noemí, *Esperanza en busca de inteligencia: Atisbos teológicos* (Santiago: Ediciones Pontificia Universidad Católica de Chile, 2005), p. 23.

Tomando en cuenta esta percepción clásica greca del tiempo, no es imposible imaginar porqué San Pablo contrasta la esperanza cristiana en la futura resurrección –y por ende en la victoria final de Cristo sobre la muerte– con una falsa esperanza en el presente que se resigna a decir, "comamos y bebamos, que mañana moriremos" (1Co 15:32). Se hacen palpables el fatalismo y la desesperanza en estas palabras. El futuro es el enemigo. Oímos palabras similares entre nuestra gente: "No dejes para mañana lo que puedes hacer hoy." ¿Por qué? Porque de repente no habrá mañana. Estamos en camino al futuro, es decir, a la muerte. Mejor hacer y terminar lo que haya que hacer hoy, mientras todavía nos queda algo de tiempo a nuestro favor y el futuro aún no llega para deshacerse de nosotros. El mañana es dudoso, sospechoso, sinónimo de muerte.

Sin embargo, si bien es cierto que el problema de la "conciencia precrítica" ha sido mitigado al menos en parte por el surgimiento de la "conciencia crítica" o la "concientización", también lo es que el fatalismo de nuestra gente y su escepticismo acerca del futuro ha sido en parte rechazado a favor de un pensar un tanto más positivo acerca del mañana. El futuro no se ve siempre o solamente como un enemigo, como un mensajero de muerte, sino también como posibilidad y fin de la vida. El teólogo cubano-americano Justo González se refiere al uso denigrante de la palabra "mañana" por parte de la cultura anglosajona dominante en EEUU, según el cual se quiere "implicar que somos personas perezosas que nunca hacemos nada", y lo contrasta con el uso del término entre latinos humildes y trabajadores "quienes han aprendido por medio de su larga y amarga experiencia que los resultados de sus esfuerzos pocas veces traen consigo beneficio para ellos o sus familias".[30] Cabe mencionar, sin embargo, que ninguna de las connotaciones de la palabra "mañana", sea negativa, denigrante, o realística, nos refiere necesariamente a una visión positiva del futuro.

González argumenta que el término "mañana" sólo puede llegar a ser una realidad esperanzadora cuando ésta se liga a la enseñanza cristiana de la nueva vida en el Espíritu. Tal vida no ve el mundo como los antiguos griegos, es decir, en términos de la separación entre el espíritu inmaterial y la mala materia, sino como la esfera de la obra del Espíritu Santo mediante la cual éste da fin a la vieja naturaleza para crear de nuevo y hacer de las cosas presentes lo que aún no son.[31] El Espíritu es primicia, abono, del reino veni-

---

30 Justo L. González, *Mañana: Christian Theology from a Hispanic Perspective* (Nashville: Abingdon Press, 1990), p. 164 (traducción mía).

31 Ibíd., pp. 158-160.

dero de Dios, que todavía no está presente en toda su plenitud en las vidas de los creyentes aunque éstos lo tengan desde ya por promesa. Cabe recordar que este reino del Espíritu Santo ha de entenderse de manera escatológica de acuerdo a una distinción entre la era presente y la era que ha de venir y no en término ontológicos como si se tratara de una distinción entre espíritu y materia.[32] En otras palabras, el reino de Dios no es algo que está "allá arriba" o "más allá" del campo de lo material sino que va "delante de" nosotros como lo sugiere el lenguaje bíblico de "los últimos días" o "el día del Señor".[33] Esto significa que la vida en el Espíritu no mora en las cosas viejas sino que orienta al cristiano a vivir en el presente, los tiempos entre el "todavía no" y el "desde ya", según una nueva esperanza, como las nuevas criaturas en Cristo que somos por el bautismo, como herederos del reino que ha de venir aunque ya lo tengamos por fe. La iglesia que vive en este Espíritu de "mañana" podrá, por un lado, decirle no a las cosas viejas denunciando manifestaciones del pecado y el reinado del maligno en el mundo, y por otro lado, vivir de acuerdo a la esperanza que tiene en el reino venidero y la consumación de todas las cosas en la nueva creación.

El discurso de González acerca de la vida de la iglesia en el Espíritu de "mañana" expresa su deseo de afirmar una espiritualidad de la esperanza que se oriente hacia el futuro pero sin perder el compromiso de la iglesia en el presente de "hacer de la fe el fundamento de su acción y estructura" en el mundo.[34] Esta orientación al futuro con los pies bien puestos en el presente previene lo que González llama la tentación gnóstica de pensar la esperanza de acuerdo a lo que está "allá arriba" o "más allá" de lo material, lo cual promueve una espiritualidad que "de algún modo incorpora el rechazo a lo material, o deja a un lado aquellos problemas que tienen que ver con cuestiones materiales".[35] Argumenta González que "una escatología espiritualista… ciertamente minimiza cualquiera noción de la responsabilidad cristiana que tenga la capacidad de promover la participación de los creyentes en el proceso social o político".[36] González nos recuerda el papel influyente que jugó la esperanza cristiana para los esclavos africanos en EEUU en su lucha por la emancipación. No cabe duda que motivados por la esperanza

---

32 Ibíd., p. 161.

33 Ibíd., (traducción mía). Los términos en inglés son "up there" ("allá arriba"), "beyond" ("más allá") y "out ahead" ("delante de").

34 Ibíd., p. 157 (traducción mía).

35 Ibíd., p. 161 (traducción mía).

36 Ibíd., p. 165 (traducción mía).

de la plena libertad en Cristo, expresada musicalmente en los inmemoriales negros espirituales, los esclavos denunciaron las estructuras que los oprimían e institucionalizaban el pecado humano y a la vez anunciaron la importancia de un nuevo orden sociopolítico en la historia del país.

Años atrás Gustavo Gutiérrez había advertido en su crítica a la *Teología de la esperanza* de Jürgen Moltmann acerca de los peligros de "un cristianismo del más allá" y "un cristianismo del futuro". Recientemente Noemí hace lo mismo en su tratado acerca de la esperanza, particularmente en su crítica de diversos modelos de la historia como *fuga temporis*, como evasión del tiempo y de la historia.[37] Como lo advierte Gutiérrez, ambos tipos de cristianismo –el del "más allá" y aún el del "futuro"– pueden olvidar fácilmente el aquí y ahora donde se vive y se sufre, el espacio actual donde el testimonio del cristiano se manifiesta por medio de la palabra y la acción.

> La muerte y la resurrección de Jesús son nuestro futuro, porque son nuestro presente riesgoso y esperanzado. La esperanza que vence la muerte debe echar sus raíces en el corazón de la praxis histórica; si no toma cuerpo en el presente para llevarlo más adelante, no será sino una evasión, un futurismo. Habrá que tener sumo cuidado en no reemplazar un cristianismo del más allá, por un cristianismo del futuro; si el uno olvidaba este mundo, el otro corre el peligro de descuidar un presente de miseria e injusticia, y de lucha por la liberación.[38]

La crítica de Gutiérrez no va en contra del reino como don divino ni en contra de la futura plenitud del reino sino en contra de la incapacidad de ver las implicaciones del reino en el hoy por hoy para la liberación a varios niveles. Según Gutiérrez, el término "liberación" tiene "diversos niveles de significación" que pueden incluir liberación de estructuras socioeconómicas y políticas, pero también del yugo de lo que hemos llamado una mentalidad precrítica fatalista (liberación en su sentido psicosocial), y finalmente "liberación del pecado y entrada en comunión con Dios y con todos los hombres".[39] Aunque Gutiérrez ve todos estos tipos de liberación como realidades profundamente ligadas entre sí, desde el punto de vista teológico, Gutiérrez acepta que sólo el pecado es fundamentalmente la raíz de todo tipo de opresión.

---

37 Noemí, *Esperanza*, pp. 46-49.

38 Gutiérrez, *Teología de la liberación*, pp. 283-284.

39 Ibíd., p. 315.

Debemos notar que la sospecha de Gutiérrez acerca de la potencial tendencia gnóstica del "cristianismo del futuro" se inspira en el criticismo que le dirigiera el teólogo brasileño Rubem Alves a Moltmann. Aunque la teología moltmanniana de la esperanza propone que el cumplimiento de las promesas futuras de Dios hace al ser humano consciente de que éste aún no puede sentirse realizado en el presente, Alves ve esta propuesta en parte como una negación sutil "de la crisis del presente que da luz a la esperanza de un futuro promisorio".[40] Lo que critica Alves en su tesis doctoral es una teología de la promesa futura que no está suficientemente mediada por las experiencias dolorosas del presente histórico.

> Para el humanismo político no es una promesa o una esperanza que viene de una esfera trascendente lo que hace al hombre consciente del dolor de su situación. El hombre está consciente del dolor de su situación simplemente porque es un ser humano y siente en su carne la insuficiencia de su mundo y de sí mismo y su comunidad... Por ende la esperanza es histórica y se relaciona a la forma de dolor en la que el hombre está injertado. Según Moltmann, sin embargo, la situación es distinta: Existe una esperanza trascendente (porque no se relaciona con ninguna situación específica) que hace al hombre consciente del dolor de su presente.[41]

Según Alves, la propuesta moltmanniana de la esperanza olvida que el dolor humano en sí es suficiente para concientizar al ser humano de su situación deplorable en el presente y de la importancia de tener esperanza en un mundo más humano. No se puede tener una teología de la promesa que nos orienta al futuro pero se niega a procesar el presente doloroso, es decir, el contexto de carne y hueso en el cual la gente sufre y propone sus teodiceas. De lo contrario, como lo señala Noemí, el resultado sería una escatología orientada al futuro que evade el tiempo. Tal escatología podría llamarse "futurismo alternativo", es decir, un modelo en el cual lo transcendente tiene una orientación al futuro pero no se relaciona lo suficiente con el presente, y en el cual se manifiesta una "yuxtaposición entre tiempo intrahistórico y el eschaton".[42]

Alves también critica las pretensiones mesiánicas de la tecnología que suponen hacer de ésta la cúspide de la esperanza humana. El tecnologismo o

---

40 Rubem Alves, *A Theology of Human Hope* (Washington: Corpus Books, 1969), p. 60 (traducción mía).

41 Ibíd., p. 59 (traducción mía).

42 Noemí, *Esperanza*, p. 47.

fascinación por la tecnología pretende proveer el futuro en el presente, convirtiendo al hombre en un consumidor pasivo en vez de un agente responsable por su destino, un conformista en ves de una persona capaz de pensamiento y acción críticos. El tecnologismo conquista al ser humano mediante la conquista de la ciencia. La meta de la crítica de Alves no es la de demonizar a la tecnología sino la de humanizarla haciéndola una herramienta en servicio a sujetos comprometidos con la creación de un mejor mañana.[43] Si bien es cierto que los oprimidos, pobres, y sufrientes en los países subdesarrollados o en vías de desarrollo tienden a tener una fijación acrítica con el pasado, Gutiérrez también cuestiona con cierta sospecha la supuesta apertura del futuro en países desarrollados porque ésta a menudo "es abertura a la dominación de la naturaleza por la ciencia y la técnica sin cuestionar el orden social en que viven".[44] Los comentarios de Gutiérrez concuerdan con los de Alves. Ambos critican la ilusión de enfocar la esperanza humana en visiones demasiado utópicas del futuro. En el contexto primermundista de EEUU, el cual Alves vivió como alumno de posgrado y escribió su tesis acerca de la esperanza humana, no sólo los ricos y la clase media sino también los pobres son tentados a poner su confianza en el progreso tecnológico y a interpretar su identidad consumista como una situación esperanzadora. Si bien los latinoamericanos que viven en países en vías de desarrollo deben cuidarse de no hacer un ídolo de la pobreza, los latinos que viven en EEUU o bajo su influencia globalizante deben cuidarse de no anclar su esperanza en las riquezas y posesiones.

La diversidad de voces del mundo latino que hasta ahora hemos citado nos revela algo del interés de nuestros intelectuales por el tema de la esperanza. Todos reconocen que la esperanza es una dimensión básica de lo que significa ser auténticamente humano. También concuerdan de manera crítica y consciente que la falta de confianza realista en el futuro a menudo puede venir acompañada de alguna condición deshumanizante. Tal condición de vida desesperanzada se alimenta de una fijación acrítica en el pasado (Freire, Gutiérrez, Blades, Culiolis), una cosmovisión fatalista de la vida (Allende) y una apreciación negativa del futuro (Noemí). Vemos además la pregunta incesante acerca de la relación entre una esperanza orientada al futuro y la presente realidad de sufrimiento con las aspiraciones del marginado que la acompañan. Se rechazan nociones de la esperanza que evaden la historia o de tipo *fuga temporis* (Noemí) o promueven un "cristianismo del más allá" o "del

---

43 Alves, *A Theology of Human Hope*, pp. 17-27.

44 Gutiérrez, *Teología de la esperanza*, p. 277.

futuro" (Gutiérrez) o una escatología "espiritualista" (González). En términos filosófico-humanistas, podríamos hablar de un marcado interés en la cuestión de la tarea de humanización por medio de la educación (Freire, Culiolis) o la vocación política (Alves, González). En términos teológicos, el enfoque en la vida presente a la luz del futuro que ha de venir desemboca en visiones amplias de la salvación de Dios en el mundo que se resumen bajo el nombre de liberación (Gutiérrez) o reino (González). Vemos en todas estas reflexiones intentos de expresar la aspiración de nuestra gente a vivir con esperanza.

¿Qué puede entonces contribuir la teología luterana al asunto de la esperanza en el mundo latino? Para aproximarnos a una respuesta propongo acudir a lo que podríamos llamar el redescubrimiento contemporáneo de la distinción luterana entre los dos tipos de justicia.[45] La distinción se ha interpretado en particular como una contribución luterana a la antropología teológica porque se dirige a la investigación acerca de lo que significa ser criatura humana tanto ante Dios (*coram deo*) como en relación al prójimo y al mundo (*coram hominibus*, *coram mundo*). Si la función principal de la distinción entre los dos tipos de justicia es la de explorar lo que implica ser humano entonces ésta puede ser productiva para hablar de la esperanza como dimensión constitutiva de la existencia humana y entrar en diálogo con los proponentes humanistas de la tarea de humanización.

La distinción toma como punto de partida la afirmación de que Dios inicialmente creó a los seres humanos como criaturas justas, es decir, para vivir justa o rectamente en comunión con Dios y las demás criaturas. El pecado es el intento humano de rebelarse contra este diseño divino para nuestra vidas; es lo que Bonhoeffer llama el negarse a ser criatura, el querer ser como Dios (*sicut Deus*) en vez de ser la criatura que Dios nos hizo para reflejar su imagen (*imago dei* en un sentido personal o de relación).[46] El pecado es el quebrantamiento de la comunión o relación entre seres humanos y entre éstos y Dios. En el lenguaje de los confesores luteranos, "el pecado original es la carencia de justicia original", la cual incluye no sólo lo que demanda la segunda tabla del Decálogo sino también "la primera, que contiene preceptos en cuanto al temor de Dios, la fe, el amor de Dios".[47]

---

45 Particularmente desde el año 1999, la distinción ha recibido considerable atención entre miembros de la facultad de teología sistemática del Seminario Concordia de St. Louis, Missouri, EEUU.

46 Dietrich Bonhoeffer, *Creation and Fall; Temptation: Two Biblical Studies* (New York: Touchstone, 1997), pp. 76-85; véase también, pp. 38-43.

47 *Apología*, Art. II, 15-18.

¿Cómo pueden entonces ser restaurados los pecadores a su ser criaturas, a su ser en comunión con Dios y el prójimo? Se necesita un acto divino de re-creación. Dios debe matar al viejo hombre en nosotros para así crear de la nada al nuevo. En cierto sentido, se puede ver esta re-creación de Dios en Cristo y por el Espíritu como una obra trinitaria de "humanización", cuyo propósito es precisamente crear una nueva humanidad, tema de importancia en el mundo hispano-latino para expresar significativa y persuasivamente lo que es la esperanza. El Espíritu Santo crucifica la vieja naturaleza con Cristo y la resucita con Cristo para nueva vida. Dios hace esta labor escatológica de nueva creación, y por ella renueva a pecadores en el presente –con todos sus dolores y alegrías– mediante su Espíritu y Palabra en la absolución de pecados, el bautismo, la Cena del Señor, y la mutua consolación de los hermanos. Cuando Dios proclama su Palabra creadora, el pasado, el presente, y el futuro ya no pueden concebirse meramente de modo lineal porque los tiempos ahora pasan a entrelazarse en una sola realidad salvífica donde paradójicamente lo viejo y lo nuevo coinciden no en esencia sino en el tiempo. Oswald Bayer describe la percepción de la realidad que acompaña esta visión del tiempo y de la historia.

> Nuestra mentalidad moderna y teología del tiempo no puede conceptualizar el entrelazamiento particular de los tiempos que caracteriza tanto la teología de Pablo como la de Lutero. El futuro del mundo se deriva de la novedad en el presente de la presencia de Dios; la nueva creación que ahora se revela en el bautismo y la Cena del Señor convierte al mundo viejo y corrompido en el pasado y restaura el mundo original como creación.[48]

La obra divina de humanización restaura relaciones corrompidas. Los pecadores son declarados y hechos justos ante Dios (*coram deo*) por la fe en Cristo. A esta justicia la llamamos pasiva o vertical. Corresponde a la justificación, al recibimiento de Cristo como don por la fe, como diría Lutero. En términos antropológicos de identidad humana, la justicia pasiva *coram deo* es la que nos hace humanos o nos humaniza de nuevo ante Dios por los méritos de Cristo el Salvador.

Pero existe además otra dimensión del ser humano, lo que Bayer llama "el lado institucional del evento de la justificación".[49] Después de haber sido declarado y hecho justo ante Dios por la fe en Cristo, los justificados también

---

48 Bayer, *Living by Faith*, p. 65 (traducción mía).

49 Ibíd., p. 59.

son hechos justos ante otros para vivir a su servicio. A esta justicia la llamamos activa u horizontal. Corresponde, al menos en el caso del cristiano, a la nueva vida en el Espíritu o santificación, aún a la imitación de Cristo como ejemplo mediante las buenas obras en pro del prójimo y la sociedad. En términos antropológicos de identidad humana, la justicia activa *coram hominibus* o *coram mundo* nos humaniza de nuevo –o podríamos decir, desea hacernos más humanos– ante el prójimo. Lutero diría que la imitación de Cristo como ejemplo no nos hace cristianos (es decir, no nos justifica ante Dios), pero sí pretende hacer de los cristianos personas solidarias que sufren todo por el necesitado así como Cristo se entregó por nosotros hasta la muerte.[50] El interés de intelectuales del mundo latino por la promoción de la justicia social y la cuestión de la liberación, sea socioeconómica o a nivel de concientización, pertenece precisamente a este campo de la justicia activa. Cuando ésta se sitúa en sus trayectorias antropológica y escatológica, la distinción luterana entre los dos tipos de justicia nos abre puertas para hablar de la obra divina de humanización desde dos perspectivas. Por un lado, la humanización en términos de la identidad del cristiano en cuanto justificado ante Dios (*coram deo*) se debe entender completamente como un don que se nos da desde arriba, que viene de afuera. La justicia de la fe es creación del Espíritu quien, por medio de la palabra de Dios, entra en nuestra historia para traernos a Cristo crucificado, imputarnos su justicia y hacernos partícipes de la promesa de su resurrección. En este marco de la justicia pasiva, la fe y la esperanza son casi indistinguibles. La esperanza es la confianza en la salvación y protección de Dios. Se podría hablar de fe o "confianza esperanzadora".[51]

Dada su dimensión vertical o pasiva, la humanización *coram deo* debe entenderse aparte de nuestra obtención de una conciencia crítica, nuestro vivir en el presente a la luz del reino de Dios que ha de venir, o nuestro compromiso a la liberación a cualquier nivel. Todas estas actividades tienen su importancia en la esfera de la ayuda al sufriente, pero no han de imponerse como condiciones meritorias para ser justificado ante Dios. El don absoluto de nuestra identidad humana *coram deo* se eclipsa cuando reducimos la

---

50 Para la distinción entre Cristo como don y Cristo como ejemplo, véase Martín Lutero, *Lo que se debe buscar en los evangelios (1521)*, en *Obras de Martín Lutero*, vol. 6. Traducido por Carlos Witthaus (Buenos Aires, Argentina: Editorial Paidós, 1979), pp. 37-44.

51 Bultmann habla de "hopeful trust" en su discusión del uso veterotestamentario del término esperanza. Véase Rudolph Bultmann, "ἐλπίν", en *Theological Dictionary of the New Testament*, vol. 2. Editado por Gerhard Kittel y traducido por Geoffrey W. Bromiley (Grand Rapids, Mich.: Wm. B. Eerdmans, 1964), p. 522.

redención del pecado a una de varias dimensiones, aunque ésta sea la más fundamental, de alguna categoría más amplia de salvación como el reino de Dios, la liberación, o –como es común en algunos círculos del pentecostalismo– la prosperidad o la sanación. La humanización *coram deo* por causa de Cristo, nuestra justificación y esperanza ante el Padre, se oscurece cuando hacemos de la redención del pecado algo tan orgánicamente unido a nuestras obras de misericordia, vocación política, enfoque en la prosperidad o estrategias misionológicas que ya no apreciamos la transitoriedad del presente y nuestra total dependencia de Dios para todas las cosas. Cuando Dios en Cristo ya no es el único objeto de nuestra "confianza esperanzadora", estamos condenados a vivir decepcionados y a decepcionar a otros cuando nuestros esfuerzos no traen consigo resultados; o si no, estamos condenados a ser arrogantes y a dirigir a otros a poner su confianza en nosotros cuando nuestros esfuerzos parecen dar resultado al menos por un tiempo. Debemos, sin embargo, recordar que tal actitud es "confianza irresponsable en uno mismo que Dios súbitamente convertirá en temor y ansiedad".[52]

La distinción luterana entre los dos tipos de justicia también nos permite ver la obra divina de humanización desde la perspectiva de la responsabilidad humana de servir a otros, no con el fin de obtener la salvación ante Dios sino por amor al prójimo en sí. La justicia *coram mundo* (también llamada justicia de la razón) tiene como fin promover una sociedad más justa y humana. Esto no es precisamente un "evangelio social" sino un tipo de actividad social que fluye del evangelio, del lado institucional de la justificación. Nos pregunta la justicia activa cómo hemos de usar nuestra razón, voluntad, y esfuerzos con el enfoque, la constancia o la sabiduría necesarios para proteger y promover la vida y el bienestar del prójimo. En la esfera de la justicia activa, la esperanza no sólo le da al amor una proyección futura sino que también le da un sentido de desconformidad con el presente *status quo*; tal amor aún espera con llantos el futuro prometido de Dios y en este sentido se orienta al futuro y busca su motivación en las promesas de Dios, pero a la vez obra desde ya hacia un mejor futuro porque el prójimo y la sociedad lo necesita. Esta justicia activa no se orienta principalmente a la santidad de este u otro individuo, a su crecimiento personal –aunque esto tiene su lugar en la doctrina de la santificación– sino más bien a lo social por su interés en el prójimo y el mundo. Si el lenguaje de la fe o "confianza esperanzadora" puede usarse para describir la plenitud del ser humano *coram deo*, podríamos

---

52 Ibíd., p. 523 (traducción mía).

aventurarnos a hablar de un "amor esperanzador" para describir lo que significa ser plenamente humano *coram mundo*.

En América Latina y en la comunidad hispana de los EEUU, el prójimo es ante todo el "pobre". Cualquier diálogo acerca de la justicia activa en nuestros vecindarios debe dirigirse a este prójimo en concreto. Con esto en mente no debe sorprendernos que teólogos latinoamericanos católicos hayan en algunos casos entrado en diálogo con el análisis marxista de la sociedad en términos de la lucha de clases, el pobre proletariado en contra la rica burguesía. Estos teólogos también han sido inspirados en parte por las afirmaciones del Concilio Vaticano II acerca de la solidaridad de la iglesia con los gozos y tristezas de los pobres y afligidos del mundo, y de su compromiso a leer los signos de la época a la luz del evangelio con el fin de ayudar a los seres humanos a darle sentido a esta vida y la vida del mundo venidero.[53] Aunque los obispos latinoamericanos en última instancia no defendieron la llamada "opción preferencial por los pobres" en base al análisis marxista de la sociedad, su análisis sí fue acompañado de una lectura particular del Concilio Vaticano II según la cual se permite promover la lucha contra los efectos institucionales del pecado en el mundo (pecado sistémico) y por ende la liberación de estructuras socioeconómicas opresivas. El reconocimiento de la naturaleza sistémica del pecado individual y el aspecto institucional de liberación dirigió la mirada de la iglesia hacia el pobre como el objeto primario del amor de Dios y su misión. Sin embargo, la consecuencia no prevista de toda esta orientación teológica y misional llevó en algunos casos al romanticismo del pobre, viéndolo no como agente sino como ser amoral y de algún modo más cercano a Dios por causa de su estatus y condición de vida. Se hizo de la pobreza una condición casi salvífica, justificante ante el Dios que ama a los pobres por el simple hecho de serlo. Hay que reconocer a la vez que este romanticismo del pobre se minimizó en parte por razón del fuerte énfasis en la *concientización* del pobre como agente de su propio destino y liberación.

Teólogos pentecostales no han tratado con la cuestión del pobre tanto en diálogo con el análisis sociológico marxista o mediante una teología del reino de Dios con sus implicaciones sociopolíticas, sino mediante la realidad de la sanidad en su sentido amplio. Así como la liberación para Gutiérrez asimila a un nivel fundamental liberación del pecado como la raíz de toda opresión, el pentecostalismo puede interpretar el perdón de los pecados como una

---

53 Véase el prefacio e introducción a la constitución pastoral *Gaudium et spes*. Todos los documentos del Concilio Vaticano II están disponibles en la página Web de la Santa Sede.

dimensión fundamental de una visión abarcadora de sanidad o prosperidad que incluye no sólo bendición espiritual sino también beneficios corporales y materiales. Se ha comentado acerca del impacto potencial de la teología pentecostal de la prosperidad en barrios urbanos donde abunda la pobreza.[54] Así como la concientización es necesaria para la humanización de la sociedad en el pensamiento de Freire, ¿puede salvar a los pobres de su miseria una enseñanza pentecostal acerca de la prosperidad? Si los teólogos de la liberación ven la pobreza como el resultado del pecado sistémico, el efecto institucional del pecado individual en el mundo, los teólogos de sanidad o de la prosperidad interpretan la pobreza tanto espiritual como material como la obra del diablo. Los cristianos que tienen el Espíritu Santo son exhortados a librarse del yugo diabólico de la pobreza. Una consecuencia no prevista de tal teología es su tendencia a pensar que los cristianos con más riqueza (mézclese lo espiritual con lo material) son también los más ungidos por el Espíritu Santo y por ende los más favorecidos por Dios o cercanos a él. La conclusión lógica es que un cierto estatus o condición de vida en este mundo garantiza la presencia y actividad salvífica de Dios en la comunidad.

Vemos entonces que el análisis de la sociedad que utiliza el lenguaje del reino de Dios o la liberación, o el de la sanidad o la prosperidad, para promover la mejora de la situación del pobre *coram mundo* termina haciendo de su condición en este mundo (sea de pobreza o riqueza) la garantía para su justificación *coram deo*. Tenemos aquí lo que podría llamarse una confusión de los dos tipos de justicia, a saber, la que busca la justicia ante Dios mediante las obras, la voluntad, la razón, o la condición o estatus de vida en el mundo. Sería mejor enfocar la cuestión de mejoras al prójimo en el campo de la justicia activa, la cual nos impulsa a practicar un amor esperanzador para beneficio del prójimo y la colectividad sin hacer de estos esfuerzos méritos que nos hagan justos ante Dios.

Reflexionemos un poco acerca de la forma práctica que puede adquirir nuestra responsabilidad ante otros en el mundo, en la esfera de la justicia activa. He aquí algunas pautas para guiarnos en esta tarea. En primer lugar, la práctica de la justicia activa nos permite ser críticos del pasado frustrado y del *status quo* del presente, y a la vez sensibles a las aspiraciones del pueblo

---

54 Véase por ejemplo el estudio publicado por *The Centre for Development and Enterprise* (CDE) en su página Web acerca de la función positiva del pentecostalismo en el desarrollo económico de Sudáfrica después del Apartheid. *Dormant Capital: Pentecostalism in South Africa and Its Potential Social and Economic Role* (Johannesburg: CDE, 2008), y el resumen del mismo documento en *Under the Radar: Pentecostalism in South Africa and Its Potential Social and Economic Role* (Johannesburg: CDE, 2008).

de ser valorado e incluido no sólo en el proceso político en general sino también en la vida de la iglesia y sus estructuras institucionales donde se toman decisiones. La aspiración de poder contar con líderes en posiciones estratégicas, acceso a instituciones educativas, voz y voto en decisiones acerca de la proyección futura de alguna empresa o asuntos sociales que afectan a la comunidad. Estas aspiraciones no sólo se manifiestan en la sociedad sino en la misma iglesia en cuanto institución, y por ende expresan a su modo tanto el descontento de la gente con el *status quo* como su esperanza en algo mejor.

En segundo lugar, la justicia activa no sólo nos permite ser críticos y sensible sino que nos invita a actuar con los mejores recursos que Dios nos ha dado para llevar a cabo los cambios que sean necesarios para servir al prójimo de una manera más justa, eficiente o razonable. El pleno uso de la razón en la búsqueda de soluciones y la definición de prioridades a nivel institucional que nos lleven a tales soluciones no son solamente necesarios sino manifestaciones de amor. Me parece que a esta prioridad de amor nos refiere el lenguaje clásico de la opción preferencial por los pobres. Su propósito no es excluir sino dar prioridad al prójimo más necesitado en la toma de decisiones, en la manera que la iglesia enfoca su misión, en los objetivos y metas que se planifican, y aún en la creación del presupuesto anual. Si todos son el prójimo en un sentido abstracto, nadie es el prójimo en un sentido más concreto. La justicia activa no teme dar prioridad a algún prójimo concreto, luchar por el prójimo más necesitado. Sin embargo, también nos llama a abogar por aquel prójimo que Dios nos ha puesto en nuestras vidas de manera muy concreta y dentro del contexto de nuestras vocaciones. Es precisamente en el contexto de nuestras vocaciones (sea cónyuge, madre, maestro, pastor, empleado, abogado o doctor) que a menudo encontramos al prójimo más necesitado. No hay que buscarlo tan lejos sino desde la vocación que ya se nos ha dado. Al mismo tiempo, la opción preferencial por los pobres no sólo se reduce al prójimo que definen nuestras vocaciones específicas sino que también ha de abrirse al prójimo más necesitado donde quiere que éste se encuentre. Aunque la vocación define de manera muy concreta quién es nuestro prójimo más inmediato, no se puede usar la vocación como una justificación para la negligencia de aquel prójimo que no parece encajar concretamente en esta u otra vocación.

Finalmente, la práctica de la justicia activa es realista en el sentido de que no depende de alguna utopía absoluta o perfecta en este mundo, o en la ilusión de alguna perfecta santificación o progreso inevitable, para llevarse a cabo. Como la historia de los mártires ilustra, el Espíritu Santo es perfectamente capaz de dar a la iglesia la certeza de su resurrección en Cristo aún en medio de un presente incierto y lleno de dolor sin poner como condición la erradicación parcial o total de estructuras opresoras de tipo social, política, económica o eclesiástica.[55] En nuestro presente, en el momento escatológico en el cual se entretejen al mismo tiempo la antigua naturaleza y la nueva creación, el pasado y el futuro, podemos esperar lo que Bayer llama "progreso ético sin presión metafísica" o "progreso secular" que se realiza poco a poco, "con pasos cortos pero firmes".[56] Este progreso es secular porque tiene que ver con nuestra labor en este mundo. No determina la justificación *coram deo*, y por ende no es un concepto salvífico sino ético. Se trata de un progreso realista que "pierde su fanatismo en la arena política" porque no pretende alcanzar una salvación ilusoria por medios políticos sino que promueve la justicia *coram mundo* concreta según nuestras vocaciones.[57] La teología luterana enseña que la justicia activa no es perfecta ni nos puede hacer justos ante Dios, pero también afirma que Dios la demanda y aún la premia en esta vida.

Resumen

1. Todos necesitamos justificar a otros y ser justificados por otros. Es parte de nuestro ser, nuestra necesidad humana. Lo hacemos a menudo en base a las obras por medio de las cuales valoramos a otros y somos valorados por otros. Hasta cierto punto esto es normal. Sin embargo, los intentos de justificar a Dios ante el problema del mal en el mundo mediante las obras y la razón –conocidos también como teodiceas– son problemáticos. Ante el problema del sufrimiento, este uso de la razón para defender a Dios termina haciendo de la vocación y la oración cargas pesadas que Dios pone sobre los hombros. La vocación y la oración pasan a ser obras por las cuales pretendemos salvar el mundo, ya sea por medio de una visión utópica de progreso inevitable o algún esfuerzo de alcanzar una devoción más pura.
2. Teodiceas que intentan justificar a Dios ante el escándalo de la pobreza en el mundo terminan promoviendo visiones románticas y utilitarias de los pobres. El romanticismo de la pobreza busca defender a Dios, haciendo de la indigencia un estado o condición de vida que supuestamente

---

55 Véase una crítica similar de la teología de liberación en Samuel Soliván, *The Spirit, Pathos and Liberation: Toward an Hispanic Pentecostal Theology* (Sheffield: Sheffield Academic Press, 1998), pp. 65, 147-149.

56 Bayer, *Living by Faith*, p. 66 (traducción mía).

57 Ibíd.

favorece ante Dios. Entonces no es la obra de Cristo sino el estado de pobreza material lo que justifica ante Dios. La visión utilitaria de la pobreza ve a los pobres no como prójimos sino como instrumentos que Dios nos ha dado para nuestra justificación ante él. Si los ayudamos, entonces supuestamente Dios nos ayudará. Estas visiones de los pobres además no nos dejan tomar en serio la dura realidad de la pobreza ni trabajar con empeño para cambiar la situación del necesitado sin esperar nada a cambio de parte de Dios o del pobre. No promueven la vocación cristiana entre los más necesitados.

3. La justicia activa no nos hace justos ante Dios, sino que fomenta con gran ahínco el progreso ético en el campo de las relaciones humanas, ya no para salvarnos sino por amor al prójimo (en particular, los más necesitados). Desde la perspectiva de la justicia pasiva, el cristiano vive por la "fe esperanzadora" en Cristo a pesar del estado del mundo y la presencia de sus estructuras opresivas. No pone su esperanza en alguna escatología horizontal que quiera construir el reino de Dios en la tierra. Por otro lado, desde el punto de vista de la justicia activa, el cristiano sí tiene la responsabilidad de manifestar en el presente un "amor esperanzador" que lo impulse a la tarea de humanización, es decir, de laborar mediante sus vocaciones para cambiar en lo posible estructuras injustas que no promuevan el bien del ser humano. Lo hace desde su vocación particular en el mundo.

Preguntas para la reflexión

1) Jesús oró desde la cruz, "Dios mío, Dios mío, ¿por qué me has abandonado?" pero no recibió respuesta alguna de Dios. Algo parecido le pasó a Job en el Antiguo Testamento después de haber perdido su familia y sus bienes. Sin embargo Job reconoce que no entiende la mente de Dios ante tanto sufrimiento (véase Job 42:1-6). Así pues, Job y Jesús experimentaron el silencio de Dios en medio de la cruz. En momentos difíciles de su vida, ¿se ha sentido usted alguna vez abandonado por Dios, sin respuesta a su dolor? Ore el salmo 22 detenidamente, prestando atención a las palabras del salmista. Nótese que el salmo no trata de justificar o defender a Dios ante el dolor. Simplemente permite al sufriente expresar su lamento a Dios y su esperanza en él a pesar del abandono que siente. Enfóquese en los términos "lamento" y "esperanza" y responda a la siguiente pregunta: ¿En qué versos

expresa el salmista estas realidades? ¿Cómo le puede ayudar el salmo 22 a tratar con su dolor o a asistir a personas que se sienten abandonadas por Dios en sus momentos difíciles o trágicos? De ser posible, haga referencia a expresiones específicas del salmista con la que usted u otra persona se puede identificar.

2) Un grupo de cristianos en la iglesia está planificando hacer un proyecto de ayuda social en un barrio afectado por la pobreza. Un miembro de la iglesia que ha participado en eventos de este tipo le dice a los demás que su experiencia pasada le ha enseñado que la fe de los pobres es más fuerte que la del que tiene abundancia. Otro miembro de la congregación comenta que él, por su parte, quiere participar en este proyecto social para que su iglesia sea conocida por su obra de evangelización a los pobres. ¿En qué sentido representan los comentarios de estos hermanos una verdad a medias pero no toda la verdad? En particular, ¿cómo muestran estas maneras de pensar visiones románticas y utilitarias de los pobres? Si usted estuviera a cargo del grupo, ¿cómo les instruiría acerca de los motivos del proyecto social sin caer en el romanticismo o el utilitarismo de los pobres? Si es posible, utilice la distinción entre los dos tipos de justicia para señalar cómo los comentarios de los hermanos llegan a confundir la justicia pasiva y la justicia activa.

3) Un amigo le dice a usted que su mayor deseo en el nuevo año es dar su granito de arena para hacer de éste "un mundo mejor". Con tal afirmación expresa su esperanza en un mundo más justo y se compromete a la tarea de humanización. ¿En qué sentido es posible aplaudir al amigo por su resolución? ¿En qué sentido se queda corta esta manera de hablar acerca de la esperanza? Piense en las vocaciones que Dios le ha dado (p ej, madre o padre, profesor, diaconisa, pastor). ¿De qué maneras le permiten estas vocaciones aportar su granito de arena para hacer de la vida de su prójimo una vida más digna y humana? ¿Cómo podría hacer un mejor trabajo en ciertas áreas de sus vocaciones para bien de sus semejantes? Sea específico. Dé gracias a Dios por las oportunidades de vivir justamente ante el prójimo y pídale la fuerza y sabiduría para ser fiel en las tareas que él le ha dado.

CAPÍTULO 7

COMO HIJOS AMADOS A SU AMOROSO PADRE:

La oración como participación del cristiano en la filiación del Hijo

Durante su vida y misión, y en particular al acercarse la "hora", la cruz, ¿no tiene que lidiar Jesús en su corazón con la voluntad de Dios ante un mundo trágico? ¿No enfrenta Jesús en su propia pasión un mundo hostil al amor del Padre, un mundo donde los inocentes sufren y los poderosos parecen ganar? En el jardín de Getsemaní, Jesús le dice a su Padre: "No sea lo que yo quiero, sino lo que quieres tú." Pero inmediatamente antes también le dijo: "Abba, Padre, todo es posible para ti. No me hagas beber este trago amargo" (Mc 14:36). El Hijo deja su destino en manos del Padre, pero esa entrega a Dios no ocurre sin una intensa lucha interna: "Es tal la angustia que me invade que me siento morir" (Mc 14:34).[1] No se trata de la lucha del desesperado que ya no puede confiar en Dios, sino la del hijo sufriente que como el salmista eleva sus lamentos a su Padre en el cielo cuando éste no parece estar presente en la tierra, preguntándole quizá dónde se fue y aún reclamándole implícitamente que se manifieste en el oscuro vacío de la muerte inminente como todo Padre amoroso debería hacerlo: "Dios mío, Dios mío, ¿por qué me has abandonado?" (Sal 22:1; cf. Mc 15:34).

Si el Hijo tuvo que lidiar con la voluntad de Dios en un mundo cruel, ¿no debería la iglesia encontrar en la vida del Hijo sufriente, específicamente en su oración al Padre, lo que significa luchar con la voluntad de Dios en un mundo rodeado de dolor y muerte? Después de todo, Jesús les enseña a sus discípulos a orar como él lo hizo en Getsemaní: "Hágase tu voluntad"

---

1 En su evangelio, Lucas resalta en términos dramáticos la intensidad de la lucha de Jesús ante la voluntad de Dios: "Entonces se le apareció un ángel del cielo para fortalecerlo. Pero, como estaba angustiado, se puso a orar con más fervor, y su sudor era como gotas de sangren que caían a la tierra" (Lucas 22:43-44).

(Mt 26:42; cf. Mt 6:10). El evangelista nos habla honestamente acerca del "temor", la "tristeza", y la "angustia" que invadieron al Hijo en su camino a la cruz del Gólgota, experiencias muy humanas con las que nos podemos identificar. ¿No nos llama Jesús entonces a ver la oración en términos de una cierta participación en su vida? ¿Cómo entender la oración a partir del misterio de Cristo, de su experiencia de filiación y su misión, de su vida y muerte?

Estas preguntas nos llevan a reflexionar acerca de la relación entre la cristología y la eclesiología y, más concretamente, lo que significa e implica hablar de la participación de la iglesia en la vida de oración de Jesús, en esa dimensión particular de su ser hijo, de su filiación. ¿Qué significa participar en la vida del orante Jesús, en la vida de aquel que sufrió un destino trágico en este mundo y a la vez mostró su fidelidad a la voluntad del Padre hasta la muerte? Al igual que el Hijo en Getsemaní, los hijos adoptados oran a su "Abba" Padre en el Espíritu: "Y ustedes no recibieron un espíritu que de nuevo los esclavice al miedo, sino el Espíritu que los adopta como hijos y les permite clamar: "¡Abba! ¡Padre!" (Ro 8:15; cf. Gá 4:6). Nótese que el mundo de la iglesia no es otro que el mundo del Hijo en el jardín de Getsemaní, lugar oscuro donde elevamos nuestra plegaria al "Abba" que tenemos en común. Los hijos adoptados compartimos con el Hijo unigénito aquel jardín de dolor donde la oración es necesaria, aquel lugar de *oratio* en medio de la aflicción o *tentatio* (*Anfechtung*), como diría Lutero. Nos llama el apóstol Pablo a ver la oración no cómo una experiencia que complementa o adorna la vida de la iglesia, sino como un aspecto ineludible de nuestra identidad como hijos e hijas de Dios, de aquella filiación que compartimos por gracia con el Hijo amado, de la íntima relación que éste tiene con su Padre amoroso en el Espíritu.

Ciertamente la experiencia universal de la maldad en el mundo, lugar donde a menudo el malo parece salirse con la suya mientras el inocente sigue sufriendo, es contexto prominente en el cual la oración adquiere su carácter. Nos viene a la memoria los salmos de lamentación que el pueblo de Israel eleva a Yahvé para expresar con toda apertura sus angustias y quejas a causa de sus experiencias de opresión como exiliados, a manos de gobernantes corruptos, por causa de catástrofes naturales, enfermedades u otras razones.

> "Dios mío, Dios mío,
> ¿por qué me has abandonado?
> Lejos estás para salvarme,
>   lejos de mis palabras de lamento.
> Dios mío, clamo de día y no me respondes;
>   clamo de noche y no hallo reposo.

Pero tú eres santo, tú eres rey,
¡tú eres la alabanza de Israel!
En ti confiaron nuestros padres;
confiaron, y tú los libraste;
a ti clamaron, y tú los salvaste;
se apoyaron en ti, y no los defraudaste" (Sal 22:1-5).

Estos lamentos del salmista no son protestas irreverentes y rebeldes de puño cerrado contra Dios, sino protestas que se hacen con fe en el Dios que ha prometido salvar a su pueblo como lo hizo cuando lo libró de los egipcios en el éxodo. Tampoco son tales lamentos estrategias terapéuticas que intentan sanar el corazón herido por medio de la remembranza acerca de un pasado más próspero, alguna era dorada, sino expresiones de esperanza en las promesas de Dios que han de cumplirse y por ende en un futuro más promisorio que está en las manos de Dios. La historia del pueblo de Israel nos llama a pensar acerca de la oración precisamente a la luz –en medio y a pesar de la experiencia del dolor humano– de la cruz, y de manera que ésta esté orientada a la fe y la esperanza.

"Dios mío, Dios mío, ¿por qué me has abandonado?", clama Jesús a su Padre en la cruz, en su peor hora, reviviendo la historia del salmista, y aún más haciéndose partícipe de la historia de un Israel sufriente. El Padre no responde: "Lejos estás para salvarme, lejos de mis palabras de lamento. Dios mío, clamo... y no me respondes." Pero el lamento de Jesús, su clamor al Padre, expresa la fe de su hijo Israel, a quien Jesús como Hijo de Dios representa de manera plena. Su lamento expresa esperanza en el Dios que liberó a Israel de sus enemigos, que puede resucitar a los muertos, que cumple sus promesas de salvación: "En ti confiaron nuestros padres; confiaron, y tú los libraste; a ti clamaron, y tú los salvaste; se apoyaron en ti, y no los defraudaste."

El jardín, anticipo del Gólgota, es lugar de dolor y a la vez de esperanza. Es allí donde se pone todo en las manos del Padre y se espera con confianza –aún en medio de la lucha con la voluntad de Dios y la aflicción espiritual del maligno– el cumplimiento de sus promesas de vida y resurrección. Así pues, la participación en la vida del Hijo orante que se entrega al Padre incluye nuestra participación no sólo en sus sufrimientos sino también en su gloria, en su resurrección: "El Espíritu mismo le asegura a nuestro espíritu que somos hijos de Dios. Y si somos hijos, somos herederos; herederos de Dios y coherederos con Cristo, pues si ahora sufrimos con él, también tendremos parte con él en su gloria" (Ro 8:16-17). Es precisamente porque nuestras oraciones en el Espíritu de adopción encuentran su razón de ser en la identidad del Hijo fiel que clama "Abba" y entrega su vida a éste en la agonía de Getsemaní y luego del Gólgota, que podemos ver la oración también como confianza en la salvación del Padre que resucitó a su Hijo de los muertos. Uno se encomienda a Dios en la oración a la manera del salmista cuyas palabras el Hijo expresa desde la cruz: "En tus manos encomiendo mi espíritu" (Lc 23:46; cf. Sal 31:5). Como en los salmos de lamentación, se acepta la intensidad de la cruz, pero se afirma además la certeza y confianza en la liberación de Dios Padre.

Del dios de los teísmos al Dios trino: El debate entre el "teísmo abierto" y el "teísmo clásico"

La oración debe verse a la luz de la cruz, del "Dios mío, Dios mío, ¿por qué me has abandonado?", como expresión de confianza filial en el Padre que se eleva en el Espíritu. En otras palabras, la oración debe situarse en un marco cristológico-trinitario, y por ende en una visión más personal de Dios. El problema, sin embargo, es que la oración se ha situado a menudo en un marco teísta, en el lenguaje abstracto de atributos divinos (bondad, omnipotencia), y por ende en una visión sustancial de la deidad. Para entender este contraste que hemos propuesto entre lo trinitario-personal y lo teísta-sustancial, y cómo estas visiones afectan radicalmente nuestra manera de pensar acerca de la oración y la práctica o función de la misma, nos servirá como ilustración un debate que ha surgido durante los últimos años en un sector importante de la comunidad evangélica. Se trata del debate entre dos visiones opuestas –aunque al fin de tipo teísta-sustancial– de concebir la relación entre Dios y la criatura, a saber, el "teísmo clásico" y el "teísmo abierto".

Antes de adentrarnos más de lleno en el debate y las lecciones que podamos aprender del mismo, debemos distinguir entre la visión personal y la sustancial de la relación entre el Creador y sus criaturas. La visión personal, en el sentido más básico, es la que el ser humano ora a un Dios que no es apático ante su dolor, sino que escucha sus quejas y ha prometido atenderlas. Es la participación del ser humano en la historia de Israel, el hijo primogénito que –como lo expresa el salmista en unos cuarenta salmos– clama a Yahvé en sus lamentos esperanzados. Más específicamente, tal visión es una en la cual el ser orante se incorpora a la historia de Jesús, el Hijo que toma el lugar de Israel, quien ora a Dios Padre en el Espíritu durante el ministerio que lo lleva a su pasión y muerte. Se trata de un marco interpretativo cristológico-trinitario que da sentido o define de algún modo, como veremos más adelante, lo que es la oración.

A diferencia de la propuesta personal tenemos la sustancial. Si la visión personal nos refiere a las personas de la Trinidad, la de carácter sustancial (o esencial) nos dirige a la esencia divina (y como corolarios, a los atributos divinos) como la primerísima categoría para definir la relación entre Dios y la humanidad. Tradicionalmente afirmaciones de tipo sustancial funcionan para hablar de Dios en sí mismo o en distinción de sus criaturas (y por ende, no en primer lugar, en relación a ellas). Tales afirmaciones sirven un propósito importante si su intención es la de salvaguardar atributos divinos como la inmutabilidad, impasibilidad, omnisciencia u omnipotencia contra posibles intentos de reducir a Dios a su creación o a hacerlo dependiente de la misma. Problemático, sin embargo, es el intento de hacer de los atributos divinos la categoría última para hablar de la relación Dios-ser humano, lo que podríamos denominar, de manera más negativa, un "sustancialismo". Por ahora lo importante, como anticipo a lo que viene, es reconocer que tanto el teísmo clásico como el teísmo abierto, a pesar del contraste que se hace entre ambas opciones en la teología contemporánea, opera dentro del marco sustancialista con resultados nocivos para una visión saludable de la oración.

Al hablar de la naturaleza y función de la oración (en particular, como petición) en relación al Dios que la atiende, los proponentes del teísmo clásico discursan acerca de la misma de manera que se promueva la soberanía divina (un corolario de omnipotencia) sobre y por ende en contraste al mundo. Se podría hablar, si se quiere, de sustancialismo trascendental. Por otro lado, los partidarios del teísmo abierto desean hablar de la oración de tal manera que su teología promueva la dignidad de la libertad humana. Para tal propósito, éstos no niegan atributos divinos sino que los reinterpretan bajo la noción de autolimitación. La idea es que, en su relación al mundo, Dios se limita a sí mismo. La intención obviamente no es, como en el caso del teísmo clásico, contrastar a Dios y su creación sino relacionarlos de forma radical. Paradójicamente, Dios hace despliegue de su esencia inmutable como bondadosa deidad precisamente en su limitación de sí mismo o en su apertura al cambio. Podríamos llamar a esta postura un sustancialismo de tipo inmanente.

Ambas posturas representan teísmos, esquemas sustanciales de la relación Dios-mundo, que se basan en alguna jerarquización de atributos divinos que favorezca trascendencia (en el caso del teísmo clásico) o inmanencia (teísmo abierto). ¿Qué nos dicen entonces estas posturas acerca de Dios? Por un lado, el teísmo abierto argumenta que el teísmo clásico asume la existencia de un Dios inmutable que no puede cambiar su manera de pensar en relación a lo que ya ha previsto para su mundo y por ende parece ser sospechosamente apático a nuestras necesidades y sufrimientos. Por un lado, según la crítica que le hace el teísmo clásico al abierto, el Dios que se autolimita parece dejarse influenciar por el mundo a tal punto que cambia su mente a menudo y por lo tanto parece ser sospechosamente vulnerable a nuestros deseos y persuasiones. Ambas opciones hacen que Dios se vea bastante mal. Una nos presenta al Dios omnisciente y omnipotente, que todo lo sabe y todo lo puede, y por ende que ha determinado el futuro a tal punto que parece ser indiferente ante toda realidad o vicisitud histórica en el presente. Otra nos ofrece a un Dios que, aparentemente por su gran bondad, se limita a sí mismo a tal punto que éste permite a sus criaturas ejercer su libre albedrío para así determinar el futuro, un futuro que, según algunos teístas abiertos, Dios quizás todavía no conoce. Se trata de un Dios con una apertura tan amplia a lo que sus criaturas pueden construir por sí mismas que nos deja con un mal gusto en la boca, llevándonos a cuestionar si en realidad este Dios tiene el poder de ayudarnos cuando las decisiones humanas se tornan paupérrimas.

Dentro del esquema sustancial, la oración pierde. Lo que el teísmo clásico quiere defender es la voluntad inmutable de Dios, así como su presciencia y determinación del futuro (en otras palabras, la inmutabilidad, omnisciencia, y omnipotencia divinas). Sin embargo, si un Dios sabelotodo y todopoderoso ya ha ordenado todas las cosas futuras por su soberana e inmutable voluntad –digamos, todo lo que nos ocurrirá– ¿qué tanto valen nuestras oraciones de todos modos? ¿Por qué orar? ¿Podrá este Dios del teísmo clásico ser persuadido para cambiar su mente, su curso de acción en la historia, para así atender nuestras súplicas y actuar de manera nueva y efectiva a nuestro favor? ¿O es este Dios en sí mismo inmune a nuestras luchas, apartado de las vicisitudes de sus criaturas, cerrado en su ser ante nuestro sufrimiento, o como ya hemos dicho, apático o indiferente al dolor humano? En medio del dolor y la muerte, ¿podemos poner nuestra confianza en este Dios? ¿Escuchará y responderá a nuestros clamores, a nuestra petición de ayuda? El Dios del teísmo clásico parece estar demasiado alejado de nosotros como para acercársenos.

Lo que los partidarios del teísmo abierto quieren defender es la libertad humana y por eso también la apertura de Dios a dejar que el futuro sea lo que ha de ser mediante la toma de decisiones y las acciones de sus criaturas en el proceso histórico, ya sea porque Dios en su gran amor ha decidido limitarse, porque el futuro en sí aún no existe sino que tiene que armarse, o por ambas razones. Sin embargo, si Dios se muestra tan abierto a lo que sea que venga, interviniendo –según algunos teístas abiertos– de vez en cuando en este u otro evento, aunque prefiriendo dejarlo todo en nuestras manos, ya sea esperando que lo persuadamos a cambiar de parecer o que le pidamos que coopere con nosotros en la construcción de un futuro mejor, ¿podríamos confiar que este Dios tiene el poder de salvarnos de nuestros erradas decisiones, y metidas de pata? ¿Podemos poner nuestra fe y confianza en un Dios vulnerable, cuya autolimitación parece poner en tela de juicio su perfecta voluntad, presciencia y determinación del futuro? ¿Puede tal Dios ser lo suficientemente poderoso para escuchar y responder a nuestros clamores, nuestras peticiones de ayuda? El Dios del teísmo abierto parece depender demasiado de sus criaturas como para poder socorrerlas.

¿Cómo afecta el Dios de estos "teísmos" la teología y práctica de la oración? En breve, hace de la oración una cuestión superflua e insignificante ante la soberanía trascendente de Dios (en el caso del teísmo clásico) o hace de Dios un ente débil y susceptible ante el poder de nuestras oraciones (en el tipo abierto). Todo esto hace de la oración una carga pesada. No es posible saber, por ejemplo, si he orado en suficiente conformidad a la voluntad inmutable de Dios, si he alineado mi plegaria justamente con lo que Dios tiene en mente. Tampoco es posible saber si he orado con suficiente fervor o santa intención para persuadir a Dios que actúe a nuestro favor o cambie su mente. ¿Por qué es necesario orar si Dios ya sabe lo que va a hacer? Ésta es la pregunta y conclusión lógica a la que nos lleva el teísmo clásico. Y el teísmo abierto, por su parte, hace de la oración necesaria para que Dios cambie de parecer acerca de algo que ya ocurrió, está pasando, o podría suscitarse en un futuro acerca del cual este Dios puede o no saber algo.

Tiene que haber otro camino, otra manera de recobrar una visión más bíblica de la oración que no la haga innecesaria o manipuladora. Nos queda la tarea de recobrar, en otras palabras, una dimensión más personal y por ende trinitaria de la oración. Nos toca proponer una visión de la oración que nos conecte con la identidad de Israel y en especial de Jesús, a saber, la identidad de ser hijo o hija de Dios Padre, fundamentada en el misterio de la filiación. Para llegar a esta propuesta personal tendremos que recobrar en particular la importancia de la oración como dimensión constitutiva de la identidad del Hijo; importancia que, sin embargo, no siempre se le ha dado en la cristología. Esto lo llevaremos a cabo más adelante. Por el momento, sin embargo, hemos mostrado cómo una teología de la oración que depende de teísmos que tratan sin éxito de defender atributos divinos ante el problema del mal y el dolor humano terminan haciendo de Dios un ser apático o débil y de la oración una práctica superflua o un medio manipulador de acceso al poder de Dios.

Podemos también desde ya dar una respuesta práctica a los que piensan que la oración es innecesaria o sólo simbólica; pues, como dicen algunos, ya la deidad sabe lo que va a hacer desde antes. En su *Catecismo Mayor*, Lutero se dirige a personas en la iglesia que tienen esta actitud u otras similares. "¿Para qué debo orar?" –dicen unos; "¿Quién sabe si Dios atiende mi oración o quiere oírla?"– dicen otros; "Si yo no oro, otro lo hará".[2] A aquellos que ven la oración como algo accidental pero no central en su vida el catequista les advierte que orar a Dios no es una opción sino un mandato divino que está incluido en el segundo mandamiento –"no tomarás el nombre de Dios en vano"– de manera que "con las oraciones e imploraciones se honra el nombre de Dios y se lo emplea útilmente".[3] Quiere decir el catequista que la oración es la única forma de dar culto y reconocer a Dios como Padre bondadoso y proveedor, de poner la fe y confianza en aquel que ha salvado a su pueblo oprimido, en aquel que tiene el poder de dar y quitar la vida. Es un antídoto contra la idolatría, aquel ímpetu de buscar la salida a los problemas en todo lo que no es Dios. Se ha de recalcar que Lutero en ningún momento se enfoca en la esencia divina, la mente de Dios o sus atributos para establecer la necesidad de la oración. Nos dirige en vez a la palabra de Dios, no a lo que Dios es en sí mismo sino a lo que nos comunica, no a lo que Dios ha decidido o no hacer de antemano en su inalcanzable misterio sino a lo que Dios ha decidido revelarnos en su Palabra. La estrategia de Lutero es llevarnos de un interés desubicado en el Dios escondido que existe en sí mismo por allá arriba y de quien no sabemos casi nada (*deus absconditus*) a la fe en el Dios revelado que viene a nosotros y nos ha mostrado su voluntad y gracia en su Palabra mediante sus mandatos y promesas respectivamente (*deus revelatus*).

Tampoco nos dirige Lutero a nuestra capacidad de orar perfectamente o la calidad de la oración, a la fuerza o intensidad de nuestra petición, o a la cantidad y frecuencia de las plegarias que hagamos. La glorificación del Dios que se limita a sí mismo para dar rienda suelta a nuestra libre voluntad de cambiar el mundo mediante la oración está excluida de la visión del catequista; pues éste no nos dirige a nosotros mismos o a nuestra santidad o devoción para determinar si la oración será efectiva. "No soy suficientemente santo ni digno" –dicen algunos.[4] "¿Y qué de los hipócritas que oran?"– dicen otros. Las frases anclan la efectividad de la oración en el orante. Es un antropocentrismo que nos hace cuestionar nuestro culto o desacreditar el de otros. Hace de la oración una cuestión que hay que temer o evadir. Lutero nos da un ejemplo de tal actitud: "He orado, mas, ¿quién sabe cómo esto le agrada

---

2 *Catecismo Mayor*, El Padrenuestro, 6, p. 449.

3 Ibíd., 8.

4 Ibíd., 15.

y si he encontrado la medida y el modo adecuados?"[5] A todo esto Lutero nos indica que la posible existencia de "oraciones falsas e hipócritas" en los labios de otros no justifica o excusa la negligencia en la oración en nuestras vidas. Pero más que eso, el catequista nos recuerda: "Dios no mira la oración por la persona, sino a causa de su Palabra y de la obediencia."[6] Nótese que Lutero nuevamente no nos dirige a lo que Dios esté o no haciendo internamente en nuestros corazones o mentes (corolario del Dios escondido), sino a lo que el Dios revelado de hecho nos comunica de manera segura y certera por medio de su Palabra y por ende independientemente de nuestras opiniones o sentimientos acerca de nuestra oración. No sólo se debe orar porque la oración sea parte del mandato divino, por obediencia a la Palabra, sino también porque Dios ha prometido en su misma Palabra escuchar y atender nuestras oraciones. El énfasis no cae en el poder o la fuerza de nuestra oración, sino en la promesa de Dios, quien nos escucha y responde, atiende y concede nuestras oraciones.

Así pues, para evitar hacer de la oración una encantación o acto de magia por el que pretendemos manipular a Dios para que nos dé sus bendiciones, o hacer de ésta un acto en que la eficacia o el producto de la oración depende al fin del orante, será propicio enseñar al pueblo que Dios sólo nos concede lo que le pedimos cómo y cuando le place, únicamente y exclusivamente según su voluntad. Por otro lado, para evitar hacer de la oración una cuestión innecesaria, de poca importancia, u opcional será bueno enseñar al pueblo las palabras del catequista: "Dios con su palabra testimonia que nuestra oración le agrada de corazón. Además, con certeza será atendida y concedida para que no la despreciemos, ni la arrojemos al viento, ni oremos al azar."[7] En definitiva, al ver la oración, ya no en términos de atributos divinos abstractos o de la persona que ora, sino como práctica que Dios manda y bendice por su Palabra, pasamos a una visión y marco personal de la oración. Éste nos revela a un Dios-Creador personal, involucrado, a quien le importamos, y por ende bondadoso –en términos trinitarios, a la persona del Padre– quien se ha dignado entrar en diálogo con sus criaturas por medio de su Palabra y nos ha hecho precisamente para el diálogo con él en la oración. Fuimos creados para la oración.

---

[5] Ibíd., 23.

[6] Ibíd., 16.

[7] Ibíd., 20.

Acerca de la oración de Cristo y su iglesia: Anatomía y consecuencias del teísmo clásico

Vimos cómo anclar la importancia de la oración en este u otro teísmo, como en el caso del clásico y del abierto, termina poniendo en tela de juicio la bondad y el poder de Dios (es decir, sus atributos divinos), así como la capacidad de nuestras oraciones en cuanto obras de ser lo suficientemente buenas para expresar (o estar de acuerdo con) la voluntad de Dios o para persuadir a Dios que éste cambie su voluntad. Como propuesta preliminar, argumentamos la necesidad de no fundamentar la necesidad o efectividad de la oración en la esencia o mente divina "allá arriba" o en la calidad o el poder de nuestra oración "aquí adentro" (según nuestra santidad, frecuencia, confesión positiva, etc.). En contraste a estas opciones, propusimos que la oración ha de anclarse en la palabra de Dios mediante la cual éste nos llama a la oración, es decir, a vivir según nuestra identidad como criaturas llamadas a la comunión y el diálogo con el Creador. De ahí que la oración sea necesaria y no opcional, en primera instancia, porque es de hecho mandato y ley divina.

Esta dimensión de la oración como ley divina no debe verse de forma negativa. Establece simplemente, en términos de lo que se denomina a veces "ley natural", nuestra identidad como seres orantes, identidad que dicho sea de paso resalta la dimensión social y dialógica de la relación Creador-criatura. La oración como mandato está incluida, según el catequista Lutero, en el segundo mandamiento donde se nos enseña a no tomar el nombre de Dios en vano y por ende a darle culto. Y aunque a partir de la caída al pecado nos rebelemos contra este culto al caer en idolatrías, o lo veamos como ley que nos regaña cuando no oramos o vamos a la iglesia, la realidad más fundamental aún desde antes de la caída es que para tal culto fuimos precisamente creados. Es parte de nuestro ser en relación a Dios, para la comunión con Dios. Dijimos también que la oración es constitutiva del ser humano porque éste ha sido llamado a relacionarse con el Dios personal que ha prometido escuchar nuestras plegarias y responder a las mismas según su voluntad. Se ora entonces no sólo porque es el mandato divino, o la ley, sino también por causa de las promesas de Dios que acompañan la oración. Desde esta perspectiva, la oración nos da acceso al Padre bondadoso y misericordioso que no se olvida de proveer a sus hijos como una madre que da de mamar a sus niños hambrientos. Lo hace no según nuestra manipulación sino según lo que será mejor para sus hijas e hijos.

Nos toca ahora expandir nuestro argumento al plano cristológico-trinitario, es decir, a ver la oración como experiencia que se fundamenta en la vida que el Hijo vive en relación al Padre en la compañía del Espíritu Santo.

Esta temática no recibe debida atención en tratados clásicos de cristología, Trinidad, u oración. Y sin embargo vivimos en una época en la que se nos llama a pensar el fundamento trinitario de nuestra fe y práctica. Con nuestro intento queremos alcanzar una visión menos teísta-sustancial y más personal-trinitaria del misterio de la oración. Para desarrollarla, tendremos que proceder paso a paso, haciéndonos tres preguntas. En primer lugar, ¿ha habido algún eclipse parcial del fundamento trinitario de la oración de Jesús en la tradición dogmática? En segundo lugar, si ha habido tal eclipse o déficit, ¿pueden la narrativa bíblica y algunos elementos de la tradición dogmática ayudarnos a recobrar el significado de la oración de Jesús (y por participación, de la oración de la iglesia) como expresión de filiación en la historia de la salvación? En otras palabras, ¿podríamos llegar a ver la oración de Jesús y la de su iglesia como un evento trinitario que nace de la comunión que el Hijo y su Padre viven en el Espíritu (en contraste a una teología de la oración que se fundamenta en la sustancia divina)? En tercer lugar, ¿cuáles serían algunas implicaciones teológicas y prácticas de una teología de la oración que se entiende dentro del marco personal-trinitario y no el de tipo teísta-sustancial?

Comencemos con la primera pregunta: ¿Podemos identificar algún eclipse o déficit parcial de la base trinitaria de la oración de Jesús en la tradición dogmática? Ya que esta pregunta es muy amplia, nos enfocaremos en una figura representativa de la tradición occidental, a saber, Tomás de Aquino, y ver lo que él ha dicho acerca de la oración de Jesús en su monumental *Suma de Teología*. Justificamos un análisis del pensamiento de Tomás en torno al tema por tres razones. En primer lugar, la afirmación de Tomás de que el mundo cambia en relación a Dios pero no Dios en relación al mundo –es decir, que los seres humanos tienen una relación real (*relatio realis*) ante Dios, pero Dios sólo tiene una "relación conceptual" o en su mente (*relatio rationis*) ante los seres humanos– ha sido objeto de críticas por parte de teólogos como los del "teísmo abierto" que quieren ver a Dios más en términos de su interdependencia con sus criaturas y por ende su apertura a ser influenciado o persuadido por las mismas.[8] Si Tomás representa en algún

8 Para la posición de Tomás, véase *ST*, 1, q. 13, a. 7. Para una crítica de Tomás, véase Clark H. Pinnock, *Most Moved Mover: A Theology of God's Openness* (Grand Rapids: Baker, 2001), pp. 68-74. Pinnock, teólogo de tradición evangélica, observa explícitamente que el teísmo abierto y el teísmo de proceso "argumentan que Dios tiene relaciones reales y no meramente conceptuales con el mundo" (p. 142). John J. O'Donnell, teólogo católicorromano, considera el teísmo de proceso y el ateísmo como críticas importantes aunque poco satisfactorias en contra del teísmo clásico. A pesar de que O'Donnell se

sentido lo que se ha denominado "teísmo clásico", su uso del término "relación" para describir la distinción (y relación) entre Dios y el mundo podría ilustrar o mostrar cómo opera teológicamente una aproximación sustancial al misterio de la oración.

En segundo lugar, y aún más importante es el hecho de que Tomás sitúa el misterio de la encarnación (de la unión hipostática) en su edificio filosófico, argumentando que el Logos (o Verbo) divino no cambia en relación a su humanidad asumida sino que ésta cambia en relación al Logos divino.[9] En otras palabras, la naturaleza humana que es asumida tiene una relación real (*relatio realis*) ante el Logos, pero el Logos sólo tiene una relación conceptual (*relatio rationis*) ante la naturaleza humana que éste asume. Aunque este marco cristológico sirve para distinguir claramente entre las naturalezas divina y humana en Cristo, y por ende podría describirse como un marco de tipo sustancial, éste no parece hablar adecuadamente de la encarnación como una realidad intrínseca y no meramente externa a la persona del Logos. Cuando el discurso acerca de Cristo se enfoca en la distinción de sus naturalezas (o sustancias) como lo más definitivo que se pueda decir acerca de la relación Dios-mundo, se hace más difícil ver cómo diversos aspectos de la vida de Cristo –como lo es su vida de oración– pueden ser verdaderas expresiones históricas de su persona o de su ser Hijo.

En tercer lugar, nuestro análisis de Tomás se justifica en parte por la crítica contemporánea que se le hace a menudo en torno a la prioridad lógica que éste le da en su *Suma* al tratado del Dios uno y sus atributos divinos (*De Deo Uno*) en relación al tratado acerca del Dios Trino (*De Deo Trino*).[10] La prioridad ha sido criticada como un ejemplo clave de la tendencia agustiniana en la teología occidental de tomar como punto de partida el discurso acerca de Dios en sí mismo, su indivisible o simple esencia, atributos y obras en la creación, a expensas del discurso personal acerca de Dios que se enfoca más en lo que es propio a cada persona de la Trinidad en su relación al mundo.[11] Ciertamente, Tomás nos habla también del Dios trino en su tratado, pero

muestra receptivo a la teología tomista, éste admite los límites que presenta el teísmo clásico para pensar acerca de Dios en relación –y no sólo en contraste– al tiempo y la historia. Véase su libro *The Mystery of the Triune God* (NY: Paulist, 1989), pp. 1-16.

9 *ST*, 3, q. 2, a. 7.

10 *ST*, 1, q. 1-26 (De Deo Uno) y 27-43 (*De Deo Trino*).

11 Karl Rahner, "El Dios Trino como principio y fundamento trascendente de la historia de la salvación", en *Mysterium Salutis*, pp. 271-274; Catherine Mowry LaCugna, *God for Us: The Trinity & Christian Life* (N.Y.: HarperCollins, 1991), capítulo 5.

lo hace más en términos de la relación real (*relatio realis*) que existe entre las personas divinas en la única esencia divina (lo que se conoce como la Trinidad inmanente) que en términos de las personas divinas en su relación al mundo en la economía de la salvación (Trinidad económica).[12] Además de dejarnos con la impresión de que es posible concebir la esencia divina como una realidad que antecede a esta u otra persona de la Trinidad, Tomás exhibe una separación discreta entre la doctrina de la Trinidad y el misterio de salvación. Estos elementos de la metodología de Tomás hacen más difícil articular una narrativa trinitaria robusta del lugar de la oración en la vida de Cristo que se fundamente en su identidad personal como el Hijo encarnado y eterno que existe en relación a su Padre.

Son estas razones que justifican en primer lugar el análisis de la teología de Tomás acerca de la oración, sobretodo en su contexto cristológico particular, lo que nos lleva a argumentar que el doctor representa un tipo de teísmo clásico en su metodología en el sentido de que al hablar de la relación entre Dios y su creación da prioridad en su sistema a la sustancia divina por encima de las personas divinas. Al analizar la anatomía de su aproximación sustancial (en contraste a la personal) a la teología de la oración de Cristo, llegaremos a una mejor apreciación de las posibles desventajas o ventajas de la posición que éste representa en occidente.

Si preguntáramos entonces cómo Dios se relaciona al mundo, la siguiente ilustración nos podría ayudar a entender la posición de Tomás en el asunto. Imagínese una cruz o crucifijo, colgando sobre el altar de alguna iglesia. Un domingo cualquiera, después del culto o misa, usted decide tomar algunas fotos de la cruz para mandárselas a sus familiares. Camina de izquierda a derecha y viceversa, hacia delante y hacia atrás, buscando el ángulo perfecto que le dé las mejores imágenes. Durante el proceso, usted, el fotógrafo, ha cambiado posiciones en relación a la cruz. Pero la cruz no se ha movido, cambiado, a adquirido una nueva característica en relación a su persona. Utilizando el lenguaje de Tomás, podemos decir entonces que la relación entre la cruz y usted es sólo "real" para usted, el miembro del par que está

---

12 En continuidad con la tradición agustiniana del uso del término "relación" para distinguir entre las personas sin atentar contra la unidad de la esencia divina (p ej, San Agustín, *De Trinitate* 5.5), Tomás habla de las tres personas en términos de cuatro relaciones "reales" o que subsisten en Dios, a saber, paternidad, filiación, espiración, y procesión (*ST*, 1, q. 28, a 4). Por ende, aunque las misiones del Hijo y del Espíritu Santo en el mundo (Trinidad económica) se fundamentan respectivamente en las procesiones intradivinas de generación y espiración (Trinidad inmanente), Tomás reserva el lenguaje de "relaciones reales" exclusivamente para referirse a Dios en sí mismo.

sujeto a cambio. De manera similar, Dios puede cambiarnos y movernos a hacer esto o aquello, pero como la primerísima causa o causa incausada de todo efecto, como motor inmóvil de todo movimiento, Dios no puede estar sujeto a cambio o ser movido a hacer esto o aquello por parte de su creación. Tomás de Aquino concibe a Dios como "acto puro" (*actus purus*) y por ende éste no puede ser otro cosa aparte de lo que ya es y siempre ha sido. Como "acto puro" no existe en Dios la posibilidad del cambio, de un movimiento de la potencia al acto.

En este esquema ontológico, ¿dónde encaja la experiencia de la oración? Según Tomás, la utilidad de la oración debe situarse en la categoría de causas secundarias. Ya que Dios es la causa primera, eficiente y producente de toda causa-efecto en el mundo, y por ende el único ser necesario, Tomás afirma que debemos pensar en la oración de tal manera que "ni impongamos necesidad a las cosas humanas, sujetas a la divina Providencia, ni tengamos tampoco por mudable la disposición divina".[13] Según la enseñanza de causas secundarias, Dios obra en el mundo indirectamente mediante actos humanos. Desde esta perspectiva, se puede asignar cierta causalidad a nuestros actos y oraciones y a la vez preservar la divina providencia y el atributo divino de inmutabilidad.

> Ahora bien: entre las otras causas, también los actos humanos causan algunos efectos, de donde se deduce que es preciso que los hombres realicen algunos actos, no para alterar con ellos la disposición divina, sino para lograr, actuando, determinados efectos, según el orden establecido por Dios. Esto mismo acontece con las causas naturales. Y algo semejante ocurre también con la oración; pues no oramos para alterar la disposición divina, sino para impetrar aquello que Dios tiene dispuesto que se cumpla mediante las oraciones de los santos, es decir: *Para que los hombres merezcan recibir, pidiéndolo, lo que Dios todopoderoso había determinado darles, desde antes del comienzo de los siglos,* como dice San Gregorio.[14]

Al hablar de "impetrar aquello que Dios tiene dispuesto" en la cita anterior, Tomás le asigna a nuestra oración una causalidad que le permite efectuar indirectamente lo que Dios siempre ha tenido en mente causar de todos modos. Dicho de otra manera, la oración es un medio que Dios usa para efectuar en un tipo de eterno presente lo que ya ha determinado llevar a cabo en

---

13 *ST*, 2, q. 83, a. 2.

14 Ibíd.

el curso de la historia. Nuestra oración podrá afectarnos de algún modo, pero no afecta a Dios o lo que éste ya ha decidido hacer de antemano. Ahora bien, si consideramos el argumento del doctor como una afirmación negativa –es decir, un axioma que nos dice lo que Dios no es, a saber, mutable– éste nos permite decir que Dios no es contingente como la criatura y de esta forma se preserva su transcendencia. Ésta es la ventaja de una afirmación de tipo sustancial: deja muy claro que Dios es distinto a su creación. En su lucha contra el arrianismo, la iglesia aprendió lo importante de decir que la sustancia de Dios no depende de la sustancia del mundo sino que éstas se distinguen entre sí como la causa y el efecto, como la necesidad y la contingencia.

Sin embargo, ¿qué se pierde en la teología de la oración al afirmar la distinción radical entre Creador y criatura? Si la idea de que la oración nos afecta pero no afecta a Dios se convirtiera en una afirmación ontológica positiva acerca de Dios, una conclusión lógica de tal argumento nos llevaría a afirmar que Dios, estrictamente hablando, no puede ser movido o persuadido a actuar a nuestro favor cuando le elevamos nuestras súplicas. Para ser justos, se puede decir que Tomás a veces parece hablar de la oración en formas que pudieran permitir una visión más personal de la relación entre Dios y su creación. Nos dice, por ejemplo, que la oración es útil "para que nosotros mismos nos convenzamos de que... hay que recurrir al auxilio divino",[15] o "para que así vayamos tomando alguna confianza en recurrir Dios y para que reconozcamos que él es el autor de nuestros bienes".[16] También se refiere a la oración como sumisión reverente a Dios,[17] y nos refiere al Espíritu Santo quien "inspirándonos santos deseos, hace que pidamos lo que nos conviene".[18] Además concluye la sección acerca de la oración hablándonos de la razón de ser de nuestras súplicas, a saber, que "por la consideración de la bondad divina es por lo que nos atrevemos a allegarnos a Dios".[19] Todas estas afirmaciones acerca de la utilidad de la oración nos presentan la posibilidad de argumentar algún tipo de relación mutua entre Dios y el orante

---

15 Ibíd., a. 2, ad. 1.

16 Ibíd.; acerca de Dios como autor de bienes, véase *ST*, 2, q. 83, a. 3 y a. 4, ad. 1; Tomás argumenta "que no dirigimos nuestra oración a Dios para ganar su favor, sino para excitar en nosotros mismos confianza en la petición" (*ST*, 2, q. 83, a. 9, ad. 5.). Sería más apropiado traducir la expresión "para ganar su favor" (*ut ipsum flectamus* en latín) diciendo "para cambiar su mente" o "para persuadirlo".

17 *ST*, 2, q. 83, a. 3, ad. 3.

18 Ibíd., a. 5, ad. 1 (cf. Ibíd., a. 10, ad. 1).

19 Ibíd., a. 17, ad. 3.

en el plano de la historia o economía, pero el marco ontológico aristotélico de corte sustancial que usa Tomás para definir la idea de "relación" (*relatio*) lógicamente no le permite llegar a ese punto.[20]

Dejemos nuestra oración y pasemos a la de Cristo. Como dijimos anteriormente, Tomás aplica el concepto de relación real a la encarnación o unión hipostática. Así pues, la naturaleza humana (creada) que es asumida tiene una relación real al Logos divino (increado), mientras que el Logos divino sólo tiene una relación racional o conceptual a la naturaleza humana que asume. El esquema contribuye a una distinción entre el Logos creador y su naturaleza humana creada. En el contexto de la polémica contra los arrianos, quienes negaban la divinidad del Logos y lo reducían a una criatura, es crítico afirmar la distinción entre el Logos increado y su humanidad asumida creada. Sin embargo, tal contribución a la relación Dios-mundo tiende a definir más bien lo que el Logos no es, a saber, que el Logos es de su propia sustancia o *usía* y no de la sustancia del mundo. No se nos dice, por otro lado, nada acerca del Logos en cuanto a su única y particular identidad como la persona del Hijo en relación a su Padre. Así pues, podríamos decir que el esquema filosófico de Tomás, en el cual presenta su cristología antiarriana, funciona adecuadamente para afirmar algo acerca de la sustancia o *usía* del Logos más que para decir algo acerca de su persona o hipóstasis.

¿Dónde encaja entonces la oración de Cristo en el sistema de Tomás? Su punto de partida es preguntarse si Cristo necesita orar para sí mismo. El lenguaje de "necesidad" inmediatamente lo esfuerza a defender la omnipotencia de Dios en distinción de sus criaturas. Acerca de Cristo, dice Tomás que "siendo Dios y hombre, quiso presentar sus oraciones al Padre, no como si fuese impotente, sino para instruirnos a nosotros".[21] Dicho de otra manera, el problema no es que Cristo en cuanto Dios necesitara de la oración, pues él siempre ha poseído su poder divino. El problema es que nosotros necesitábamos de Cristo, en cuanto hombre, un ejemplo de cómo orar y por eso, para nuestra instrucción, Cristo oró al Padre. Viendo la utilidad de la oración de Cristo en relación al problema de necesidad ontológica en el ser de Dios, es obvio que la oración de Cristo debe verse como reveladora o ejemplar

---

20 Recordemos que la idea de "relación" funciona como una categoría sustancial porque su propósito es distinguir radicalmente entre Dios y el mundo. La relación es "real" para la criatura, pero sólo "ideal", "conceptual" o "racional" para Dios. En el mismo ser de Dios (aparte de su creación), dijimos que Tomás discursa acerca de la personas divinas en términos de "relaciones reales". Pero en éste último caso, nótese que la idea de relación sirve para distinguir entre las tres personas en la única esencia divina.

21 *ST*, 3, q. 21, a. 1, ad. 1.

para nosotros, pero no como constitutiva de algún modo para Cristo. Tomás resume su posición al respecto de la siguiente manera: "Cristo quiso servirse de la oración a su Padre para darnos ejemplo de oración y para demostrar que su Padre es el autor del cual procede él desde la eternidad, según su naturaleza divina."[22]

En el contexto más amplio de esta sección de la *Suma*, Tomás argumenta que la oración vocal (o audible) de Cristo en presencia de otros es precisamente "para demostrar que venía del Padre",[23] que era el Hijo de Dios (o sea que su oración es reveladora), así como también para enseñarnos a expresar obediencia al Padre mediante la súplica (o sea que su oración es ejemplar).[24] Las posturas de tipo reveladora y ejemplar asumen que Cristo ora de acuerdo a su naturaleza humana y por ende "a Cristo en cuanto hombre, y por tener voluntad humana, le compete orar".[25] Esto es indisputable. Sin embargo, debemos añadir inmediatamente que el propósito de la oración de Cristo en cuanto hombre es instrumental, es decir, un medio cuyo propósito último es revelar a otros su divinidad o enseñarles a imitar su obediencia al Padre. En particular, según la postura ejemplar, Cristo, el ser humano orante (y aún aquel que como hombre le compete orar), es ante todo nuestro "maestro".

Ahora bien, las posturas reveladora y ejemplar de la oración de Cristo funcionan bien en un marco sustancial porque nos refieren a sus naturalezas y no en primera instancia a su persona. Por ello, el énfasis en la oración de Cristo en cuanto hombre sirve por un lado para revelar su divinidad a otros y por otro para asegurar que su divinidad no caiga presa a la contingencia de sus criaturas.[26] Cristo, en cuanto Dios y como aquel que posee voluntad divina, no necesita orar. Lo que no queda claro en el marco sustancial es si la oración de Cristo tiene significado para él. Por ejemplo, ¿nos dice la oración de Cristo (aún en cuanto humano) algo acerca de sí mismo? En particular, ¿nos dice la oración del Hijo no sólo algo acerca de ésta u otra naturaleza sino

---

22 Ibíd., a. 3.

23 Ibíd., a. 1, ad. 1.

24 Ibíd. (Tomás cita Jn. 11:42, Hilario, Ambrosio y Agustín); Ibíd., a. 1, ad. 1; "Hilario habla de la oración vocal, que Cristo no necesitaba, y que solo era necesaria por nuestra causa. Por eso dice claramente que *las palabras de la oración no eran de provecho para él*" (*ST*, 3, q. 21, a. 3, ad. 1).

25 *ST*, 3, q. 21, a. 1.

26 "A las personas divinas les conviene el recibir por razón de su naturaleza, mientras que el orar es propio de quien recibe por gracia. Se dice, a pesar de rodo, que el hijo ruega o que ora, refiriéndose a su naturaleza asumida, esto es, a la humana; y que el Espíritu Santo pide, porque hace que nosotros pidamos" (*ST*, 2, q. 82, a. 10, ad. 1).

algo acerca de su persona? En otras palabras, ¿expresa su oración al Padre como el Hijo encarnado algo acerca de su relación al Padre desde siempre? En fin, ¿es la oración del Hijo sólo reveladora o instructiva para otros, pero no constitutiva para Cristo?

Reflexionando acerca de la oración de Cristo, en cuanto hombre, en el Getsemaní, Tomás nos presenta tres lecciones que podemos aprender del orante-maestro por excelencia. Constituye su reflexión la razón de ser de lo que hemos denominado la postura ejemplar acerca de la utilidad de la oración de Cristo.

> Y Cristo lo hizo así para instruirnos sobre tres cosas: primera, para demostrar que había asumido una naturaleza humana verdadera con todas sus inclinaciones naturales; segunda, para hacernos ver que al hombre le es lícito, conforme a sus sentimientos naturales, querer algo que Dios no quiere; tercera, para probar que el hombre debe subordinar sus propios deseos a la voluntad divina.[27]

Ya que estas tres lecciones nos dicen algo acerca de Cristo como ser humano nos deben decir además algo acerca de nuestra propia humanidad. Tal argumento es evidente en el contexto más amplio de la estructura filosófica que Tomás emplea para hablar de la oración de Cristo en el jardín de Getsemaní. Tal estructura nos habla de la naturaleza trascendental del ser racional en relación a Dios. Las oraciones constituyen "actos de la razón" porque "suponen una cierta ordenación en cuanto que el hombre dispone que una cosa se ha de hacer por medio de otra".[28] Como un acto religioso racional, orientado a Dios, la oración trasciende el plano sensual en el sentido de que "nada impide que los actos de la razón, si la voluntad la mueve, tiendan al fin de la caridad, que es la unión con Dios".[29] En todo esto, es el Espíritu Santo quien "hace desear a los santos… [la oración] conforme a la voluntad divina".[30]

---

27 *ST*, 3, q. 21, a. 2 (cf. Ibíd., a. 3). Se habla entonces del uso instructivo o pedagógico de la oración.

28 *ST*, 2, q. 83, a. 1.

29 Ibíd., a. 1, ad. 1; aunque es interesante notar que, según Tomás, aún las criaturas irracionales como los animales "invocan a Dios por el deseo natural que hace que todos los seres, a su modo, deseen alcanzar la bondad divina… por el instinto natural con que por Dios son movidos (*ST*, 2, q. 83, a. 10, ad. 3).

30 *ST*, 3, q. 21, a. 4 (cf. *ST*, 2, q. 83, a. 5, ad. 1).

Dado que las criaturas racionales pueden expresar sus deseos sensibles o impulsos naturales mediante la oración, Tomás argumenta que Cristo, en cuanto hombre orante en Getsemaní, por instinto trata de evitar el tener que morir. Por ello, también es su instinto poder desear o desear otra cosa que lo que Dios finalmente desea: "No me hagas beber este trago amargo."[31] Así pues, debe entenderse que Cristo oró con su instinto de preservación, como hombre racional, porque "con miras a nuestra instrucción, quería manifestarnos su voluntad natural y el impulso de su sensibilidad, cosas que poseía como hombre".[32] Al fin de cuentas, sin embargo, el ser humano espiritual (movido por el Espíritu) también desea deliberadamente actuar en conformidad con la voluntad divina. Y esto le permite a Tomás decir que en última instancia Cristo, por la unión de su naturaleza humana a su hipóstasis divina, desea lo mismo que Dios: "No sea lo que yo quiero, sino lo que quieres tú."[33] Sin embargo, tal deseo en conformidad con la voluntad del Padre sigue sirviendo más que nada para darnos un ejemplo de sumisión al Padre.

En Getsemaní, Cristo se muestra como el pedagogo de la raza humana. Cristo asumió una verdadera humanidad con sus impulsos naturales, los cuales típicamente se manifiestan en una inclinación a hacer algo que no es voluntad divina, pero al fin y de forma deliberada se somete a la voluntad de Dios. La oración de Cristo se sitúa en la categoría de causas secundarias porque ésta funciona indirectamente, mediante su naturaleza humana y voluntad deliberada, como un medio para alcanzar el fin que Dios ya ha determinado en su providencia.[34] Tal fin es que Cristo nos sirva como ejemplo en

---

31 Cf. *ST*, 3, q. 18, a. 5.

32 Ibíd., q. 21, a. 4, ad. 1.

33 Cf., Ibíd., q. 18, a. 1, ad. 4.

34 "El que alguna de las voluntades de Cristo quisiera algo distinto de lo que quería su voluntad divina, provenía de esta misma voluntad divina, con cuyo asentimiento la naturaleza humana de Cristo era impulsada en conformidad con los movimientos que le eran propios..." (*ST*, 3, q. 18, a. 6, ad. 1); Cristo no experimentó "flaqueza de razón" puesto que ésta "juzgaba que lo absolutamente mejor era cumplir la voluntad divina, por medio de su pasión, para la salvación del género humano" (Ibíd. q. 18, a. 6, ad. 3); en cuanto a la oración por su glorificación (Jn 17:1), Tomás concluye: "La misma gloria que Cristo pedía para sí por medio de la oración, pertenece a la salvación de los demás, según la expresión de Ro 4: 25: *Resucitó para nuestra justificación*. Y, por eso, la oración que hacía por sí mismo era, en cierto modo, una oración a favor de todos los demás" (Ibíd., q. 21, a. 3, ad. 3). Debemos observar, sin embargo, que para Tomás, Cristo en cierto sentido ora para sí y no sólo para beneficio de otros, pues "le pedía al Padre, por medio de la oración, los bienes que faltaban a su humanidad, v.gr. la gloria del cuerpo..." A la vez esta perspectiva se incluye al fin en la función ejemplar de la oración, pues "también en esto nos dio ejemplo

el camino a la unión con Dios, a la salvación, la cual es la meta ordenada por Dios para su creación.

Que la oración de Cristo nos diga más acerca de nosotros que acerca de su propia identidad como Hijo también puede ilustrarse con la aplicación de la distinción entre las relaciones real y racional al misterio de la unión hipostática (encarnación). Lógicamente hablando, ya que sólo la humanidad asumida tiene una relación real al Logos divino, uno pudiera concluir que la oración de Cristo en cuanto hombre no nos puede decir nada acerca de él en cuanto Dios, con la excepción de la afirmación de tipo sustancial que aclara que, en cuanto Dios, Cristo no *necesita* orar. ¿Pero es eso todo lo que podemos decir? Aquí el argumento sustancialista no alcanza el nivel de una afirmación acerca de la *persona* del Hijo, el Logos. Esto nos deja con una cierta disyuntiva entre las naturalezas divina y humana en Cristo que resulta inevitablemente en una interpretación de la oración del Logos encarnado como una realidad totalmente accidental y externa a su *persona*.

En la teología trinitaria contemporánea, Rahner criticó la tradición tomista en torno a este punto, argumentando que a menos que estemos dispuestos a decir que la relación de la humanidad asumida del Logos debe reducirse a una relación puramente mental, debemos decir entonces que "el Logos por sí mismo tiene una relación real con su naturaleza humana".[35] De lo contrario, debemos concluir erróneamente que "no debe predicarse del Logos como tal nada "económico" que se refiera a él".[36] Desde luego, Rahner reconoce la intención de Tomás de preservar la distinción sustancial entre lo divino y lo humano en Cristo, y esto es lo que su uso del término relación intenta hacer. Sin embargo, Rahner concluye, por la misma razón, Tomás no alcanza el nivel de una afirmación personal o hipostática que hable de la irrepetible identidad de Cristo como Hijo en su contexto trinitario-económico más amplio; contexto en el cual el Hijo ora a su Abba Padre en y por el Espíritu.

Según Tomás, la oración vocal de Jesús revela a otros su filiación, a saber, que él es el Hijo divino del Padre. Se trata de una instancia en la que Tomás

---

para que agradezcamos los bienes recibidos y pidamos en la oración lo que aún no poseemos" (Ibíd., q. 21, a. 3).

35 Rahner, "El Dios Trino", p. 274, n. 11. Sin embargo, Rahner advierte: "Con esta formulación no pretendemos tocar la cuestión de si Dios puede tener en absoluto relaciones "reales" "hacia afuera". La intención de Rahner no es ignorar esta pregunta de tipo sustancial sino señalar su límite para establecer la peculiaridad –intransferible a las otras personas– de la hipóstasis del Logos en relación a su humanidad.

36 Ibíd., p. 279, n. 19.

nos habla de la oración de Cristo como un aspecto de su filiación, pero lo hace más para decirnos que Cristo es Dios con Dios Padre (filiación sustancial o natural). Lo que se afirma es la unidad sustancial del Hijo y el Padre –lo cual es obviamente correcto– pero no su reciprocidad como distintas personas. Por lo tanto, la oración no nos dice nada acerca de Cristo propiamente que nos refiera sólo a él como la persona del Hijo en relación a su Padre (aspecto hipostático de filiación). Nos encontramos, en otras palabras, con una cierta disyuntiva entre el misterio del Hijo eterno quien es uno *con* Dios y el misterio de la salvación al cual la oración del Hijo *a Dios* pertenece.

Uno de los ejemplos más claros de la separación discreta entre el misterio del Hijo eterno y el misterio de la salvación es la conocida afirmación de Tomás de que si Dios lo hubiera querido cualquiera de las personas de la Trinidad pudo haberse encarnado. Sin embargo, en las Escrituras y los credos sólo la persona del Logos se hace carne. La suposición de Tomás es que uno puede en última instancia hablar de la encarnación en términos sustanciales, es decir, como un efecto en el mundo del único Dios en general y de causalidad divina eficiente en particular. En contra de esta propuesta, Rahner indica que...

> Jesús no es simplemente Dios en general, sino que es el Hijo; la segunda persona divina, el Logos de Dios es hombre: él y solamente él. Se da, por tanto, al menos *una* "misión", *una* presencia en el mundo, una realidad de la economía salvífica que no sólo es "atribuida" a una determinada persona divina, sino que le es propia y peculiar. Aquí no se *habla* meramente "sobre" esta persona divina determinada en el mundo. Está ocurriendo algo "fuera de" la vida intradivina, en el mundo mismo, que no es simplemente un acontecimiento del Dios tripersonal que actúa como ser único en la causalidad eficiente del mundo, sino que le corresponde solamente al Logos, es historia de una sola persona divina a diferencia de las otras personas divinas.[37]

Si la afirmación de Tomás que cualquiera de las personas de la Trinidad pudo haberse encarnado fuera cierta, esto significaría que la economía del Hijo –incluimos su vida de oración– no nos dice nada propio acerca de la personal del Hijo. Tomás puede llegar a este tipo de afirmación personal al decir que "cuando llamamos a Dios *Padre nuestro*, nos referimos a toda la

---

37 Ibíd., pp. 278-279.

Trinidad".[38] ¿Significa esto que cuando Cristo ora a su Padre también está orando a sí mismo? Este anacronismo es ejemplo de un tipo de sustancialismo exagerado que, por querer preservar la unidad de Dios y una cierta indiferenciada unidad de actos divinos en relación al mundo, termina minimizando la realidad de la revelación trinitaria de Dios en los eventos de la economía de la salvación.

Si Tomás representa al teísta clásico, ¿conviene seguirlo? Para Tomás la oración, tanto de Cristo como la nuestra, no afecta la mente de Dios pero indirectamente efectúa lo que él ha predestinado en la eternidad. Cristo necesita orar (¿a Dios Padre y/o a la Trinidad?) en cuanto hombre, pero esto ocurre más que nada para revelarnos su divinidad (filiación sustancial) o para darnos un ejemplo de conformidad a la voluntad de Dios. La fundamentación de todos estos argumentos es una propuesta sustancialista a la relación entre el Dios uno y su creación que resalta la distinción entre Creador y criatura, pero también –y esto es clave– relativiza lo que es propio a cada persona de la Trinidad en la economía de la salvación. Ninguna de las opciones que sugiere Tomás nos ayuda a hablar de la participación de la iglesia en la oración de Cristo como una realidad firmemente arraigada y sustanciada en su propia identidad como Hijo. La propuesta de Cristo como ejemplo se acerca algo, pero en esta participación en la vida del Hijo ocurre más por medio de la imitación de la sumisión de Cristo a la voluntad de Dios que por ser formado como un hijo fiel que participa por gracia en la identidad del Hijo como quien ora a su Padre y confía en él.

Para resumir, hemos dicho que Tomás exhibe un eclipse parcial del fundamento trinitario de la vida de oración de Jesús en la tradicional occidental por causa de su propuesta sustancialista a la relación Dios-mundo. Como resultado, no está claro que la vida de oración de Cristo nos pueda decir algo propio acerca de su persona como el Hijo ni tampoco que nos pueda decir algo a nosotros como partícipes de tal aspecto de su filiación por gracia o adopción.

La oración como participación en la filiación de Cristo: Hacia una propuesta personalista de la oración en la vida de Cristo y de la iglesia

Nuestra tesis nos lleva a una segunda pregunta: si ha habido un eclipse parcial del fundamento trinitario de la oración de Jesús en la tradición dogmática occidental, ¿puede la narrativa bíblica y lo mejor de la tradición eclesial ayudarnos a recobrar el significado de la oración de Cristo como una expresión de su ser Hijo? ¿Nos pueden ayudar tales fuentes a rescatar

---

[38] *ST*, 3, q. 23, a. 2, obi. 3.

la realidad de la oración como una instancia de la participación de la iglesia en la filiación de Cristo y por ende en su relación a su Abba Padre en y por el Espíritu?

Para responder a estas preguntas, señalaré brevemente algunos datos bíblicos que tratan del misterio de la oración en la economía de la salvación, primero en la vida de Cristo y luego en la de su cuerpo la iglesia; primero en la vida del Hijo encarnado de Dios y luego en los hijos adoptados de Dios. Después recogeré algunas observaciones más recientes en torno a la tradición de oriente de los padres de Capadocia que pueden asistirnos en el intento de fundamentar el misterio de la oración en una narrativa más personalista de Dios en distinción al discurso sustancialista que ya hemos criticado. Un énfasis personalista trata la oración como una realidad histórica arraigada en el misterio de personas divinas en comunión con nosotros y entre sí.

Comencemos con la afirmación de que la oración es una instancia –una expresión histórica– de vida filial (el ser hijo) tanto para Jesús como para sus seguidores porque ambos oran al mismo Padre en y por el Espíritu. En la introducción a este capítulo, se resaltaron dos aspectos de la oración de Cristo. En primer lugar, dijimos que la oración de Jesús a su Abba Padre es central para entender el misterio de filiación en el cual participan los hijos adoptados por gracia. Por eso Pablo habla de los hijos que oran en el Espíritu *del Hijo*, lo cual nos refiere no sólo al Espíritu que el Hijo les envía sino también del Espíritu en y por quien el Hijo mismo ora a su Padre a través de su vida y misión. Como el Hijo, los hijos claman Abba en y por el Espíritu. La preposición "en" asume la *inhabitación* del Espíritu del Hijo en nosotros, en la criatura agraciada, en el creyente, en los hijos adoptados. La preposición "por" supone la *guía* del Espíritu inhabitador en nuestras vidas.

En segundo lugar, hemos notado que la oración de Jesús a su Abba Padre nos ayuda a entender el misterio del sufrimiento. El Hijo clama a su Abba Padre más intensamente en la agonía de Getsemaní donde éste lucha con la voluntad de Dios a la vez que confía su vida al Padre hasta la muerte. No nos sorprende entonces que Pablo pueda hablar de la oración Abba Padre de los hijos adoptados específicamente como una participación en los sufrimientos del Hijo y finalmente en su gloria.

Para enlazar el misterio de la oración con el de la pasión, y para hablar de ambos como dimensión constitutiva de la filiación del hijo en la cual la iglesia participa por gracia, debemos prestar más atención a la obra del Espíritu Santo como aquel en y por quien tanto Cristo como los cristianos, el Hijo y los hijos, oran al Padre. En otras palabras, debemos aproximarnos al Espíritu Santo como el enlace personal entre la oración de Cristo y la nuestra.

En términos dogmáticos más formales, esto significa que la pneumatología (reflexión acerca del Espíritu) nos provee una puente teológico entre la cristología y la eclesiología que nos puede ayudar a apreciar la importancia de la oración en cuanto evento trinitario en la economía de la salvación.

Es propicio reflexionar acerca del enlace entre la oración de Cristo y su pasión, la cual se expresa intensamente en Getsemaní pero ya se señala con su unción en el Jordán.

Un día en que todos acudían a Juan para que los bautizara, Jesús fue bautizado también. Y mientras oraba, se abrió el cielo, y el Espíritu Santo bajó sobre él en forma de paloma. Entonces se oyó una voz del cielo que decía: "Tú eres mi Hijo amado; estoy muy complacido contigo" (Lc 3:21-22).

Nótese cómo en el texto la oración de Jesús al Padre, el descenso del Espíritu del Padre sobre el Hijo, y la respuesta del Padre al Hijo ("Tú eres mi Hijo amado") se unen en el evento del Jordán, entretejiendo tres aspectos del misterio de filiación de una sola vez. Lucas a la vez une el misterio de filiación al de la pasión, puesto que el Hijo amado no es otro que el Siervo sufriente sobre quien Dios has puesto su Espíritu, como bien lo clama la voz del Padre al decirle a su Hijo "estoy muy complacido contigo" (uno de los cánticos del Siervo en Isaías).[39] Bajo su discusión de la oración como dimensión de la unción de Jesús con el Espíritu para ejercer el oficio sacerdotal, Cantalamessa ofrece varias citas bíblicas donde, explícita o implícitamente, Jesús se retira a lugares alejados como la montaña o el desierto para orar en privado antes de eventos cruciales de su vida.[40] Si consideramos estas citas y la práctica de la oración pública a la que Jesús se sometió como todo judío que acostumbraba orar tres veces al día, Cantalamessa argumenta que la imagen general de Jesús que emerge es "la de un contemplativo que de vez en

---

39 La cita es de Isaías 42:1. El Siervo será exaltado y las naciones verán la salvación de Dios (Is 52:10, 13), pero sólo después de y por medio de la humillación y sufrimiento del Siervo (Is 52:14-15; 53).

40 Raniero Cantalamessa, *Los misterios de Cristo en la vida de la iglesia: El misterio del bautismo de Jesús*. Traducido del italiano por Ricardo M. Lázaro Barceló (Valencia: EDICEP, 2009), pp. 63-64. Nótese, p ej, que Jesús se va a orar a la montaña aunque las multitudes le piden ayuda (Lc 5:15-16), ora antes de escoger a los doce (Lc 6:12-13), antes de su transfiguración (Lc 9:28-29) y antes de comenzar su ministerio público porque se asume que el desierto donde el diablo lo tienta es lugar de oración (Lc. 4:1-2 ss.). También ora antes del descenso del Espíritu sobre él en el Jordán (Lc 3:21-22) y, como se ha dicho anteriormente, en el jardín de Getsemaní antes de su inminente muerte (Lc 22:41-44).

cuando pasa a la acción antes que la de un hombre de acción que de vez en cuando se concede momentos de contemplación".[41]

Nos encontramos entonces con un Jesús que ora y labora (en ese orden, primer la oración y luego el trabajo), una imagen de Jesús que es sugestiva precisamente porque nos es tan foránea en un mundo donde la iglesia siempre parece estar tan ocupada con todo tipo de proyectos que ya no le queda tiempo para la oración al Padre, el único que al fin puede guiarla en su voluntad en esta u otra situación y darle la fuerza para llevarla a cabo.[42] De repente, en nuestro mundo actual, nos incomoda aquel Jesús que "solía retirarse a lugares solitarios para orar" aún cuando "acudían a él multitudes para oírlo y para que los sanara de enfermedades" (Lc 5:15-16). Protestamos: "¿Cómo puede Jesús hacer semejante cosa? ¿Qué puede ser más importante que hacer la obra de Dios en pro de las multitudes?" Jesús nos confunde. Su determinación es la de no dejarse ser abrumado por ellos para así no dejar a un lado su diálogo con el Padre.[43]

La imagen de Jesús que nos presenta Cantalamessa, la del Jesús para quien la oración al Padre a lo largo de toda su vida, nos muestra que el Espíritu que mueve a Jesús a orar es el mismo Espíritu que mueve a la iglesia a orar. Somos guiados por el mismo Espíritu en quien Jesús "fue llevado... al desierto... y fue tentado por el diablo" (Lc 4:1-2; cf. Mc 1:12-13). El desierto, lugar de oración, es el lugar de la lucha con el diablo donde la fidelidad del Hijo al Padre se pone a prueba ("Si eres el Hijo de Dios..."). Lo es también y de forma más intensa el jardín. Como lo muestra Lucas, allí el Hijo lucha con la voluntad del Padre pero también le pide que le dé la fuerza para hacerla.

> "Padre, si quieres, no me hagas beber este trago amargo; pero que no se cumpla mi voluntad sino la tuya." Entonces se le apareció un ángel del cielo para fortalecerlo. Pero, como estaba angustiado, se puso a orar con más fervor, y su sudor era como gotas de sangre que caían a tierra (Lc 22:42-44).

El Hijo confía su misión al Padre. El Espíritu que mora en él lo acompaña en cada oración y en cada lucha que enfrenta en su camino a la cruz.

---

41 Ibíd., p. 65.

42 Cantalamessa no sugiere que el trabajo deba seguir después de la oración ("yuxtaposición"), sino que éste en sí debe fluir de la oración ("subordinación"). Así fue con Jesús, y así debe ser con la iglesia. Cantalamessa aplica este principio de forma persuasiva a la vida de la iglesia y la conducta que ésta debe mostrar al llevar a cabo sus negocios (Ibíd., pp. 76-77).

43 Ibíd., p. 64.

Lucas nos dice que "Jesús, lleno de alegría por el Espíritu Santo, dijo: "Te alabo, Padre, Señor del cielo y de la tierra..." (Lc 10:21). Mas este gozo y oración de Jesús en el Espíritu no ocurre en la ausencia sino en medio del dolor, la persecución, el rechazo, y la muerte. La presencia del Espíritu Santo en el Hijo no lo hace inmune a la cruz, aunque lo sostiene en esa confianza filial que deja la propia vida en las manos de Dios –en el Dios que puede resucitar a los muertos– aún en la peor hora de lucha y sufrimiento.

Es importante ver la oración de Jesús como una expresión que define su ser Hijo, su relación con el Padre en el Espíritu. Afirmar, dentro de un marco sustancialista, que Jesús no necesita orar porque es Dios pasa a ser una afirmación de tipo penúltima. Por su función reveladora, esta afirmación resalta la discontinuidad entre Jesús y la iglesia. Él es Dios. Nosotros no lo somos. Desde luego, está claro que no podemos participar en la presencia del Logos en la humanidad asumida, puesto que ésta es única a Jesús. Sólo Jesús es el Logos, el Hijo unigénito de Dios Padre. Nosotros no lo somos. Por lo tanto, si hemos de participar en el misterio del Hijo, en su vida de oración, hemos de participar en el mismo según la presencia del Espíritu Santo (no precisamente del Logos) en su humanidad. Pues es esto lo que tenemos en común con el Hijo, a saber, una humanidad e historia en la que está presente y actúa el Espíritu. El Hijo es consustancial con nosotros no en cuanto a su naturaleza divina sino según la humana, y allí en la carne mora el Espíritu Santo. Así pues, participamos en la oración del Hijo según el Espíritu en y por el cual éste ora al Padre y porque el Hijo nos ha dado este mismo Espíritu haciéndonos hijos de su Padre.

El lenguaje de la inhabitación o morada del Espíritu es de particular importancia en este contexto, pues implica que el Espíritu ha dado al Hijo encarnado y a nosotros no sólo sus dones externos sino a sí mismo. En otras palabras, tal inhabitación es una realidad *personal*. Como dijimos anteriormente, en el caso del Logos, no es la única esencia o sustancia divina la que por causalidad eficiente del mundo es comunicada a su humanidad asumida. Es la persona del Logos quien asume tal naturaleza humana (no el Padre ni el Espíritu). De forma similar, en el caso del Espíritu inhabitador, no es la única sustancia o esencia divina la que por causalidad eficiente y sin diferenciación de personas es dada al Hijo encarnado *y* a nosotros. Es la persona del Espíritu Santo quien inhabita tanto al Hijo encarnado en toda plenitud como a los hijos de Dios por gracia llevándolos a una relación íntima con el Padre que tienen en común. Inhabitación no es una categoría sustancial, sino una realidad hipostática. La oración no es algo externo a Cristo o a nosotros sino un elemento constitutivo de nuestra filiación común en el Espíritu. En el caso de Cristo, tal filiación en la historia se fundamenta en su relación eterna con el Padre; relación natural en la cual el Hijo es "consustancial al Padre" como lo afirma el Credo de Nicea; en el caso de la iglesia, hablamos de una filiación por adopción o gracia. Sin dejar a un lado esta distinción y discontinuidad, la presencia del Espíritu Santo en Cristo y en los cristianos, en el Hijo y los hijos –presencia de la que atestiguan las Escrituras– nos permite hablar de una participación humana en la oración de Cristo a su Abba Padre.

Es en el Espíritu que mora en el Hijo que nosotros hijos no sólo oramos al Padre, sino que también –y esto es clave– recibimos ayuda del Espíritu "en nuestra debilidad" puesto que "no sabemos qué pedir" (Ro 8:26). La oración es un evento trinitario al cual se nos incorpora para expresar con la valentía del Espíritu, con o sin palabras, nuestra confianza filial en el Padre: "Pero el Espíritu mismo intercede por nosotros con gemidos que no pueden expresarse con palabras. Y Dios, que examina los corazones, sabe cuál es la intención del Espíritu, porque el Espíritu intercede por los creyentes conforme a la voluntad de Dios" (Ro 8:26-27). No sólo nos indica Pablo que el Espíritu del Hijo nos mueve a dirigirnos a Dios como nuestro Abba Padre, sino que también enseña que este mismo Espíritu nos mueve a orar "conforme a la voluntad de Dios". Pablo nos dirige a una promesa para todo aquel que clama Abba Padre en medio de su participación en los sufrimientos del Hijo y las luchas y dolores que son parte del vivir en un mundo trágico. El gemir del Espíritu intercesor en nosotros, en conformidad a la voluntad de Dios, es ciertamente una promesa evangélica precisamente porque no sabemos cómo orar en medio de la tragedia.

Tal gemir del Espíritu del Hijo en nosotros también es promesa evangélica porque el Espíritu Santo en quien oramos es en fin el Espíritu de redención plena en la esperada resurrección corporal: "Sabemos que toda la creación todavía gime a una, como si tuviera dolores de parto. Y no sólo ella, sino también nosotros mismos, que tenemos las primicias del Espíritu, gemimos interiormente, mientras aguardamos nuestra adopción como hijos, es decir, la redención de nuestro cuerpo" (Ro 8:23). Se une el misterio de la oración al de nuestra participación en los sufrimientos del Hijo, pero también en su gloria pues el Padre designó a Jesús "según el Espíritu de santidad… con poder Hijo de Dios por la resurrección" (Ro 1:4). La presencia del Espíritu en el Hijo y en los hijos no nos hace inmunes al sufrimiento en este mundo, pero nos incorpora desde ahora en la esperanza escatológica de la resurrección que ha de venir.

> Y si el Espíritu de aquel que levantó a Jesús de entre los muertos vive en ustedes, el mismo que levantó a Cristo de entre los muertos

> también dará vida a sus cuerpos mortales por medio de su Espíritu, que vive en ustedes (Ro 8:11).

En la oración, sea hablada o silenciosa, ponemos nuestras vidas en las manos de Dios por el Espíritu del Cristo crucificado y resucitado. El Espíritu que mora en nuestros corazones nos mueve a poner nuestra confianza, como lo hiciera el Hijo en Getsemaní, en el Dios que tiene el poder de resucitar a los muertos.

Discursar acerca de la oración como expresión de filiación, de confianza filial (la de Cristo y la nuestra), nos lleva a fundamentar la oración en el misterio del Dios trino. Para comenzar, hablaremos de la oración en términos de un *diálogo* con el Dios personal –más específicamente, la persona del Padre– que no sólo tiene una relación racional con sus criaturas sino que es relacional en su propia naturaleza trinitaria –pues es Padre de su único Hijo en el Espíritu desde siempre– y por ende se relaciona con sus hijos también en la historia de la salvación. Debemos hablar del ser relacional de Dios *sui generis*, como realidad que se aplica a Dios de forma única. ¿Podríamos discursar de un carácter relacional intrínseco de Dios que éste expresa en la economía de la salvación al entrar en diálogo y comunión con nosotros libremente y por amor? Un ser relacional que al comunicarse extrínsecamente con lo que no es Dios, con sus criaturas, no compromete su distinción radical del resto de la creación.

Ioannis Zizioulas, teólogo ortodoxo griego, ha argumentado que los padres de Capadocia son responsables por el giro a la "persona" como la realidad ontológica más constitutiva del ser de Dios. La "personeidad" del ser de Dios, su ser relacional, se defiende precisamente para proteger su distinción del mundo en contra del monismo filosófico griego. Si la tesis de Zizioulas es acertada, nos encontramos entonces con una manera explícitamente trinitaria de reconocer la preocupación sustancialista del teísta clásico de preservar la distinción entre Dios y la creación y a la vez la preocupación personalista del teísta abierto que desea hablar de Dios como quien tiene más que una mera relación racional con el mundo.

Zizioulas sostiene que, en la cultural clásica griega, los filósofos defendían la afinidad o unidad sustancial e impersonal de Dios con todas las cosas en el cosmos (monismo ontológico).[44] En la mentalidad clásica, por lo tanto, el mundo es de la sustancia de Dios pero no de su voluntad; en otras palabras, el mundo existe por una necesidad ontológica en Dios y no por la libre

---

44 Ioannis D. Zizioulas, *El ser eclesial. Persona, comunión, Iglesia* (Salamanca: Sígueme, 2003), p. 43-44.

voluntad de Dios. En reacción a tal monismo, Zizioulas propone que los padres de Capadocia identifican por primera vez en la historia del dogma el concepto clásico grecorromano de "persona" (el término "*prosopon*" que denota relación) con la noción de "sustancia" (los términos "*ousia*" o "*hipóstasis*" que denotan ser en sí mismo).[45] Con esto se afirma que Dios no es y luego se relaciona, sino que Dios *es en relación* al mundo por un acto personal de libertad y amor. Ya que la *hipóstasis* es el modo concreto del ser, "persona" entonces pasa a ser la categoría ontológica más fundamental para definir el ser de Dios en relación a lo que no es Dios. "Ser" significa "ser en relación a otro" por libertad y amor.

A partir de los padres de Capadocia, "persona" (o "*prosopon*") ya no es una realidad secundaria al "ser" (o "*ousia*") sino su *hipóstasis*; por ende, la realidad de la hipóstasis (ser) es fundamentalmente relacional.[46] Dado que la existencia real de la sustancia ("*ousia*") se encuentra en la persona (= *hipóstasis*), la causa ("*aitia*") de la existencia divina también ha de encontrarse en una persona particular, a saber, Dios Padre (y no precisamente en la esencia o sustancia divina que las personas tienen en común, como en la teología occidental de la Trinidad).[47] En otras palabras, Dios es un ser personal porque Dios es la persona del Padre (no Dios en general), y como el Padre, él es la causa o principio personal de la generación del Hijo y la procesión del Espíritu Santo. La noción de "causa" o "principio" no debe entenderse en el sentido de causalidad eficiente, sino de una forma *sui generis* que nos dirige al Padre como fuente de la vida trinitaria *ad intra* (Trinidad inmanente) y por ende como fuente de amor *ad extra* o hacia el mundo por medio de Hijo y en el Espíritu Santo (Trinidad económica).

Aprendemos de los capadocios que la realidad de la persona trae consigo la idea del Padre como *ser en relación* al nivel intratrinitario y trinitario-económico. La noción de una apertura de Dios al mundo para la comunión y el diálogo con sus criaturas señala la dinámica *perijóresis* o interrelación de las personas entre sí que cimienta el alcance amoroso del Padre a sus criaturas por medio del Hijo y en el Espíritu. Nótese que la persona o hipóstasis no precede su relación en la visión de los capadocios, puesto que "ser" no es otra cosa que "ser en relación a otro" tanto en la vida misma de la Trinidad como en su alcance al mundo. Por ende, es intrínseco al ser de Dios relacionarse a otro de tal manera que éste no termina siendo manipulado por nuestras

---

45 Ibíd., pp. 49-52.

46 Ibíd., pp. 52-53.

47 Ibíd., pp. 53-55.

peticiones ni tampoco se torna apático ante nuestras plegarias. Si usáramos categorías tomistas, podríamos quizás concebir una relación entre Dios y el mundo que es "real" para nosotros y "cuasi real" (no simplemente racional) para Dios.[48] Así pues, Dios pasa a verse más como persona que responde a nuestras oraciones y necesidades sin dejar de ser Dios.

Nos toca ahora brevemente reflexionar acerca de las implicaciones trinitarias de la oración como realidad intrínseca y no simplemente extrínseca a la persona del Hijo. En la vida de oración de Cristo, en su diálogo con Dios Padre en y por el Espíritu, vemos la confianza filial de Cristo en su Padre. La oración de Getsemaní, "Abba Padre... no sea lo que yo quiero sino lo que quieres tú" (Mc 14:36), nos presenta al Hijo fiel quien es total apertura a Dios, perfecto ¡sí! al Padre. Como expresión económica de su filiación, esta confianza filial en la historia se cimienta en una realidad eterna que la precede, a saber, la relación personal del Hijo con su Padre, de quien es su perfecta imagen, hacia quien mira, y de quien existe en una relación recíproca "Yo-Tú" de amor en el Espíritu. La oración del Hijo no es accidental a su persona. No es externa a la persona del Logos. La oración de Jesús nos dice algo acerca de él en cuanto Hijo. En y por el Espíritu del Hijo, la iglesia también puede dar la cara al Padre por la misericordiosa intercesión de su Hijo, cuyos hermanos y hermanas somos, y confiadamente dialogar con el Padre antes de emprender cualquiera faena. Podemos postrarnos ante el Padre para conocer su voluntad en esta u otra situación y para recibir la fuerza para llevarla a cabo y vivirla –aún luchar con ésta– en un mundo no inmune al dolor.

---

48 La idea de una relación "cuasi real" podría verse más que nada como teología negativa, pues trata de decir algo acerca de Dios en vez de decir nada cuando las palabras nos fallan. Lo que se quiere afirmar con esta categoría es que Dios es relacional intrínsecamente y por ende sensible en su relación con el mundo (preocupación del teísta abierto). A la vez la categoría afirma que la sensibilidad de Dios al mundo no puede comprometer su radical distinción del mundo (preocupación del teísta clásico). De manera similar, Rahner usa el término de causalidad "casi formal" (en vez de causalidad eficiente o causalidad formal) para hablar de la autocomunicación de Dios a la criatura en inhabitación sin dejar a un lado la distinción ontológica entre Dios y la criatura agraciada. Véase "El Dios Trino", p. 286. Proponente del teísmo abierto, Pinnock escribe: "El teísmo abierto ve a Dios como autosuficiente, ser trinitario ontológicamente otro y distinto que voluntariamente crea el mundo de la nada y por gracia se relaciona con éste de forma que se autolimita por respeto a la voluntad que éste le ha otorgado a sus criaturas" (traducción mía). No tengo ningún problema con el *ser en relación* de Dios –tema que el teísmo abierto desea desarrollar– pero sí con el grado de autolimitación que se quiere atribuir a Dios para defender su *ser en relación* al mundo. La idea de autolimitación termina *de facto* poniendo en tela de juicio la distinción ontológica de Dios y el mundo, haciendo de su acción en el mundo un resultado de la libertad del ser humano.

La oración como don divino, confianza filial y clamor escatológico:
Implicaciones de nuestro estudio

En primer lugar, nuestro estudio muestra que la vida de oración de Jesús es una expresión de su ser Hijo, de su personeidad como tal. Esto significa que la oración de Cristo no debe verse como una realidad extrínseca de su persona; y esto es cierto aún si su oración fuese reveladora de su filiación natural o instructiva y ejemplar para la iglesia. La oración es un evento trinitario. En el Espíritu, el Hijo clama Abba. La oración, por lo tanto, es expresión en la economía de la salvación de su relación "Yo-Tú" con el Padre en el Espíritu. Ya que oramos en y por el mismo Espíritu, en el Espíritu del Hijo, nuestra oración no debe verse tampoco como algo externo a nosotros; es decir, como algo que hacemos pero que no nos dice nada acerca de quiénes somos. Al contrario, la oración es para la iglesia un evento trinitario en el cual es incorporada a participar por la morada en ella del Espíritu del Hijo (y su Padre).

Prácticamente hablando, esto implica que nuestra vida de oración debe verse como un *don* de Dios. Es una dimensión de nuestra filiación, constitutiva para definir quiénes somos como criaturas, intrínseca de nuestra identidad humana como hijos de Dios. A partir del bautismo, el Padre nos ha prometido el don de su Espíritu Santo, quien sólo escudriña y conoce sus pensamientos, para interceder por nosotros según su voluntad porque no siempre sabemos cómo orar (1Co 2:10b-11). Ésta es una gran promesa para todos aquellos que viven momentos difíciles de tragedia y sufren gran dolor. La fe no pone su confianza en algún atributo divino abstracto, ya sea en la inmutabilidad de Dios o en su autolimitación, en el tiempo de angustia, cuando nos entumece y deja mudo el sufrimiento. Al contrario, la fe dirige la mirada confiadamente a la promesa de Dios: Hemos recibido el Espíritu de su Hijo en el jordancito de nuestro bautismo para orar –con o sin palabras, con o sin elocuencia– como el Hijo lo hiciera una vez: "Abba Padre, hágase tu voluntad."

En segundo lugar, y con relación al primer punto, la oración es ante todo una expresión de *confianza filial*, y no especulación acerca de la mente de Dios y lo que éste pudo haber decidido en el pasado independientemente de nuestras oraciones o lo que éste hará en el futuro en respuesta a nuestras oraciones. Nosotros simple y sencillamente no conocemos la mente de Dios. Sólo el Espíritu la conoce. Es una carga insostenible y pesada preguntarse si hemos orado lo suficiente según la voluntad de Dios para que éste cambie de parecer o sea movido a actuar.[49] Esto sólo puede llevarnos a la seguridad carnal o a la desesperación. Ya que se nos ha dado el Espíritu para dirigirnos en oración a pedir conforme a la voluntad de Dios, hemos sido librados para poner nuestras necesidades y vidas en las manos del Padre.

En términos prácticos, esto implica que no debemos pensar que nuestras oraciones son innecesarias en un sentido casi fatalista, poniendo como excusa que Dios ya sabe desde la eternidad lo que va a hacer de todos modos. Tampoco hemos de pensar que nuestras oraciones son necesarias en algún sentido absoluto, pretendiendo que de lo contrario Dios no podría mover un dedo o cambiar su mente acerca de algo que todavía ha de ocurrir o que éste a lo mejor todavía no ha concebido para el futuro aparte de nuestras plegarias. Estas maneras de pensar acerca de la oración no van al asunto. Ambas pierden de vista el punto fundamental: la oración de la iglesia es expresión de confianza filial, su entrega al Padre que ha prometido escucharla y sabe lo que es mejor para sus hijos. La confianza filial nos no permite decir: "No voy a orar porque Dios ya sabe lo que me va a pasar." La confianza filial tampoco nos permite decir: "Voy a orar porque Dios necesita de mis peticiones para cambiar el curso de mi vida en el futuro." Ambos tipos de actitud reflejan una cierta arrogancia, una falta de disposición para ser fiel a Dios, para poner nuestra confianza en él y no en nosotros o nuestras oraciones en sí. La confianza filial dice: "Abba, Padre, pongo mi vida y obra en tus manos." Es el "valor" y la "plena confianza" que, como Lutero indica al comienzo de su catequesis del Padrenuestro, ha de caracterizar nuestras peticiones porque oramos a Dios "como hijos amados a su amoroso padre".[50] La confianza filial no tiene que ver con la entrega a un Dios apático que no se preocupa

---

49 Inspirándose en el texto de Santiago 4:2 ("no tienen, porque no piden"), la afirmación de Sanders de que Dios a veces no hace algo "porque nosotros fallamos en pedir por nosotros y por otros" termina siendo una carga pesada sobre aquel que siente que no ha orado lo suficiente para persuadir a Dios. Para la aplicación del teísmo abierto a la cuestión de la oración, véase John Sanders, *The God Who Risks: A Theology of Providence* (Downers Grove: InterVarsity, 1998), pp. 268-274. A pesar de todo, debemos admitir que Stg 4:2 o afirmaciones similares también pueden usarse para promover la efectividad de la oración a aquellos que sienten que éstas son fútiles porque Dios ya sabe lo que va hacer de antemano de todos modos. A diferencia de Sanders, sin embargo, prefiero hablar de la necesidad de la oración en términos de fe o confianza filial en el Padre sin especular acerca del poder de la oración para persuadirlo o la naturaleza precisa de su conocimiento del futuro en relación a nuestras oraciones. Tal especulación empieza a meterse en el campo del Dios escondido (*Deus absconditus*) con el cual no nos compete tratar.

50 *Catecismo Menor*, El Padrenuestro, 2, p. 360.

por nuestras vidas. Tampoco tiene que ver con la persuasión de un Dios que se limita a sí mismo, esperando que nosotros hagamos lo nuestro para que él pueda hacer lo suyo. Por el contrario, la vida del hijo orante tiene que ver con la confianza en su Padre que lo ama, que le ha dado el Espíritu de su Hijo para entrar en una comunión de "Yo-Tú" con él; relación que se caracteriza por la fe del hijo y el amor del Padre.

En tercer y último lugar, la oración es una expresión filial que implica una participación de la iglesia en los sufrimientos y la glorificación del Hijo. En términos prácticos, recordamos que la inhabitación del Espíritu en nosotros no nos hace inmunes al sufrimiento, como lo demuestra la propia unción del Hijo con el Espíritu para ser el Siervo sufriente. La oración de la iglesia es una instancia de su participación en el Espíritu del Hijo quien oró a su Abba en Getsemaní, el lugar de la lucha y la agonía, donde la oración se eleva no en la ausencia sino en el medio y a pesar del dolor y la muerte. Ésta es la realidad de nuestra situación.

Sin embargo, recordamos también a la iglesia sufriente de hoy que su oración en este mundo trágico es, en y por el Espíritu que mora y ora en ella, un *clamor escatológico* anticipado o proléptico de fe en el Dios que sólo puede resucitar a los muertos así como resucitó a su Hijo, y nuestro hermano, a la vida según el Espíritu de santidad (Ro 1:4). En el caso de los hijos adoptados, su vida de oración en y por el Espíritu se unirá al misterio del sufrimiento y confianza en el rescate escatológico que Dios ha prometido a su iglesia militante en el día postrero.

Resumen

1. Un sector importante del evangelicalismo se ha adentrado en la cuestión de la relación entre Dios y su creación. La tradición calvinista ha enfatizado la soberanía de Dios y la arminiana el libre albedrío del hombre. Este contraste se ha manifestado en el debate contemporáneo entre el "teísmo clásico" que enfatiza la trascendencia de Dios y el "teísmo abierto" que defiende la autolimitación de Dios por respeto a la libertad humana. Aplicado a la oración, sin embargo, el "teísmo clásico" tiende a hacer de la oración una práctica innecesaria u opcional porque Dios es omnisciente y ya sabe lo que va a hacer; el "teísmo abierto" hace de la oración un poder potencial que debe ser activado para que Dios pueda ser movido a hacer algún acto por nosotros. Lo que busca el teísmo es defender algún atributo divino. Sin embargo, la oración no se enfoca en el Dios de los atributos que ya sabe lo que va a hacer o está esperando que lo persuadamos para mover un dedo. Tampoco se busca la efectivi-

dad o razón de ser de la oración en la santidad del orante. Se orienta la oración, tanto en términos de su necesidad como su beneficio, a la palabra de Dios que la demanda y la adorna con sus promesas. Tampoco permite el enfoque teísta fundamentar la oración en la narrativa trinitaria de nuestro ser hijos del Padre en el Espíritu del Hijo, en el misterio trinitario de filiación.

2. Visto como representante del "teísmo clásico", Tomás de Aquino nos presenta una oportunidad para examinar la función de la oración en la vida de Cristo y por ende de la iglesia. Aunque Tomás presenta la oración de Cristo como reveladora de su divinidad o ejemplar o pedagógica para la iglesia, su presentación no explora la noción de la oración como una realidad en la economía de la salvación que nos dice algo acerca de la persona del Hijo en sí, de su filiación. No permite el marco filosófico tomista hablar de una "relación real" entre Dios y su creación en la que Dios se vea afectado de algún modo por su relación con nosotros. La relación es "real" para la criatura, pero solamente "conceptual" para Dios. Según Tomás el mismo principio se aplica a la unión hipostática de Cristo de manera que la humanidad del Hijo –inclúyase su oración a Dios Padre en el Espíritu– no nos puede decir nada acerca de su persona divina. Sin este fundamento cristológico, es difícil ver cómo la oración de los hijos adoptados (la iglesia) nos hace partícipes de la vida del Hijo, de su relación con su Padre en el Espíritu Santo que se expresa en su oración. Se podría quizás hablar, en el marco tomista, de una relación "cuasi real" entre Dios y su creación en la que la historia del Hijo encarnado nos puede decir algo acerca de su persona sin perder la distinción entre lo divino y lo humano que pretende defender tal marco.

3. Los límites del marco tomista nos llevan a la tradición oriental donde no es la sustancia divina y sus atributos sino la "persona" lo que constituye la realidad ontológica más fundamental para hablar acerca del Dios trino y su relación con el mundo. Para afirmar la libertad de Dios ante el monismo griego, los padres de Capadocia anclan la distinción entre Dios y el mundo en la persona del Padre. No se habla de la sustancia, esencia o usía de Dios en general o de forma abstracta (estrategia que se ha denominado "sustancialismo"), sino que se habla de la persona de Dios Padre como punto de partida en su relación intradivina y económica con su Hijo y Espíritu. En el contexto de este personalismo ontológico, Dios pasa a verse más como persona que responde a nuestras oraciones y necesidades sin dejar de ser Dios. De forma similar, la vida de oración del Hijo al Padre en el Espíritu se ve como una expresión en la economía

de su relación intradivina con su Padre, de su mutua relación "Yo-Tú" en el Espíritu. El marco personalista nos permite además anclar la oración de la iglesia en su participación por gracia en la filiación del Hijo en quien habita en Espíritu. Esta filiación implica una participación de la iglesia en los sufrimientos y la gloria del Hijo porque el mismo Espíritu que habitó en el Hijo y en quien el Hijo oró, puso su vida en las manos del Padre y resucitó, también mora en los hijos y los orienta al Dios que llaman Padre.

4. En lo que concierne a la teología de la oración, ni el "teísmo clásico" ni el "teísmo abierto" promueven la oración. El primero, por conclusión lógica, hace de la oración cuestión trivial porque Dios ya ha dado por hecho en la eternidad lo que hará independientemente de nuestras plegarias; el segundo hace de la oración indispensable para que Dios pueda ser movido a involucrarse en nuestros asuntos. Ambos tipos hacen de la oración una carga pesada para el creyente. El de corte clásico lo lleva más que nada a la angustia y la desesperación –y aún al fatalismo– porque piensa que sus plegarias no pueden hacer nada para cambiar lo que Dios ya ha decidido; el de corte abierto lo lleva por lo general a la arrogancia porque piensa que sus plegarias –ya sea la cantidad o calidad de las mismas– es lo que hace que Dios actúe a su favor. Se pierde en todo esto el sentido de la oración como don divino que nos lleva a orar según la voluntad del Padre por el Espíritu, aún cuando no sabemos cómo o cuánto orar. Se pierde además el carácter de la oración como confianza filial en el Padre que si bien es cierto nos manda a orar también promete escuchar y responder a nuestras plegarias como lo hace un Padre amoroso por sus hijos amados. En medio de las tragedias de la vida, la oración no puede ser fuente de desesperación o arrogancia. Ha de ser clamor escatológico del hijo sufriente, que como lo hiciera el Hijo en su cruz, pone su vida en las manos del Padre que resucita a los muertos. Textos que nos hablan de la necesidad de la oración (p ej, Stg 4:2) no deben usarse para poner cargas sobre creyentes angustiados ni para inflarle el ego al libre albedrío de los orantes. No deben usarse para negarle a Dios su trascendencia u omnisciencia, ni para atribuirle a Dios alguna autolimitación que comprometa su conocimiento del futuro o su omnipotencia y capacidad de ayudar al orante. Textos de este tipo sirven para recordar al hijo flojo que la oración es un mandato de Dios, y para recordar al hijo dudoso que confíe en la promesa del Padre que lo escucha. Cómo el Padre responda en esta u otra ocasión no depende de nosotros sino siempre de él, pues él sabe lo que es mejor para sus hijos.

Preguntas para la reflexión

1) La oración es don divino pero también actividad cristiana. ¿En qué momentos de su vida es crítico recordar que la oración no es opcional sino un mandato divino y por ende su responsabilidad cristiana? Por otro lado, ¿cuándo le es necesario recordar que la oración es ante todo un don divino y por ende trae consigo la promesa de que el Padre la escucha y responde a la misma según su voluntad? ¿Cuál sería la desventaja de hablar de la oración solamente como don divino pero no como mandato divino? ¿Cuál sería la desventaja de hablar de la oración solamente como responsabilidad cristiana pero no como don y promesa divinos?

2) Hemos hablado de la oración como don divino y clamor escatológico en medio de los sufrimientos de la vida. ¿Qué pensamientos o sentimientos le vienen a la mente o al corazón al saber que el Espíritu Santo intercede por usted ante el Padre cuando clama a él en su necesidad? ¿Le viene a la mente algún momento de su vida, quizá alguno difícil, en que no sabía qué decirle a Dios o cómo orarle? Ante las tragedias o incertidumbres de la vida, ¿qué pensamientos o sentimientos inspiran en usted la enseñanza de que el Espíritu Santo intercede por los hijos de Dios según su voluntad cuando no sabemos qué decir?

3) Vimos que la oración es un mandato de Dios y por ende responsabilidad del cristiano. Pero también presentamos la oración como expresión de confianza filial, como un acercamiento sin temor a Dios, así como los hijos amados se acercan a su amoroso Padre. Piense en problemas o necesidades que está enfrentando actualmente en su vida personal, trabajo o ministerio, familia, etc. ¿Cuáles son esas áreas de su vida que hay que confiar al Padre en oración y poner en sus divinas manos? Preséntele su problema a Dios y hágale saber su necesidad. Sea específico. Comience la oración diciendo: "Dios mío. Vengo a ti como hijo(a) amado(a) a su amoroso Padre." Luego haga la petición. Termine diciendo: "Hágase tu voluntad. En el nombre de Jesús. Amén."

CAPÍTULO 8

ESCLAVOS DE NADIE Y SIERVOS DE TODOS: La vocación como participación del cristiano en el servicio del Hijo

La teología contemporánea que se haga en el continente de América debe tomar en serio el giro que se ha hecho en occidente al individuo en su complejidad humana e histórica. ¿Cómo proclama la iglesia a Jesucristo de forma inteligible a personas de este mundo occidental que valoran de gran manera la razón (modernidad), la perspectiva del individuo (posmodernidad) y la voz del oprimido (poscolonialismo)? Su testimonio ha de incluir la tarea de discernir entre un tipo de individualidad relativamente saludable para la sociedad, orientado al fomento de la creatividad y una ética laboral robusta, y aquel individualismo de corte negativo que alaba y alimenta el ego a expensas del prójimo.

En nuestra sociedad, el llamado de la iglesia a participar en la vida de Jesucristo, el Siervo, encarnando así su orientación al necesitado, puede servir para transformar a individuos egoístas en personas que abren espacio para el prójimo. Habrá espacio en una teología de la vocación para gozar de los frutos del trabajo, espacio para la idea y práctica del Sabbat o reposo tanto en el sentido espiritual como en el plano de lo cotidiano. Esta necesidad de descanso y quizás hasta de mimarse de vez en cuando con los dones de Dios que esta tierra nos da, no debe confundirse con egoísmo, negligencia o pecado. Así como la orientación a la vocación es parte de nuestra constitución humana también lo es la necesidad de descansar en Dios, del sabático, lo cual no sólo incluye el tiempo para la oración –cuestión que cubriremos más adelante– sino también el tiempo de descanso mental y físico. Dios creó el Sabbat, el sábado. Bendijo y santificó el día de reposo, porque en ese séptimo día descansó. Así pues, el Hijo labora en la misión que el Padre le ha dado, trabaja y así nos sirve hasta darse a sí mismo en rescate por muchos. El Hijo también descansa en las manos de su Padre en oración, sin dejar que su labor impida el retiro físico y espiritual. Cada cristiano también ha recibido el Espíritu del Hijo para llevar a cabo su vocación en conformidad con el servicio del Hijo, cuya labor y oración van estrechamente de la mano durante toda su vida.

Tómame en cuenta:
La orientación al individuo en la modernidad y posmodernidad

Como en el caso de otros "ismos", el término "individualismo" representa una cosmovisión, manera de pensar, o forma de vida que hace del individuo su preocupación central. En el mundo occidental moderno, el axioma del filósofo francés René Descartes "*cogito ergo sum*" –a saber, "pienso, por lo tanto existo"– ha servido típicamente como signo del giro monumental de una visión teocéntrica del universo a una antropocéntrica. En el occidente poscartesiano, hemos heredado una situación en la que la teología –aunque sea o se conciba como teocéntrica– no puede esquivar en su reflexión el giro al sujeto humano en su complejidad y agencia sicológica, historicidad y contexto social.

Teologías "desde abajo" que toman como punto de partida el plano humano e histórico son comunes hoy en día. Una cristología "desde abajo", por ejemplo, puede partir del hombre Jesús de Nazaret, su historicidad y contexto social, su vida y ministerio bajo la guía y en la compañía del Espíritu de Dios, o sus palabras y obras en la historia de la salvación. Tal aproximación al misterio de Cristo asume una metodología que opera en lo que se denomina *ordo cognoscendi* (u orden del conocimiento), según el cual Jesús es reconocido como Salvador, Señor, y Dios en base a nuestro conocimiento de sus obras por nosotros, particularmente *post factum* o después del hecho de su resurrección de los muertos. Tal metodología tiene la ventaja de dejar en claro que no hay acceso al Logos divino aparte de este hombre Jesús de Nazaret y sus obras.[1] Dicho de otra manera, conocemos a Jesús como Dios porque Jesús nos ha salvado.

---

1 En un sermón para el domingo de la Santísima Trinidad, Lutero escribe: "Las Escrituras gradual y hermosamente nos dirigen a Cristo; primero, revelándonoslo como hombre, luego como el Señor de todas las criaturas y finalmente como Dios. Así pues somos llevados exitosamente al verdadero conocimiento de Dios. Pero los filósofos y sabios de este mundo preferirían comenzar arriba y por ende se han vuelto tontos. Debemos comenzar abajo y avanzar gradualmente en conocimiento…" La traducción del inglés al español es mía. Martín Lutero, *Sermons on Gospel Texts for Pentecost*, vol. 2, pt. 1, en *The Complete Sermons of Martin Luther*. Editado por John Nicholas Lenker y traducido por Lenker y otros (Minneapolis: Lutherans in All Lands, 1907; reimpresión, Grand Rapids, Mich.: Baker Books, 2000), pp. 409-10.

Una cristología "desde abajo" también puede tomar una trayectoria eclesiástica, enfocándose en lo que tenemos en común con Cristo, a saber, una vida e historia humana. Jesús es nuestro hermano, no un ángel sino un descendiente de Abraham, familiarizado con el dolor humano, tentado como nosotros, y por ello semejante a nosotros en todo aspecto "aunque sin pecado" (Heb 2:16-17, 4:15). Él es nuestro *primogenitus*, "el primogénito entre muchos hermanos", el segundo Adán que toma sobre sí el pecado y la muerte que hemos heredado del primer Adán, y que nos precede por su resurrección de los muertos como nuestras "primicias", asegurando nuestra restauración a la imagen de Dios perdida en Edén en la resurrección venidera (Ro 8:29-30, Heb 3:10-18, 1Co 15:20-23, 45-49). Un ejemplo de tal aproximación "desde abajo" es la cristología pneumatológica en la cual el Hijo (o sea, Cristo) y los hijos (o sea, el cuerpo de Cristo) tienen en común el mismo Espíritu Santo, de tal manera que ambos comparten la unción del Espíritu para servir y el poder del Espíritu que resucita a los muertos.[2] En categorías de la cristología occidental, diríamos que el Verbo encarnado comparte lo que es suyo de manera única –es decir, su *gratia personalis* (o en términos trinitarios, su Espíritu Santo)– con los miembros de su cuerpo quienes reciben de la cabeza el mismo Espíritu (*gratia capitis*). En términos bíblicos, Jesús, el portador y dador del Espíritu, es el dador del Espíritu a la iglesia.[3] Dentro de este marco cristológico, una teología de la vida cristiana

---

2 Yves Congar, "Pour Une Christologie Pneumatologique," *Revue des Sciences Philosophiques et Theologiques* 63 (1979): 435-42. Para la traducción al español, véase Yves M.J. Congar, "Por una cristología pneumatológica", en *El Espíritu Santo*, vol. 3, pp. 598-607. Para resumir, en la economía de la salvación, la identidad de Jesús como dador del Espíritu Santo a la iglesia en el bautismo parece depender de alguna manera constitutiva de su propia unción con el Espíritu por parte del Padre en el bautismo del Jordán (en particular, véase Lc 3:16, 21-22 y Hch 1:4-5, 2:33-39). De forma similar, la resurrección de los hijos por el Espíritu de Dios depende en el plano de la economía de la salvación del hecho de que el Padre resucitó a su Hijo según el Espíritu de santidad y lo constituyó Hijo de Dios con poder (véase Ro 1:3-4, 8:11, 22-23). Estos tiempos especiales o "*kairoi*" de la economía de la salvación han de tomarse en serio no sólo para darle su trayectoria histórica a la cristología sino también para anclar la vida de la iglesia en el Espíritu en la del Hijo, conectando así la cristología y la eclesiología mediante la pneumatología.

3 Para un estudio más extenso, véase Leopoldo A. Sánchez M., *Receiver, Bearer, and Giver of God's Spirit: Jesus' Life and Mission in the Spirit as a Ground for Understanding Christology, Trinity, and Proclamation* (Ph.D. diss., Concordia Seminary, St. Louis, 2003); "God against Us and for Us: Preaching Jesus in the Spirit", *Word & World* 24/2 (2003): pp. 134-45; "La misión conjunta del Hijo y del Espíritu Santo en el misterio de Cristo: La vida y el ministerio de Jesús como receptor, portador y dador del Espíritu", en *Pneumatología*, capítulo 5; "A Missionary Theology of the Holy Spirit: The Father's

podría argumentar –como lo hiciera Lutero con su *oratio-meditatio-tentatio*, o más recientemente, Cantalamessa de forma más explícita– que el mismo Espíritu en quien Jesús luchó contra los poderes del antireino, proclamó la palabra de Dios y oró a su Padre da forma a la vida y misión de la iglesia en el mundo.[4] Vemos pues que una cristología "desde abajo" como lo es la pneumatológica tiene el potencial de conectar de manera vivencial el misterio del Hijo al de los hijos, de la cabeza al del cuerpo, dándole así un carácter cristoforme o crístico a la vida y misión de la iglesia. Esta visión facilita el lenguaje de "participación" en el misterio de Cristo, en su humanidad, sufrimiento, vocación, y oración.

Hoy en día comunidades marginadas también han apelado a la consideración seria del contexto social de Jesús en la reflexión misiológica y ética. Por ejemplo, teólogos latinos en Norteamérica han señalado el contexto galileo de Jesús con el fin de reconcebir el misterio de la encarnación en términos del Dios que se identifica con los pobres y marginados.[5] Este proceder "desde abajo" a la vez fomenta una visión más holística e integral de la evangelización que no se limita a una concepción de la "oveja perdida" en términos del "incrédulo" del mundo ateo, agnóstico o secular del occidente moderno (o del noratlántico) sino que la expande al tercer mundo (o mejor dicho, la mayoría del mundo) "indigente".[6] La misión de la iglesia en las Galileas de nuestros días requiere un compromiso ético al llamado divino de amar al *totus homo*, al ser humano en su totalidad, alma y cuerpo, en su necesidad espiritual y física, y en particular de practicar una prioridad de amor no sólo con el prójimo en general sino con los más necesitados entre nosotros; lo que en la teología de la liberación pasa a conocerse como la "opción preferencial por los pobres".[7]

Anointing of Jesus and Its Implications for the Church in Mission", *Missio Apostolica* 14/1 (May 2006): 28-40.

4 Raniero Cantalamessa, *El misterio del bautismo de Jesús*. El autor habla del sentido "existencial" o "moral" de la participación de la iglesia en la unción real, profética y sacerdotal de Cristo (p. 21).

5 La obra clásica es: Virgilio Elizondo, *Galilean Journey: The Mexican-American Promise* (Maryknoll, NY: Orbis, 2000); véase también sus ensayos bajo "*Mestizaje* and a Galilean Christology", en *Beyond Borders: Writings of Virgilio Elizondo and Friends*. Editado por Timothy Matovina (Maryknoll, NY: Orbis), pp. 159-186.

6 Véase, por ejemplo, Segundo Galilea, *Teología de la Liberación: Ensayo de Síntesis*. Colección Iglesia Nueva (Bogotá, Colombia: Indo-American Press, 1978), p. 17.

7 En conmemoración del decimoquinto aniversario de la publicación de la versión inglesa de su *Teología de la liberación*, Gustavo Gutiérrez clarifica este uso no exclusivo

Estas reflexiones tienen la intención de señalar lo inevitable que es escapar los profundos deseos de muchos en occidente por una cosmovisión que valore el giro al sujeto y por ende que resuene con y responda a sus necesidades y aspiraciones. El giro al sujeto, a la centralidad de la persona, en el Occidente no ha sido superado por la posmodernidad, sino que ésta la ha asumido y confirmado dentro del perspectivismo. Se promueve a menudo esta u otra perspectiva, no sólo por querer ser un relativista, sino de tal manera que se fomente la creatividad y contribución de cada individuo en la sociedad. Sin querer minimizar el peligro de alabar tal individualidad en el campo educativo al punto de perder el aprendizaje en comunidad y en solidaridad con otros, la noción de crear un espacio para que cada persona piense por sí misma y provea su perspectiva acerca del mundo que la rodea tiene el potencial de promover creatividad y posibilidad. Se trata del tipo de individualidad que, sin conformarse al *status quo*, ha impulsado a algunos a crear medicamentos que salvan vidas, componer alguna sinfonía que va más allá de los parámetros aceptables, resolver algún problema aparentemente imposible, o preparar algún argumento político persuasivo ante sectores críticos de la opinión pública.

Despreciar la posmodernidad por su potencial peligro de relativismo absoluto en torno a esta u otra "verdad" bíblico-teológica significa perder de vista su potencial contribución a tomar en serio el giro al lugar del sujeto y la perspectiva en la interpretación de la realidad y el mundo que Dios ha creado. Es posible, por ejemplo, que dos teólogos de la misma tradición o confesión cristiana, provenientes de distintos países con sus respectivas culturas, interpreten el mismo texto bíblico con reverencia y lleguen a dos lecturas distintas pero a la vez fieles a la verdad. ¿No puede el Espíritu Santo que inspiró la Escritura guiar a la iglesia –en toda su catolicidad o universalidad, y en esta u otra etapa de su historia y mundo– a un escuchar y proclamar de la verdad cada vez más profunda y contemporánea que nos siga llevando a Cristo? Siempre habrá que "discernir los espíritus", ver que el mensaje no se pierda en esta u otra cultura. Por otro lado, la afirmación de perspectivas pueden justificarse como parte de un reconocimiento humilde del hecho de que la verdad de Dios es tan rica e inexhausta, tan profunda que el pozo nunca deja de dar agua de vida.

---

del término "opción preferencial". Véase *A Theology of Liberation: History, Politics, and Salvation*, ed. and trans. Sister Caridad Inda and John Eagleson, rev. ed. (Maryknoll, N.Y.: Orbis, 1973; new introduction, 1988), xxv-xxviii.

El giro moderno al sujeto humano tampoco ha podido escapar la mentalidad poscolonial en la cual se reclama y crea un espacio para aquel individuo que fue silenciado por otros, aquel cuya individualidad fue suprimida por este u otro patrón o imperio. Hoy en día se trata de concebir la historia "desde abajo", desde la perspectiva de aquellos cuya voz no aparece en sus anales. La toma de conciencia entre grupos colonizados llevó a los movimientos independentistas y más adelante a la reflexión acerca de la contribución del colonizado a la nueva identidad nacional. Estas reflexiones nos llaman a no ser ignorantes en torno al discurso y la dinámica de "poder" –por lo general, su abuso– que ha sido parte de la creación de perspectivas de corte colonialista. Si el giro al supuesto uso objetivo de la razón que caracteriza al modernismo desde el siglo dieciocho ha sido cuestionado por su primo posmoderno, el giro posmoderno en sí también ha sido cuestionado y criticado por su primo poscolonialista. Nos recuerda el poscolonialismo que en el pasado sólo los poderosos han tenido el privilegio exclusivo de dar su opinión, de ofrecer su perspectiva, y verla encarnada en algún proyecto.

Vemos ejemplos de lectura histórica "desde abajo" en la canción de Rubén Blades. En su tonada *Blackamán*, el cantautor desarma, desenmascara; o "des-cubre" en el sentido de hacer público lo que por conveniencia se había suprimido en la memoria –a saber, el proyecto colonial en América– con el fin de dar voz e identidad al marginado.[8] Esta memoria fue "casi" reprimida, pero la renovada toma de conciencia acerca de nuestro pasado me impulsa ahora a pensar por mí mismo para así encontrarme a mí mismo. "Nuestra historia aún existe. Sólo hay que redescubrirla." Su canto es poscolonial, fomenta una individualidad liberadora. Asimismo, Blades, el hijo de un afroantillano, nos relata en su canción *West Indian Man* el sacrificio y la contribución de los negros antillanos en la construcción del Canal de Panamá; cuestión poco reconocida en aquel discurso que enfatiza el rol de los estadounidenses anglosajones en el proyecto.[9] Esta mentalidad poscolonial de nuestros tiempos fue la que llevó a individuos como Martin Luther

---

8 Véase la referencia a la obra de Blades en la sección 6.3, donde se discursa acerca de la concientización como antesala a la humanización.

9 "Hombre Antillano, quiero reconocer tu voluntad de hierro, tu sacrificio. Diste la vida para construir un camino que uniese a los océanos, dentro del corazón de Panamá." Rubén Blades, "West Indian Man", en *Amor y control*, CDZ-80839/471643-2 (Sony Records, 1982); Recientemente, se ha reconocido la historia de los afroantillanos en el Canal en literatura angloparlante. Véase, por ejemplo, Matthew Parker, *Panama Fever: The Epic Story of the Building of the Panama Canal* (N.Y.: Anchor Books, 2009).

King Jr. a nadar contra la corriente, a luchar y morir por los derechos civiles de las minorías étnicas en los Estados Unidos de Norteamérica.

Es interesante notar, sin embargo, que el ensayista chicano Richard Rodríguez ha expresado su descontento con una completa "relectura" de la historia de los Estados Unidos "desde abajo" porque según él ésta no puede enfrentar por sí misma el pasado mixto de tesoros y prejuicios que han jugado un rol en las vidas de los afroamericanos, las mujeres y los inmigrantes hasta nuestros días. Proclama Rodríguez: "Enséñame acerca de vaqueros e indios pues debo entender las tragedias que crearon la nación que me criaría. Si eliminas a Benjamin Franklin y Andrew Jackson, eliminas a los indios Navajo. Eliminas también a las mujeres que trabajaron en las maquiladoras del Lower East Side. Si eliminas a Thomas Jefferson eliminas la historia afroamericana."[10] Dicho de otra forma, Rodríguez nos llama a entender a opresores, con todos sus defectos y virtudes, y no a eliminarlos, para así comprender el camino que nos hizo partícipes de una historia en la cual fuimos sujetos a otros pero a la vez sujetos pensantes que de alguna u otra forma contribuyeron a esa historia.

La historiadora latina Daisy Machado nos ha enseñado a reconocer cómo la iglesia también ha sancionado el colonialismo en su propia casa. Argumenta Machado que la historia de migración y dispersión de mexicanos en el sudoeste de los Estados Unidos por causa de guerras y tratados expansionistas –en los que México en fin salió perdiendo territorio– fue acompañada no sólo de una marginación geográfica y social de mexicanos en la creciente nación norteamericana, sino también de una política anglosajona protestante cuyo propósito fue la "asimilación" cultural de mexicanos mediante su "americanización".[11] Argumenta Machado que la actitud de superioridad racial y cultural de los anglos protestantes que viajaron al sudoeste del creciente imperio, así como su identidad religiosa como nación favorecida por Dios –lo que se denomina *manifest destiny*, a saber, el destino manifiesto que la deidad supuestamente les dio de civilizar y someter a gentes de razas y culturas inferiores y sus territorios– no sólo hizo de los mexicanos forasteros en sus propias tierras sino que resultó en la formación

---

10 Richard Rodríguez, *Days of Obligation: An Argument with My Mexican Father* (New York: Viking, 1992), pp. 169-70. El Lower East Side es un área de Manhattan, Nueva York.

11 Daisy L. Machado, "Kingdom Building in the Borderlands: The Church and Manifest Destiny", en *Hispanic/Latino Theology: Challenge and Promise*. Editado por Ada María Isasi-Díaz y Fernando F. Segovia (Minneapolis: Fortress, 1996), pp. 63-72.

de lo que es aún hoy en día una iglesia mexicana con una falta de liderazgo ministerial, escasos recursos económicos y crecimiento esporádico e inconsistente. Aunque Machado se enfoca en la situación de la iglesia Discípulos de Cristo, la historia refleja la de otras iglesias cristianas de la época. Refleja además lo que el historiador Justo González ha denominado la experiencia agridulce de ser cristiano y latino a la vez, es decir, de ser por un lado el objeto de una evangelización violenta por parte de una iglesia a veces muy compinche de la corona española y por otro lado de experimentar el evangelio de Cristo de parte de líderes como Fray Bartolomé de las Casas quienes lucharon además por los derechos y la dignidad humana de los indígenas del continente americano.[12]

Ser social, ser siervo: El giro a la persona y al prójimo en la teología de la vocación

Juntamente con el giro moderno, posmoderno y poscolonial respectivamente al plano de la razón del individuo, su perspectiva y oprimida voz, la filosofía occidental también ha adoptado una aproximación al ser humano que no sólo resalta su individualidad, su ser en sí mismo o su actuar por o para sí mismo, sino su ser "persona", es decir, su ser en relación a otros, con otros, por otros. Se resalta la identidad del ser humano fundamentalmente como ser social, como ser que encuentra su plenitud en sus relaciones, o mejor aún que se expresa más humanamente en la medida que se realiza como ser social. Desde esta perspectiva, la individualidad no es una idea o punto de partida abstracto sino concretamente el producto de nuestras relaciones. Éste es el sentido, por ejemplo, del famoso refrán "de tal palo tal astilla", o del amigo que concluye al ver al recién nacido que éste es "el reflejo de su madre", o de la iglesia cuando ésta proclama de la bautizada que es "hija de Dios". Esta aproximación relacional o personal es evidente, por citar un ejemplo, en el par "Yo-Tú" con el cual el filósofo judío Martin Buber describe a la persona como dialógica, como una que existe en reciprocidad con el otro, ya sea entre dos personas o entre la persona y Dios.[13]

---

12 Justo González, "Yesterday", en *Bajo la cruz de Cristo—Ayer, hoy y mañana: Reflexiones acerca del Ministerio Hispano Luterano en los Estados Unidos* (St. Louis: Concordia Seminary Publications, 2004), pp. 23-50.

13 Martin Buber, *Yo y Tú*. 2da edición. Traducido por Carlos Díaz (Madrid: Caparrós Editores, 1995).

En la teología contemporánea, ontologías de corte relacional también proponen la prioridad y finalidad ontológica de la persona en el discurso acerca de la iglesia (eclesiología), la teología de la Trinidad y el campo de la ética. El teólogo Ioannis Zizioulas, de la Iglesia Ortodoxa Griega, por ejemplo, ve la plena realización del ser humano en su ser miembro de la iglesia que se reúne alrededor de Cristo en su Eucaristía. Para usar el lenguaje griego del autor, diríamos que la hipóstasis (o la persona) biológica se realiza en su hipóstasis eclesial o su ser iglesia.[14] Ontologías de la persona en el área de estudios trinitarios han surgido en respuesta a "teísmos" que pintan a Dios como un ser cerrado en sí mismo o individualista; en particular, como una deidad que no parece verse afectada por el sufrimiento humano o interesada en resolver este problema. Para teólogos de talla como lo son el alemán Moltmann, el brasileño Boff, el español Silanes o la estadounidense LaCugna, la *perijorésis* (interrelación, interpenetración) de las personas divinas entre sí o en el plano de su relación conjunta con sus criaturas ofrece el modelo más adecuado de comunión entre personas en la iglesia y en la sociedad.[15] Fomentaría una visión ecuménica de las iglesias separadas o un compromiso político a favor de la justicia, esquivando en lo posible un tipo de individualismo sin reciprocidad o un tipo de homogeneidad donde no existe la diferencia. Esta visión se justifica teológicamente en parte por el hecho de que Dios nos creó para la comunión consigo y sus criaturas, o de que Jesús en su oración le pidió al Padre que sus discípulos "sean uno, así como nosotros somos uno" (Jn 17:22), o porque la comunidad de los apóstoles vivía de tal modo que "compartían sus bienes entre sí según la necesidad de cada uno" (Hch 2:45).

En fin, piense lo que uno piense de las opciones eclesiales o políticas de tales propuestas, hay que notar que, por lo general, el giro a la "persona" en la teología europea contemporánea se ha visto como un *sine qua non* del quehacer teológico "después de Auschwitz", lugar donde el mundo fue testigo de la exterminación de judíos en campos de concentración a manos de los Nazis. En otras palabras, la teología se vio obligada a tratar directamente con

---

14 Ioannis Zizioulas, *El ser eclesial*, pp. 63-78.

15 Jürgen Moltmann, *Trinidad y reino de Dios. La doctrina sobre Dios*. 2da edición. Traducido por Manuel Olasagasti (Salamanca: Sígueme, 1993); Leonardo Boff, *La Trinidad, la sociedad y la liberación*. Traducido por Alfonso Ortíz García (Madrid: Ediciones Paulinas, 1987); Nereo Silanes, *Trinidad y comunidad cristiana. El principio social del cristianismo*. Colección Koinonia (Salamanca: Secretariado Trinitario, 1990); Catherine Mowry LaCugna, *God for Us: The Trinity and Christian Life* (N.Y.: HarperCollins, 1991).

la temática del Dios que no es ni parece ser apático sino que mora con los oprimidos y los de baja estima en medio de su dolor. Además se vio obligada la iglesia a discursar acerca de su posición teológica y compromiso ético con los sufrientes del mundo. La figura de Dietrich Bonhoeffer viene a la mente. Aquel pastor y teólogo luterano que trabajó para el seminario ilegal de la Iglesia Confesante –cuerpo eclesial en total desacuerdo con el régimen Nazi– y quien, aparentemente más en calidad de ciudadano con conciencia cristiana que como pastor, participó en un complot para derrocar el gobierno de Hitler que al fin lo llevó a ser colgado por su oposición al gobierno. En América Latina, Jon Sobrino dijo una vez, en el contexto de la complicada situación de violencia y opresión en El Salvador, que la teología en la región no se hacía "después de Auschwitz" sino "dentro de Auschwitz".[16] Así resaltaba Sobrino el espacio en el que la teología debía pensarse y encarnarse, a saber, una situación de sufrimiento en masa por represión política, explotación económica, y violaciones de derechos humanos.

En el contexto noratlántico hemos visto cómo el "teísmo abierto" ha intentado trascender el prospecto de un Dios individualista y apático mediante la no tan problemática opción de una combinación de limitación de la divinidad y libertad humana.[17] Se quiere presentar a Dios como un ser más personal, más cercano a sus criaturas, en solidaridad con éstas, pero al fin pone en duda su poder de liberarlos de sus penas. Luego presentamos la opción del "teísmo clásico" en la que se preserva la trascendencia divina a distinción de la creación, pero que a la vez tiende a poner en cuestionamiento la idea del Dios que en realidad escucha con atención las oraciones de sus criaturas y es movido o persuadido a actuar a su favor.[18] El problema radica en que ambos teísmos debaten el rol de la oración en base a atributos divinos (respectivamente, autolimitación y omnisciencia) y no en base a la historia de la salvación y su narrativa de las personas divinas. Dicho de otra manera, adoptan un "sustancialismo" que pone el lenguaje de la esencia divina (y atributos divinos) por encima del lenguaje trinitario de las personas divinas. Más adelante, en lo que concierne a una aproximación teológica

---

16 Sobrino cita el poema de Pedro Casaldáliga, "Dentro de Auschwitz" en su libro *Jesucristo liberador. Lectura histórico-teológica de Jesús de Nazaret* (Madrid, 1991), p. 320 (cf. pp. 253-254).

17 Véase el capítulo 7 donde se trata el debate dentro del contexto evangélico-reformado y se ofrece una respuesta luterana en perspectiva dogmática-histórica.

18 Para una respuesta luterana a la cuestión del teísmo abierto en perspectiva bíblica, véase Reed Lessing, "Pastor, Does God Really Respond to My Prayers?", *Concordia Journal* 32/3 (2006): 256-273.

a la oración, tendremos que argumentar más a favor del marco personal-trinitario. Por ahora, hacemos mención del debate entre el teísmo abierto y el clásico simplemente como una instancia del interés en nuestros días por visiones de la relación Creador-criatura de corte más relacional.

Tomando otra trayectoria, Samuel Soliván, teólogo puertorriqueño nacido en Nueva York, ha introducido al discurso teológico la categoría de "orzopazos" (literalmente, correcta pasión o correcto dolor).[19] Lo introduce como respuesta crítica al uso que se hace a menudo entre catedráticos en los Estados Unidos de los términos "orzodoxy" (a saber, ortodoxia como correcto culto o doctrina) y "ortzopraxis" (correcto amor, en especial por los pobres). Según Soliván, en un contexto académico estadounidense donde impera el individualismo y se vive confortablemente, los vocablos "ortodoxia" y "ortopraxis" se han convertido en palabras vacías que se proclaman a los cuatro vientos pero en sí mismas no fomentan la participación en formas concretas de solidaridad con el sufriente sino más bien la justificación del académico que no quiere embarrarse las manos con el dolor de otros. Encuentra el teólogo la base del "orzopazos" de la iglesia en el mundo en la identificación del Logos (el Hijo) con el sufriente en el misterio de la encarnación. No dice Soliván que un Dios que sufre con nosotros –en el sentido del dicho "desdicha compartida, menos sentida"– sea más personal simplemente por ello, sino que el Hijo ha mostrado solidaridad con una humanidad sufriente en su humillación y pobreza y por ende la iglesia que es guiada por el Espíritu Santo ha sido llamada a hacer lo mismo por otros. Busca Soliván la ontología apropiada que dé lugar al Dios personal en el concepto de "*orzopazos*", del Dios sufriente, y esto podría verse en alguna medida como reflejo de aquel Dios del "teísmo abierto", pero existe la crítica diferencia de que el teólogo latino en este caso nos ofrece los aspectos cristológico y pneumatológico (y por ende personal-trinitario) y las implicaciones éticas de su ontología de forma menos visible en la batalla de los teísmos.

En un contexto más amplio, se podría decir que eventos como la revolución francesa, la norteamericana, y los movimientos independentistas en América Latina, así como el desarrollo paralelo en Occidente de sociedades industrializadas y sistemas de mercado capitalistas y de globalización, son en parte instancias de aquel impulso individualista que ha promovido el tipo pensamiento crítico necesario para la formación de identidad y visión inconformes con el *status quo*. Por otro lado, y para no caer en un análisis

---

19 Samuel Soliván, *The Spirit, Pathos and Liberation* (Sheffield: Sheffield Academic Press, 1998).

muy simplista, el poscolonialismo nos ha abierto los ojos a la realidad de que estos impulsos individualistas también han llevado en muchos casos al silenciamiento de los pobres o las minorías étnicas, y con el tiempo se han institucionalizado volviéndose el nuevo *status quo* para bien o para mal. Sin embargo, la solución al conformismo y el fatalismo todavía debe incluir alguna afirmación de individualidad que fomente pensamiento crítico acerca de condiciones deshumanizantes –la "concientización" a la que nos llama Paulo Freire– o la hospitalidad al inmigrante trabajador en una era de globalización donde las fronteras son más permeables que antes, o la apertura de puertas en el gobierno y en la iglesia para las minorías que no han tenido una voz en el desarrollo de su misión.

Decimos todo esto sabiendo que no es difícil convertir una individualidad saludable en un individualismo nocivo que exhibe un interés idólatra por el yo que excluye al otro. La tradición luterana toma nota de la condición pecaminosa del ser humano como aquel que se enfoca en sí mismo o se "encorva sobre sí" (*incurvatus in se*), haciendo de aparentes bendiciones como la libertad y el capital ídolos que se usan de tal forma que no dejan espacio para el prójimo. Ya vimos su crítica de la idolatría del capital, del amor al dinero y las posesiones, en cuanto ésta lleva al olvido de la confianza en Dios y la ayuda al necesitado.[20] La misma crítica se puede aplicar al concepto de libertad cuando éste se vuelve libertinaje individualista, es decir, una justificación de ideas y conductas que no responden a la voluntad de Dios o al bienestar del prójimo. ¿Pero qué tal si la libertad no se ve de manera individualista sino en relación a otros?

> "El cristiano es libre señor de todas las cosas y no está sujeto a nadie.
> El cristiano es servidor de todas las cosas y está supeditado a todos."[21]

Con estas célebres palabras, Lutero defiende por un lado la libertad del cristiano que éste tiene por medio del evangelio. Al mismo tiempo, de manera paradójica, la orienta completamente al servicio de otros. De manera similar, Bonhoeffer fundamenta la libertad del ser humano no en su ser en sí mismo y de acuerdo a sí mismo sino en su ser en relación a otros, es decir,

---

20 Acerca del pensamiento de Lutero en cuanto al uso de bienes como idolatría, véase la sección 1.3.

21 Martín Lutero, *La libertad cristiana*, p. 152. "Se deduce de todo lo dicho que el cristiano no vive en sí mismo, sino en Cristo y el prójimo; en Cristo por la fe, en el prójimo por el amor. Por la fe sale el cristiano de sí mismo y va a Dios; de Dios desciende el cristiano al prójimo por el amor." (p. 167).

en su identidad como ser creado para la comunión con Dios y su semejante.[22] Ha surgido además en la tradición luterana un redescubrimiento de la "justicia activa" en distinción de la "justicia pasiva". Mientras que la justicia pasiva o vertical nos hace justos o rectos "ante Dios" (*coram deo*) por medio de la fe en Cristo que nos ofrece el evangelio del perdón de los pecados, la justicia activa promueve de la manera más persuasiva posible la justicia y rectitud "ante los seres humanos" (*coram hominibus*). Por un lado, se evita hacer de la justicia activa la condición para la pasiva, como si ésta u otra utopía histórica o idea progresista prometiera el paraíso. Acerca de este punto, Bayer prefiere hablar de "progreso ético sin presión metafísica".[23] Por otro lado, la justicia activa no tiene que despreciarse por no ser la pasiva, como si sólo la obra de reconciliar al ser humano con Dios por el evangelio fuera la única obra que importara. Acerca de este punto, Bayer puede hablar como hemos visto de la importancia del progreso en la enseñanza acerca de la santificación sin caer en el perfeccionismo.

La vocación es el contexto concreto, dentro de los órdenes de la creación como la familia, el gobierno y la iglesia, mediante los cuales se cumple la ley de Dios y así uno sirve al otro. Se trata de una visión fundamental de la vocación, orientada al primer artículo del credo y por ende a nuestro ser social, creado para la comunión con el prójimo. Por ende, la vocación no se extiende sólo al cristiano o al redimido. No se limita al segundo artículo del credo. Todo ser creado tiene su vocación, su oficio, o estado dentro de estos órdenes. Asimismo, la vocación no se extiende sólo al redimido que tiene éste u otro don del Espíritu. En otras palabras, no se limita al tercer artículo del credo en el sentido de que todo ser humano tiene también talentos o dones creados que Dios le ha dado. Esto significa, como lo dijera Lutero, que el término vocación no se reduce a lo religioso o eclesiástico o hace de las carreras en la iglesia algo más espiritual que otro oficio. No sólo ser pastor o monje es vocación, sino también ser madre o esposo. No sólo ser religiosa u obispo es vocación, sino también ser ingeniero, agricultor, constructor o profesor. Si se pudiera llamar a la vocación algo espiritual esto se debería al hecho de que la misma se enseña y es demandada por la palabra de Dios, y por ende es santificada y bendecida por esa misma palabra al servir como medio de provisión divina. Lutero puede también fundamentar la espiritualidad de la vocación del cristiano en particular en el hecho de que éste simplemente hace lo que

---

22 Véase Dietrich Bonhoeffer, *Creation and Fall –Temptation*, pp. 38-44.

23 El pensamiento de Bayer se trata en la sección 6.3 en el contexto de la distinción entre los dos tipos de justicia.

Dios le ha dado que hacer motivado por su fe en Cristo, la cual lo impulsa a ver su labor claramente como un medio por el cual Dios provee y a laborar con gozo y sin pedirle nada a Dios o al prójimo a cambio.

Cuando la vocación se sitúa en su contexto de relación al otro, interdependencia, justicia activa y servicio se distingue de un vivir para sí mismo egoísta, de un individualismo que se caracteriza por la gratificación instantánea, que sólo piensa en lo que quiere y no en lo necesario. Hablamos del egocentrismo de niños necios o magnates de empresa mezquinos que lo quieren todo para ellos. Se habla mucho en el contexto norteamericano de la libertad del individuo y su búsqueda de la felicidad a toda costa, aunque tenga que pisotear a algunos para encontrarla. En general, esta cosmovisión se conoce en los tratados de filosofía o ética como hedonismo, a saber, la idea de que el placer (o la felicidad) es el bien último o fin supremo de la vida. El hedonista justifica todo acto según su capacidad de alcanzar esta meta sin importar los medios que se usen para llegar a la misma. Aunque el hedonismo pudiera quizás en ciertos casos adoptar alguna preferencia por el placer que se orienta al otro, éste sin embargo se asocia casi siempre de modo exclusivo con el bien propio. No nos queda tiempo para explorar la pregunta si el placer o la felicidad, sea lo que sea, es o debería ser el único o aún más el supremo valor o meta de la vida. Lo que sí podemos decir al menos es que tal proposición no es simple y sencillamente evidente.

> "Como ustedes saben, los que se consideran jefes de las naciones oprimen a los súbditos, y los altos oficiales abusan de su autoridad. Pero entre ustedes no debe ser así. Al contrario, el que quiera hacerse grande entre ustedes deberá ser su servidor, y el que quiera ser el primero deberá ser esclavo de todos. Porque ni aun el Hijo del hombre vino para que le sirvan, sino para servir y para dar su vida en rescate por muchos" (Mc 10:42-45).

Aunque una variedad de recursos teológicos pudieran emplearse para apagar el fuego del hedonismo, podemos anclarnos en el llamado de la iglesia a ser sierva. ¿Es el servicio el fin supremo de la vida en este mundo? Si pensamos en la vocación de Cristo, no nos sería difícil llegar a tal conclusión pues él mismo le dice a los discípulos que quieren posiciones de honor que él no vino "para que le sirvan, sino para servir" (Mc 10:45). Asimismo, sus discípulos han de plasmar en sus mentes y acciones el espíritu del Siervo, quien dio su vida "en rescate por muchos". O como diría el apóstol Pedro, "Cristo sufrió por ustedes, dándoles ejemplo para que sigan sus pasos" (1P 2:21). Una cristología "desde abajo" como la cristología pneumatológica tiene la capacidad de afirmar que el mismo Espíritu en quien el Hijo es ungido como el Siervo ha sido dado a la iglesia para que ésta refleje en su vida el mismo espíritu servicial, para que ésta abra espacio en su vida para el prójimo. De importancia, además del uso ontológico-soteriológico, es también el uso ético que Pablo le da al misterio de la encarnación en el conocido himno de Filipenses 2. El pasaje no sólo habla de la encarnación como misterio del Dios que se humilló e hizo siervo hasta la cruz por nosotros y que en su exaltación recibe nuestro culto y adoración, sino también –en el contexto más amplio del pasaje bíblico– de la participación de la iglesia en la vida de Cristo el Siervo.

La iglesia es llamada a tener la "actitud" o mente de Cristo (Fil 2:5). En su humillación, Cristo Jesús, "siendo por naturaleza Dios, no consideró el ser igual a Dios como algo a qué aferrarse. Por el contrario, se rebajó voluntariamente, tomando la naturaleza de siervo" (Fil 2:6-7). La mente del siervo Jesús ha de formar y guiar el pensar y actuar de los miembros de la iglesia de tal manera que "con humildad consideren a los demás como superiores a ustedes mismos. Cada uno debe velar no sólo por sus propios intereses sino también por los intereses de los demás" (Fil 2:3-4). El Espíritu Santo no sólo nos impulsa a seguir al Cristo que está "allá afuera", sino que morando en nosotros nos conforma a Cristo "aquí adentro", en nuestros corazones y mentes, para que así nuestras vidas en servicio a otros refleje la humildad y sacrificio del Siervo.

Abriendo espacio para el reposo y el recreo: El Sabbat en la teología de la vocación

Debemos preguntarnos, sin embargo, si nuestro llamado al servicio y al sacrificio por el otro es un tanto idealista, o quizás si nuestra crítica del vivir para sí mismo y el bien propio ha sido algo exagerada. De repente, no es simplemente el egoísmo o la idolatría lo que nos lleva a gozar de esta vida, de la tierra y sus frutos, de las artes y las ciencias, del amor y la amistad, de nuestra labor y productividad. ¿No será que existen otras razones que justifiquen al amor a uno mismo sin caer en la idolatría del yo, o el gozo de encontrar la felicidad y cuidar del bien propio sin ser mezquino? Es posible que al hablar de la vocación en términos de servicio y sacrificio estemos olvidando que hay muchos que de hecho ya trabajan demasiado o se sacrifican tanto por el otro que no tienen tiempo para sí mismos, su salud y recreo. En un viaje reciente a Latinoamérica, un vecino me dio su análisis de la vida en los Estados Unidos: "En América Latina, la gente trabaja para vivir; en los Estados Unidos, la gente vive para trabajar." El vecino había llegado de un viaje al Norte en el que visitó a un familiar.

La perspectiva del visitante a menudo es instructiva y tiene algo de cierto. Los comerciales de televisión o a los anuncios publicitarios en las calles argumentan que merecemos más riqueza, belleza, y salud. ¿Y por qué? Pues porque ya nos hemos sacrificado bastante y es tiempo de ocuparnos de nosotros mismos. Estas cosas que merecemos vienen a ser premios, recompensas o aún inversiones para aquella gente trabajadora que nunca tiene tiempo para sí o a veces para sus familias. He vivido y laborado en el Norte lo suficiente como para saber que lo que dijo el vecino es proverbio sabio. Pero también tenemos este problema del querer "vivir para trabajar" en América Latina y sobretodo en las grandes ciudades donde hay que pelear cada día más por los buenos trabajos y sacrificarse más y más por la gran empresa. Dada esta realidad, ¿qué tiene de malo disfrutar un poco después de una ardua jornada de trabajo? ¿Por qué ser un tonto que se deja abusar y demacrar por la compañía? Aún si me dijera a mí mismo que estoy sufriendo por causa del evangelio, como obrero de la iglesia que trabaja de más y no tengo tiempo para mi familia, y pienso en ocasiones, ¿no estaré siendo un poco masoquista conmigo mismo? ¿Cómo puedo amar al prójimo si no me amo a mí mismo? ¿Cómo puedo velar por los intereses de otros si no velo por los míos?

Darse gustos de vez en cuando y ser egoísta no tienen que caminar juntos de la mano todo el tiempo. Una cosa no va siempre con la otra. Esto hay que reconocerlo. Diariamente, alrededor del mundo, muchas madres alimentan a sus hijos, les cambian los pañales, se desvelan por ellos en tiempos de enfermedad, y se sacrifican de muchas otras maneras por los mismos por ninguna otra razón que su profundo amor por ellos. Estas madres no están pensando en sí mismas. La gran mayoría daría su propia vida por sus hijos e hijas. Ante esta realidad, ¿no sería la más penosa imprudencia y estupidez más grande decirle a estas madres que trabajan de más que no se merecen una cena especial en algún restaurante un poco más caro o unas vacaciones para visitar a la familia que vive en el interior del país? Vamos al punto: ¿No merece la madre darse un gusto de vez en cuando con algún deseo? ¿Por qué todo lo que quiero experimentar o poseer tiene que ser lo necesario? ¿Por qué no simplemente algo que deseo porque me divierte o me gusta? Un buen libro, un vídeo de mi cantante favorito, un perfume que huele riquísimo, un ramo de rosas, una salida al cine. En estos contextos, cuando uno trata con personas que ya están dando sus vidas casi al máximo o más allá para servir a otros, pontificar o exaltar la virtud del servicio sacrificial es como convertir a los convertidos, o tratar de enseñar al maestro lo que éste ya sabe y practica. No tiene sentido.

Leyendo un libro acerca de la construcción del Canal de Panamá, me llamó la atención una vez más la forma paupérrima en la que, a finales del siglo diecinueve y comienzos del veinte, se solía tratar a los empleados –en especial, a los afroantillanos que venían de Jamaica, Barbados y otros lugares del Caribe– que hicieron posible con sus sacrificios o vidas unir dos océanos para beneficio del mundo. El autor decía que en aquellos días la muerte de un hombre –y más aún si era negro, por la cuestión del racismo– valía menos que la de una vaca o gallina. Aún hoy en día grandes empresas se enfocan tanto en obtener resultados y dividendos de forma eficiente y rápida que no atienden apropiadamente al bienestar y la salud de sus trabajadores. Es un problema en todo el mundo, incluyendo los países industrializados y en vías de desarrollo. Pero también hemos visto alrededor del mundo cómo la cuestión de los recursos humanos se ha vuelto un campo de estudio en sí mismo a tal punto que la importancia de la salud, recreo y seguridad del trabajador se ha ido reconociendo cada vez más. En los días de la antigua Comisión del Canal de Panamá (hoy en día, Autoridad del Canal de Panamá), uno de los superiores de mi padre en la división de seguridad ocupacional –unidad que investiga accidentes de trabajo– predicaba la importancia de la seguridad en el trabajo para incrementar eficiencia y productividad en las operaciones de la vía interoceánica. El mensaje del líder era claro: "Si te accidentas o mueres, le cuestas plata y tiempo al Canal."

Como oficial de seguridad ocupacional, mi padre tuvo que educar a muchos trabajadores acerca del tema. Después de muchos años alejado de la iglesia, mi padre tuvo un reencuentro con Cristo, y su actitud y mensaje acerca del propósito de la seguridad ocupacional empezó a cambiar. Un día lo visité al trabajo durante una de sus charlas a los trabajadores. En contra de la perspectiva imperante según la cual se valora al trabajador (y por ende su vida) en función de su eficiencia y productividad, mi padre –ahora un laico cristiano más comprometido con la iglesia– le dijo a una tropa de trabajadores panameños que su seguridad no era importante en última instancia por razones económicas. "La seguridad es un problema moral", le dijo el oficial de seguridad a los nuevos trabajadores, dejándome con la boca medio abierta. El trabajo tiene una dimensión ética porque nos refiere al trabajador y por ende a un ser humano a quien Dios ha creado y por ende tiene dignidad intrínseca. Para ilustrar este punto, mi padre les habló a los obreros acerca de un buzo que reparando un barco –uno de los trabajos más peligrosos del Canal– falleció en un accidente de trabajo. Imprimió en sus mentes la imagen del automóvil –el de aquel buzo– que ese día se quedó inmóvil en el solitario estacionamiento, de aquel automóvil que su dueño ya no iba a poder conducir a casa para ver y abrazar a su esposa e hijos. El mensaje del oficial de seguridad al obrero ya no era el mismo que el mensaje de su superior, sino que tenía una dimensión moral: "Si te accidentas o mueres, no vivirás para cuidar de tu familia." La lección de todo esto es que al hablar de la vocación no sólo debemos recordar su orientación al prójimo sino también al trabajador en sí, haciendo lo que es justo para que su vida sea valorada.

En cualquiera sociedad donde la valorización de la creatividad o el sacrificio del individuo haya creado una ética de trabajo que de forma negativa esté acabando con el trabajador, y la gente "vive para trabajar", debe haber una apertura a la idea de que el darse un gusto no tiene que ser necesariamente producto del egoísmo. El ser humano fue creado, y por ende, necesita vivir sus días de acuerdo a un ritmo que incluye no sólo el trabajo sino también el descanso. El mismo cuerpo nos pide descanso y cuando no lo obedecemos nos enfermamos y sufre nuestra capacidad de producir y servir. Nos sentimos fatigados no sólo física sino mentalmente y empezamos a resentir el trabajo que nos está matando y el tiempo que nos quita para dedicarle a la familia o al sano esparcimiento. Ir en contra de esta necesidad básica de descansar es ir en contra de uno mismo.

> A la luz la llamó "día",
> y a las tinieblas, "noche".
> Y vino la noche, y llegó la mañana:
> ése fue el primer día (Gn 1:5).

Acertado es el comentario de Bonhoeffer a este pasaje de Génesis 1 donde Dios crea en el primer día la "noche" y la "mañana", dándole al día su ritmo.[24] El punto crítico es que Dios hace de este ritmo parte de su creación aún antes de haber creado al hombre y la mujer. Concluye el teólogo que tal ritmo nos precede y por ello nos enseña nuestro límite en cuanto criaturas. Obviamente la noción de que el ser humano deba tener algún límite no es apreciada en nuestro mundo donde se prefiere hablar de la libertad del ser humano en un sentido individualista. Pero si Bonhoeffer está en lo correcto al hablar de la libertad de la criatura en términos de su ser en relación al otro (es decir, a su Creador y a los demás), tal límite se podría concebir como una bendición de Dios en nuestras vidas que también beneficia al prójimo. Así pues, someterse al ritmo del día no es algo malo o un impedimento. Significa no sólo laborar sino también encontrar a través del día –ya sea durante la noche o la mañana (pues también hay algunos que trabajan por la noche)– el

---

24 Dietrich Bonhoeffer, *Creation and Fall –Temptation*, pp. 28-37.

descanso y el recreo mediante los cuales Dios nos revitaliza para que así podamos iniciar otro día con salud, gozo, y ganas de servir y completar proyectos.

Vemos pues que una teología de la vocación debe dar lugar a la importancia de cuidarse a uno mismo sin inclinarse ante el altar del ego, de permitirnos disfrutar y gozar de la vida sin caer en libertinajes. Hay que darle paso a la noción del ritmo en nuestras vidas. Así podemos sobrevivir y a la vez enfrentar de manera creativa las altas demandas de una sociedad materialista donde el éxito económico y la productividad a menudo se valoran a expensas del obrero. Necesitamos también una dosis saludable de reposo y recreo fuera del trabajo en sí para así dar espacio a otros oficios o vocaciones que también requieren nuestra atención. Ser obrero no se limita al empleo que nos da el cheque, sino que también incluye ser madre, esposo, hija, voluntario, catequista, alumno, y otro sinnúmero de oficios que se deben llevar a cabo sabia y responsablemente simple y sencillamente porque otros dependen de nosotros y requieren de nuestra atención y ayuda. En fin la importancia y necesidad del reposo y el recreo afirma la dignidad del ser humano y prohíbe que éste se pierda en la línea de producción.

Es común hoy en día encontrarse con gurús que ofrecen todo tipo de métodos de superación o cuidado personal. Detrás de los métodos, hay una infinidad de motivos. Sea lo que sea, lo que no podemos evadir es el hambre que existe entre nuestra gente de superarse de algún modo. A veces la gente siente que nadie aprecia su trabajo, que han sido pisoteados y abusados, que ni siquiera las gracias les han dado. Se crea entonces la necesidad de subir la autoestima, buscar la manera de validarse o justificarse a uno mismo, de afirmar la dignidad propia cuando nadie más lo hace. Si no se llega a este punto, queda sólo la mentalidad fatalista, también común en nuestra gente. Tal fatalismo lleva al desprecio de uno mismo y su labor, a un tipo de humildad falsa y obligada que lo hace a uno confundir la nobleza del sacrificio con el abuso, a pensar que uno tiene que trabajar como un burro todo el tiempo porque esto es simple y sencillamente inevitable para el pobre y no queda otro remedio. Al hablar de la necesidad del reposo y el recreo, reconozco que muchos latinoamericanos e hispanos no se han podido dar el lujo de descansar y de jugar. Quizás el Sabbat, el día de reposo, sólo es para aquellos que pueden darse el lujo de tenerlo. De repente, el descanso y el juego sólo le pertenecen a los que se han acostumbrado a los excesos, a los que tienen el dinero para darse gustos, a los que tienen el poder y la libertad para consumir y poseer. A los demás les costaría mucho tomarse un Sabbat.

Cuando nos comparamos con los pobres, el discurso acerca del Sabbat parece ser egoísta e idealista. Hablar al pobre de vocación en términos de sacrificio y humildad puede ser peligroso, oprimiendo aún más al que ya está oprimido y desarrollando en éste una pasividad ante su mundo que no le permite cuestionarlo o superarlo. Esto lleva a la larga a una vida sin esperanza, deshumanizante. Se debe crear entonces un espacio en la teología de la vocación para felicitar el obrero por su trabajo de forma privada y pública, honrarlo con palabras que afirmen su dignidad, recompensarlo con estímulos económicos que de manera concreta proclamen su valor, darle acceso a oportunidades de superarse y crecer en lo personal y en la práctica de su arte, y por supuesto hacerle ver la importancia del reposo y el recreo. Todo esto no debe interpretarse como la promoción del orgullo en un sentido negativo, sino como la celebración del ser vocacional entre nosotros y por ende de la obra de Dios que se ha honrado dar al ser humano no sólo sus diversas vocaciones sino también el ritmo para que éste las lleve a cabo con gozo y amor.

Otro recurso para el trabajador estresado que va más allá del recreo, pasatiempo y descanso físico se descubre en la otra dimensión de la vida de Cristo que acompaña su servicio, a saber, su filiación que éste expresa en su vida de oración. Ya hemos visto cómo Cantalamessa pinta a Jesús como un orante que labora, y no como un trabajador que ora de vez en cuando.[25] A veces las multitudes quieren ser sanadas, beneficiarse del servicio de Cristo. ¿No debe dejar Jesús lo que está haciendo para ir al rescate de los enfermos? Pero lo interesante es que Jesús no deja que su ocupada obra le impida su tiempo de diálogo con el Padre en oración. ¿Qué podemos aprender de esto? Nosotros estamos tan ocupados –en el peor de los casos, para servirnos a nosotros mismos; en el mejor de los casos, para bien del prójimo– que ya no tenemos tiempo para postrarnos ante nuestro Padre amado, escuchar su Palabra, y responderle en confesión, petición, acción de gracia y alabanza. Las multitudes también nos llaman a nosotros por correo electrónico, teléfonos celulares y nuevos medios de comunicación digital por doquier. No terminan los clamores por ayuda, los proyectos que requieren de nuestro esfuerzo, las peticiones que buscan nuestra colaboración. Somos llamados a servir y sacrificar nuestras vidas por otros.

Pero, ¿no es asombroso ver cómo Jesús no deja que su servicio al prójimo le quite su tiempo de diálogo con el Padre? Se va a la montaña a orar, lugar que se asocia con el lugar santo de la presencia de Dios. ¿Cómo podemos nosotros irnos a la montaña de vez en cuando? ¿Cómo puede el obrero estresado encontrar su descanso en el Padre? ¿Cómo puede darse el tiempo

---

25 Véase el capítulo 7 donde se cita la identidad de Jesús como orante que Cantalamessa recalca en su obra para así mostrarla como expresión constitutiva de su ser Hijo y por ello de su previa relación "Yo-Tú" con su Padre.

y el espacio para escuchar y responder a la palabra de Dios Padre? ¿Cómo encontramos reposo y refrigerio en Dios en medio de una sociedad cada vez más ocupada? Se hace difícil cuando la iglesia se maneja como un negocio que sólo está abierto cuando nadie puede venir.[26] ¿Qué iglesia no tiene horas de trabajo? No está mal para pastores que tienen familias. Hay también que visitar a los feligreses. Uno no puede quedarse en la oficina todo el día. Por otro lado, se ha perdido la familiaridad con la iglesia como la casa que siempre está abierta para el viajero o peregrino que necesita descansar. De niño veía iglesias en América Latina que estaban abiertas desde muy temprano. Gente que iba temprano a trabajar iba a la misa o al culto de las 5 a.m. antes de comenzar la jornada del día. Esos días parecen haberse esfumado. ¡Qué concepto tan extraño para nosotros, gente contemporánea! El trabajo se ha comido a la oración. La iglesia solía ser el espacio del pueblo para descansar en Dios antes y a veces hasta después del trabajo.

¿Será posible que nuestras iglesias ya no se prestan a ser casas de oración, lugares de retiro, oasis en el desierto que nos tienta a perdernos en nuestras labores? Ciertamente, los obreros de la iglesia a menudo están ocupados en cuestiones administrativas, y en el contexto norteamericano pastores hispanos han tenido que aprender a recaudar fondos o conseguir un segundo (y hasta tercer) trabajo de algún modo para sobrevivir. Nos falta el tiempo para poder dedicarle más tiempo al visitante, la congregación y la familia que no nos queda tiempo para el Padre. Nos queda la pregunta: ¿Cómo dejamos a las multitudes por un rato para la oración? Las respuestas pueden ser muchas, no hay una sola solución. Algunos tendrán que cerrar la puerta y desconectar el teléfono, buscando ese lugar solitario libre de distracciones.[27] Algunos tendrán además que considerar el tipo de práctica de oración que es más compatible con su manera de ser.[28] Por ejemplo, algunos prefieren

---

26 "Nuestro pensamiento vuela espontáneamente hacia una visión: una visión que es *nostálgica*, porque evoca de nuevo lo que existía en los comienzos de la Iglesia... La 'visión' es la de las casas de obispos que se presenten, sobre todo, como 'casas de oración' (y no de administración de asuntos, aunque se trate de asuntos eclesiásticos); parroquias cuya iglesia pueda llamarse, de verdad 'casa de oración' para todos los pueblos (cf. Mc 11, 17) y que, como tal, no esté abierta, como el resto de edificios públicos, sólo durante el 'horario de trabajo' (horario en que el pueblo, por lo general, no puede ir) sino también en otras horas, incluso de noche." Cantalamessa, *El misterio del bautismo de Jesús*, pp. 71-72.

27 Cantalamessa sugiere que a veces hay que practicar Mt 6:6 literalmente. Ibíd., p. 72.

28 Kieschnick sugiere que hay factores como la personalidad de la persona que hay que tomar en cuenta para promover la oración. No todos tienen la aptitud para orar por horas. Algunos de tipo pragmático oran cuando saben que están haciéndolo por alguna necesidad específica. Otros de tipo personal prefieren orar en grupos. John H.

la oración estructurada, otros la espontánea. Algunos oran en grupo porque les gusta compartir con otros, mientras que otros más introvertidos prefieren orar solos. Está claro que la personalidad o preferencia individual no es lo único que se debe considerar, y por ende lo ideal es abrirse a una sana variedad de prácticas.

Volvamos una vez más a la importancia del Sabbat en todo esto. Dentro del tercer mandamiento, Lutero ve el día de reposo como la oportunidad para "instruirse en la palabra de Dios", y por eso lo sitúa bajo la actividad del "ministerio de la predicación".[29] Toda la vida debe ser entonces un día de reposo, pues Dios nos santifica a diario con su Palabra y quiere que la prediquemos, escuchemos y meditemos acerca de la misma.[30] Se usa la idea del Sabbat en contra del ocio y la pereza que se manifiesta en la actitud del cristiano que no quiere descansar en la palabra de Dios y por ende se hace vulnerable a los ataques del diablo.[31] El Sabbat es entonces un descanso en la palabra de Dios. Y como la oración va siempre de la mano de la Palabra, como la respuesta a ésta, todo descanso en Dios en oración no es más que descanso en su Palabra y sus promesas. Esta confianza o fe en las promesas de Dios previenen la idolatría del trabajo, es decir, pensar que sin nuestra labor el mundo llegará a su fin. Por eso conviene al cristiano a veces quedarse quieto y descansar en el sentido literal, porque aún tal reposo es una expresión del vivir por la fe en el Padre que finalmente tiene el mundo y nuestras vidas en sus manos. Así pues, y visto desde la perspectiva de la fe que confía en la palabra de Dios, Lutero nos recuerda que "adoramos a Dios también cuando descansamos; en efecto, no hay mayor culto a Dios que éste".[32]

Kieschnick, *The Best Is Yet To Come: 7 Doors of Spiritual Growth* (Friendswood, Texas: Baxter Press), pp. 123-129.

29 Martín Lutero, *Catecismo Mayor*, Tercer Mandamiento, 86, p. 396.

30 Ibíd., 88-93, pp. 396-397.

31 Ibíd., 99-102, pp. 398-399.

32 La cita de Lutero se encuentra en Paul Althaus, *The Ethics of Martin Luther* (Minneapolis: Fortress, 1972), p. 104. La traducción del inglés al español es mía. Explica Althaus: "Podemos adorar a Dios descansando; en efecto, al descansar podemos adorar a Dios mejor que de cualquier otra manera porque es cuando en verdad relajamos nuestros cuerpo y alma que ponemos nuestras preocupaciones en las manos de Dios. Así honramos a Dios como aquel cuya bendición descansa sobre nosotros y envuelve todo nuestro trabajo, y quien continúa trabajando por nosotros aún cuando descansamos y dormimos. La capacidad de descansar de nuestras preocupaciones de cuerpo y alma es una confirmación especial de nuestra fe y se relaciona a la fe justificante. El gran valor que Lutero le da al descanso lo protege de cualquier idolatría del trabajo."

Una teología saludable de la vocación promueve el trabajo como participación en la identidad del Hijo, nuestro Siervo. Ante una sociedad cada vez más individualista, ser siervo es un antídoto contra el impulso dañino del egoísmo, una forma de vivir según la actitud de Cristo. Toda la teología paulina de los dones del Espíritu no puede verse aparte del fruto del Espíritu cuyo encabezado es el amor, es decir, aparte de la vida del Hijo en quien mora el Espíritu de amor en toda su plenitud.[33] El mismo Espíritu del Hijo mora en nosotros y nos conforma a esta dimensión de la vida de Cristo. Nos conforma también a ser hijos que ponen su confianza en Dios en la oración, que dejan a las multitudes por un momento para descansar en Dios. Ante una sociedad cada vez más ocupada y estresada, es importante retomar el Sabbat en el sentido holístico, que toca lo corporal y espiritual, poniendo todo el ser en las manos del Padre. Se ora y labora por la fe. Se reposa por la misma fe que nos lleva a reposar en la palabra de Dios y sus promesas, y a responder a ésta con confesión, petición, acción de gracias y alabanzas, para así enfrentar cada día y cada nueva jornada de trabajo con renovadas fuerzas, fe en el Padre, y amor al prójimo.

Resumen

1. Una teología y práctica de la vocación debe tomar en cuenta la orientación al individuo en nuestros tiempos. Se ha de canalizar el interés del creyente en la expresión individual de su razón (modernidad), perspectiva (posmodernismo), y voz en caso del oprimido (poscolonialismo) para usarse en servicio al prójimo. Si bien se debe evitar el individualismo egoísta del "yo", también se puede fomentar el tipo de individualidad saludable que contribuye a la creatividad humana y una robusta ética laboral con el fin de promover relaciones rectas o justas ante nuestros semejantes.

2. El enfoque de nuestros tiempos en la "persona", no sólo en su individualidad sino también en términos de sus relaciones, ha caracterizado estudios contemporáneos en campos como la filosofía, la historia y la teología. Este giro al "Yo-Tú" es bienvenido en una sociedad cada vez más individualista. Nuestro ser social como persona creada por Dios para la comunión con otros ha sido corrompido por el pecado que nos esclaviza a ser amos de todos y siervos de nadie. Vemos la libertad como libertinaje y no como la libertad para el culto a Dios y el servicio al prójimo.

---

33 Para una aproximación a la teología de los dones, véase Sánchez, *Pneumatología*, pp. 143-148.

Por medio del evangelio, el Espíritu Santo libra al pecador de su egoísmo –su "encorvarse en sí mismo" (*incurvatus in se*)– para transformarlo en un siervo de todos, conformándolo así a la actitud y entrega del Cristo que vino no para ser servido sino para servir y dar su vida por otros.

3. La participación del cristiano en la vida de servicio de Cristo da una orientación cruciforme a toda su labor o trabajo en el mundo. Si bien el llamado al servicio demanda cargar la cruz en pro de algún prójimo, también es cierto que en una sociedad cada vez más estresada donde se sobrevalora el trabajo es necesario promover la importancia del Sabbat o día de reposo. Ante el problema de la idolatría del trabajo, el cristiano ha de encontrar refugio y refrigerio en el pasatiempo y recreo, pero sobre todo en oír la Palabra y en la oración. Aprenderá a descansar por la fe en Dios, reconociendo que éste tiene el mundo en sus manos y trabaja aún cuando nosotros dormimos. La espiritualidad del cristiano incluye entonces su participación en la filiación del Hijo que pone su labor y toda su vida en las manos de su Padre.

Preguntas para la reflexión

1) Hemos asumido una distinción entre la individualidad y el individualismo. Dada la orientación al sujeto o a la persona en nuestros tiempos, ¿podría sugerir algunas maneras saludables de dar espacio al uso creativo de la razón, la perspectiva y la voz del individuo que no tiene voz en el hogar, el trabajo o la iglesia sin que éstas se pongan por encima de la palabra de Dios? Dicho de otra manera, ¿qué tipos de individualidad saludable podrían servir como medios para servir a su prójimo o promover relaciones responsables en el hogar, el trabajo o la iglesia? Por otro lado, ¿cuáles serían algunas señales de que la individualidad saludable se está convirtiendo en individualismo nocivo?

2) ¿Tiene algún tipo de pasatiempo o recreo que le ayude a reposar el cuerpo y la mente? ¿Cómo incorpora o puede incorporar el mismo en el ritmo de su vida cotidiana? ¿Cuáles son aquellas áreas de su vida en las que está tan sobrecargado de trabajo que no se toma el tiempo para el reposo en oración al Padre y el oír de su santa Palabra? ¿Qué tipo de estrategia realista podría poner en práctica para darse el tiempo y buscar el espacio necesario para la oración y el oír de la palabra? Sea específico en su análisis personal del problema y en la solución práctica y realista al mismo.

3) Muy conocido es el dicho monástico *ora et labora*. Lutero solía criticar a los monjes que pasaban tanto tiempo en la oración para ganarse el favor de Dios que no tenían tiempo para laborar en el mundo en servicio al prójimo. Hoy en día, vivimos en una sociedad en la que a menudo ocurre lo opuesto, a saber, donde la gente trabaja tanto que no tiene tiempo para conversar con Dios. ¿Existen actividades en la iglesia que consideramos meramente administrativas y por ende no siempre ponemos en las manos de Dios por medio de la oración? (p ej, reuniones o trabajo logístico) ¿Qué actividades o prácticas podrían ayudarle a su congregación a convertirse en –o a recordarle que debe ser– un refrescante oasis de oración en una sociedad llena de gente ocupada y estresada por el trabajo?

CONCLUSIÓN

Hemos llegado al final de nuestra obra. Nos queda recopilar algunas lecciones que se destilan de nuestra presentación de la teología de la santidad o santificación. En primer lugar, nuestra obra desmiente la crítica –ya sea popular o formal– que se le hace a menudo al luteranismo, a saber, que su doctrina de la justificación no le permite una teología y práctica robustas de la santificación. Ante tal crítica, precisamos que la santificación no es más que el vivir en el mundo por la fe, la manifestación concreta o institucional de la justificación. Como diría Lutero, la fe sola salva, pero la fe nunca está sola. En sus enseñanzas en torno a los usos de la ley, la vocación y el trabajo, los estados (p ej, matrimonio, iglesia, y gobierno), la justicia activa, la pobreza, las buenas obras y la oración, hemos visto que la tradición evangélica luterana no sólo nos ofrece una teología de la santidad sino la estructura para situar y fomentar la práctica de una espiritualidad enteramente fundamentada en la palabra de Dios. Dios todo lo santifica por medio de su Palabra. Así pues, no se entiende la vida en el Espíritu o espiritualidad del cristiano aparte de lo que Dios ha instituido y ordenado para nuestro bien en su Palabra.

La teología de la santificación ancla la espiritualidad cristiana en el mandato de Dios, pero también en sus promesas porque Dios trata con sus hijos –aún cuando nos referimos a las obras de los mismos– precisamente en cuanto justificados y por ende como receptores de todos sus dones y beneficios. Por ello la enseñanza de la santificación no se ha de ver simplemente como una carga pesada, sino también como bendición para el cristiano y su prójimo en el diario vivir. Así pues, Dios no sólo manda a orar sino que también promete escuchar al hijo que le eleva peticiones por sus necesidades y las de su semejante. No sólo nos manda a laborar sino que también promete dar sustento y descanso al que trabaja. No sólo manda a cumplir la ley, sino que además promete dar su provisión y protección a muchos prójimos por medio del cumplimiento de la misma que llevamos a cabo al ejercer la vocación en los estados que ha instituido (p ej, familia, gobierno). Dios no sólo demanda la justicia activa y las buenas obras, sino que por éstas promueve la relación recta y justa ante todo prójimo, incluyendo a los más vulnerables y necesitados entre nosotros. No sólo demanda la proclamación del evangelio sino que por esta obra en la iglesia promete la justificación del pecador ante Dios por la fe en Cristo. Desde esta perspectiva de las promesas de Dios podemos entender el sentido más profundo de lo que implica decir que la ley y las obras, aunque no justifiquen ante Dios, son sin embargo buenas y necesarias. Son de beneficio y de bendición para muchos.

En segundo lugar, nuestra obra demuestra que la tradición luterana no se limita a una sola manera de describir la vida cristiana. La espiritualidad del cristiano puede verse como un diario morir al pecado para ser resucitado a nueva vida por el perdón renovador que lo impulsa a la santidad. Se trata del diario retorno al Bautismo. Ésta ha sido quizás una de las maneras más comunes de discursar acerca de la santificación en los círculos luteranos, inspirada en la catequesis bautismal de Lutero. Es de gran importancia y aún fundamental porque ataca el problema del pecado con el arrepentimiento y la renovación diaria por el perdón de los pecados. El perdón del evangelio pasa a ser entonces el poder para no pecar y vivir en santidad para bien personal y del prójimo. Pero la vida cristiana también puede verse en la tradición luterana como una batalla diaria donde cada quien lucha contra el diablo en áreas donde es más vulnerable a caer en pecado, y por ende donde se requiere especial vigilancia y disciplina. En tal combate, carrera o pelea el cristiano se arma de la palabra de Dios y la oración para la guerra cotidiana. De forma paradójica, Dios usa precisamente al diablo, sometiéndolo a ser nuestro mejor maestro de teología, para así formarnos como hijos fieles que se anclan en su Palabra y corren a él en oración en medio de todo ataque espiritual (*tentatio* o *Anfechtung*). Esta visión del drama de la espiritualidad cristiana como ciclo de *oratio-meditatio-tentatio* se aprecia ya en su forma litúrgica en aquella catequesis de Lutero donde el Bautismo se ve como un tipo de exorcismo que a la vez incorpora a los hijos de Dios a la lucha diaria contra su enemigo el diablo.

Algo se ha perdido de este aspecto de la tradición evangélica luterana, de la vida cristiana como guerra espiritual en la que hay que pararse firme y disciplinarse, ya sea por la visión modernista y secularizada de la vida que evade hablar de espíritus malignos y reduce el diablo a males institucionales, o por la obsesión de algunos con exorcismos y la demonología en su teología y práctica. Se ha de retomar algo de esta dimensión de la santificación en nuestras iglesias, haciéndonos más conscientes del poder destructivo de ciertos pecados en nuestras vidas ante las tentaciones del diablo, del lugar de la disciplina corporal y mental no para justificarse ante Dios sino para evitar ponerse en situaciones que inciten a ciertos pecados a los cuales somos más susceptibles, y de la importancia de la oración y la palabra de Dios en tal vigilancia a través de nuestro peregrinaje por los desiertos y jardines donde somos atacados.

Vimos cómo la tradición confesional luterana también puede describir la vida cristiana como "sacrificio eucarístico". El cristiano, en su entrega de servicio a otros, es ofrenda agradable a Dios. La espiritualidad del cristiano se ve como eucaristía, una oración viviente de acción de gracias a Dios, de tal forma que el aroma fragante de su testimonio y amor cristianos se esparce por el mundo en diversidad de obras. Por los bienes recibidos en la Cena del Señor, el cristiano da de sus bienes al necesitado dentro y fuera de la iglesia. En esta línea de pensamiento, Lutero habla en un sermón célebre acerca del significado, uso y fruto del sacramento del cuerpo y la sangre de Cristo en términos de la comunión del comulgante con Cristo y todos sus santos. Por tal comunión o participación en Cristo y sus santos, pasamos a ser receptores de su auxilio y oraciones pero también a ser dadores de nuestro amor al Cristo que viene a nosotros en sus santos necesitados. Se pasa del egoísmo individualista a la actitud y práctica de tenerlo todo en común con nuestro prójimo, no sólo de asistirlo sino también de ser asistido por él en una mutua transmutación de amor en la cual tomamos la forma de Cristo y sus santos al servir a otros y éstos toman la misma forma al servirnos a nosotros.

Este aspecto eucarístico de la santificación se enfoca más en los frutos de la fe, en el amor, en los dones para el servicio según el fruto del Espíritu, en las vocaciones de cada cristiano en el mundo, en la misión evangelizadora de la iglesia y sus obras de caridad o misericordia. Es por eso que, al menos lógicamente hablando, éste representa el modelo más centrífugo de todos los modelos, enfocándose en la santidad del cristiano "hacia fuera", hacia el hermano y el mundo tan necesitados. Podría decirse entonces que el modelo eucarístico presupone la necesidad de morir a sí mismo para dar espacio al prójimo y el poder del evangelio para las buenas obras que resalta el modelo bautismal. Asume además el modelo dramático puesto que la liberación del cristiano de sus luchas con el maligno es lo que le permite poner más atención a la lucha por su prójimo. En el vivir cotidiano, sin embargo, recalcamos que los tres modelos de santificación que hemos propuesto se dan en la vida del cristiano al mismo tiempo y, por ende, aunque el cristiano se identifique más con éste u otro modelo en ciertos momentos, los modelos en realidad sólo nos ayudan a resaltar ciertos aspectos de una realidad más amplia y compleja.

La diversidad de las descripciones de la vida cristiana en la tradición luterana se fundamenta al fin en la variedad de narrativas bíblicas que nos presentan la santificación desde ángulos distintos aunque complementarios. Se inspira el pensamiento evangélico luterano sobretodo en las cartas del apóstol Pablo al describir la vida en el Espíritu según los modelos que hemos denominado bautismal, dramático, y eucarístico. Este mosaico de imágenes fundamenta la espiritualidad del cristiano precisamente en la palabra de

Dios de tal manera que la forma o el carácter de su vida en el Espíritu no se puede entender aparte del mundo bíblico que forma su identidad y al cual cada cristiano se adentra por la acción del mismo Espíritu. Las narrativas bíblicas sirven como un espejo realista que le permite al cristiano entender lo que implica su santidad –es decir, aquellas dinámicas que rigen su vivir en el mundo– mostrándole la problemática que implica ser cristiano pero además la resolución de la misma.

Así pues, por un lado, el cristiano enfrenta la necesidad de ser crucificado con Cristo, de ahogar al viejo Adán en sí; por otro lado, aprende a ver tal arrepentimiento y morir a sí mismo como el camino que Dios usa para resucitarlo con Cristo, llevándolo una y otra vez a la nueva vida animada por el perdón. Cada día es un nuevo día, un ciclo de muerte y resurrección, de arrepentimiento y perdón, de contrición y renovada acción. Por un lado, el cristiano enfrenta la realidad del *tentatio* o ataque espiritual en su vida; por otro lado, aprende la necesidad de anclarse en la Palabra (*meditatio*) y la oración (*oratio*) en medio de la lucha contra el maligno. Cada día es un drama entre el Espíritu Santo y el espíritu maligno, el mundo y la carne, en el cual Dios va formando a sus hijos para que éstos dependan cada vez más de su Palabra y pongan la vida en sus manos. Por un lado, el cristiano enfrenta la necesidad del prójimo que Dios le ha puesto en su camino y el sacrificio que servirle implica; por otro lado, entiende la necesidad de recibir del Señor los beneficios de su sacrificio propiciatorio para así entregarse como sacrificio eucarístico al necesitado. El que mucho ha recibido del altar del Señor, mucho da por otros en acción de gracias por los beneficios recibidos. En fin, con cada problemática de la vida cristiana, se nos presenta una resolución en la palabra según el diseño divino de la santificación. El cristiano ve su vida y realidad reflejada en la palabra de Dios, la cual no sólo lo prepara para los retos que han de venir sino que le da la fuerza para enfrentarlos.

Lo que se resalta una y otra vez en las narrativas formativas de la santidad en las Escrituras que recoge el pensamiento luterano es nada más y nada menos que una visión sacramental de la santificación, en la que Dios nos promete su perdón y el poder del evangelio bajo "signos" seguros de su gracia, en los medios que éste ha establecido para iniciar y fortalecer la santidad en nosotros. ¿Qué es el retorno al Bautismo en la contrición y el recibimiento del perdón diarios, la vigilancia con la Palabra y la oración en la lucha diaria con el diablo que se inicia en el Bautismo, y el darse al prójimo y recibir del mismo que fluye de la comunión con Cristo y sus santos en la Eucaristía, sino toda una visión sacramentalizada de la vida cristiana en la que se inicia y fortalece al santo o creyente en el arrepentimiento, la lucha contra el mal, y el discipulado en el mundo? Por ello, la santidad es, en los modelos de la santificación que hemos explorado, un retorno diario a la palabra de Dios unida al agua del Bautismo que nos introduce al diario morir del pecador en nosotros y a la resurrección del nuevo ser en santidad, o un retorno diario a la batalla contra el maligno que empieza en el Bautismo y depende de los beneficios de la Palabra y la oración a los que se hace acreedor el bautizado para vencer en las batallas, o un retorno a la palabra de Cristo que unida al pan y al vino, su cuerpo y sangre, nos hace comunión con sus santos necesitados y ofrendas de amor sacrificado en servicio a éstos. Hablamos entonces no sólo de una santidad que se basa en los mandatos de Dios, que nos dice lo que hay que hacer y dejar de hacer, sino también de una santidad que depende de las promesas de Dios que éste nos ofrece tanto en la proclamación verbal del evangelio como en la Palabra que se hace eminentemente visible en los elementos del Bautismo y la Santa Cena. La santificación en todo su conjunto tiene que ver con este retorno o uso diario de los medios de gracia. No nos dirige simplemente a una remembranza simbólica del Bautismo y la Cena del Señor, sino a la vivencia de los efectos que Dios nos da por medio de éstos durante toda la vida cristiana.

Como tercer y último punto, afirmamos que nuestra obra muestra una teología de la santificación que no trata sólo con la santidad del individuo sino con sus relaciones. Y esto porque la santificación se fundamenta en la palabra de Dios por la cual éste nos creó para la comunión con él y con el prójimo. Fuimos creados para el diálogo con el Creador, para orar al Padre, en respuesta a su Palabra. Fuimos además creados para el trabajo, para administrar los bienes de Dios en beneficio del prójimo. La santidad entonces no debe concebirse de forma individualista o privada, sino en su orientación y trayectoria social y pública. Se dirige en primer lugar no a individuos especiales sino a todo miembro de la iglesia. Por ello, no le pertenece la santidad a unos cuantos "santos" cuyos méritos ante Dios se calculan por la cantidad y calidad de sus obras, sino que ésta es el patrimonio de todos los hijos de Dios que han sido declarados "santos" por la Palabra y por ende han heredado el don de la santidad por la fe en Cristo. No existe, por lo tanto, una santidad especial que haga a un cristiano más santo que otro ante Dios. Todo lo que se hace por la fe en Cristo, según el mandato de Dios, y animado por el evangelio, constituye una santa obra, sea grande o pequeña, transcendental o insignificante ante los ojos de los hombres.

La santidad tampoco se concentra en el mejoramiento personal del creyente sino en la necesidad de su prójimo. Está orientada no hacia el santo en sí mismo sino hacia algún prójimo o número de prójimos. Por esta razón se debe presentar el discurso de la santificación como renovación interna del cristiano como el trampolín que lo lleva a las obras externas de amor. La realidad interna de la santidad no se estanca en sí misma, sino que se orienta a la externa, al objeto de nuestro amor. Finalmente, la trayectoria social de la teología de la santificación, su paso del "yo" regenerado al "tú" necesitado, nos lleva a la afirmación de su manifestación pública o institucional. La santidad no es cuestión de lo que hace el santo más santo de forma privada, entre cuatro paredes, en las profundidades de su corazón, o a las escondidas. Es una realidad accesible a todo cristiano porque Dios ya lo ha situado en toda una red de relaciones que requieren de su cuidado y cariño. El cristiano practica la santidad ante el mundo, ante los seres humanos, y por ende públicamente. No para ser alabado por Dios o los hombres, sino como parte habitual de su labor de cada día. Así pues, todo cristiano sin excepción que lleva a cabo sus labores y vocaciones en el campo familiar, gubernamental, laboral o eclesial ya manifiesta la santidad a la que Dios lo ha llamado. La madre que cuida a sus hijos, el maestro que los educa, el policía que los protege, la enfermera que los atiende, y el pastor que les proclama la palabra de Dios. El cristiano opera en el mundo dentro de una estructura pública establecida por Dios al instituir el matrimonio, el gobierno y la iglesia. Aquí la santidad se lleva a cabo de formas muy comunes y ocurre todos los días aún sin darnos cuenta. Y esto es bueno porque, en una teología y práctica saludable de la santificación, el Espíritu Santo no hará del santo el centro de atención sino que orientará su santidad al mundo que la necesita. Es el Espíritu que forma a Cristo en sus santos no para ser servidos sino para servir.

Tabla de modelos de santificación

Descripción	I. Bautismal	II. Dramático	III. Eucarístico
1. Definición de la vida cristiana	Ciclo de muerte y vida, morir y vivir con Cristo	Conflicto y victoria contra los ataques del diablo	Acción de gracias en respuesta a la gracia de Dios
2. Imágenes predominantes	El retorno diario al Bautismo Arrepentimiento y perdón Despojarse de lo viejo y vestirse de la nueva criatura	Firmeza y combate del gladiador Pelea acertada del boxeador Carrera competitiva del atleta disciplinado	Sacrificio agradable a Dios No ser servido sino servir y dar la vida El cristiano como el aroma de Cristo en el mundo
3. Narrativas bíblicas y catequéticas	Ser crucificado con nuestras pasiones para ser resucitado a nueva vida La lucha entre el Espíritu en el creyente y su carne Las aguas de juicio y la santificación de las aguas del Jordán para salvación Ahogar al viejo Adán para que surja el nuevo hombre	La tentación de Adán en el jardín y la lucha de Jesús en Getsemaní La tentación de Israel y Jesús en el desierto Colgar sobre el cuello del bautizado un enemigo de toda la vida Ciclo de *oratio – meditatio – tentatio* (*Anfechtung*)	Jesús como nuestro cordero pascual, ofrenda agradable a Dios Jesús como el Siervo sufriente, paradigma del discipulado La Santa Cena como comunión de bienes y dolores con Cristo y sus santos La Santa Cena como sacrificio eucarístico (Eucaristía)
4. Textos bíblicos prominentes	Ro 6:1-14, Sal 51, Ef 4:22-24, Gá 5:16-26, 1P 3:18-22	Ef 6:10-20, 1Co 9:24-27-10:1-13, Lc 4:1-13 y 22:39-46 (y paralelos), Gn 3	Ro 12; 1Co 5, 10:13-22, 12 y 13; Gá 5:19-22; Fil 2:1-11; Hch 2:41-47 y 4:32-37, 7:54-60; Mc 10:35-45
5. Disciplinas espirituales, formas de vida o prácticas	Periódica confesión de pecados pública o privada, recepción	Vigilancia por la disciplina externa como el ayuno u	Vocaciones en el mundo, dones y fruto del Espíritu

	de la absolución Recepción periódica del perdón de los pecados (p ej, en la Santa Cena) Mutua consolación del evangelio entre los hermanos(as)	otras restricciones Vigilancia por medio de la oración y la meditación en la Palabra	Santo para servir Interceder por los santos y ayudarlos en sus necesidades Ofrendar bienes y tiempo para obras de evangelización y de caridad o justicia social
6. Fuentes en la obra evangélica luterana	Lutero: *Instrucción bautismal* (1523), el significado del Bautismo, y la instrucción acerca de la confesión y absolución en su *Catecismo Menor* (1529)	Lutero: El Bautismo como exorcismo e inicio de la lucha contra el enemigo en su *Instrucción bautismal* (1526); descripción de la vida cristiana en términos de *tentatio* o *Anfechtung* en diversos escritos	Lutero: *Sermón acerca del dignísimo sacramento del santo y verdadero cuerpo de Cristo y las cofradías* (1519); Melanchton: "La Misa", Art. XXIV de la *Apología de la Confesión de Augsburgo* (1531)
7. Himnos, cánticos litúrgicos o coritos representativos	*Cabeza ensangrentada*; *Camina, pueblo de Dios*; *Crea en mí, oh Dios; Eran cien ovejas*; *Fui en tu nombre bautizado*; *Hazme un instrumento de tu paz*; *Oh buen Jesús*; *Renuévame, Señor Jesús*; *Santo Espíritu, excelsa paloma*; *Sublime gracia*; *Tal como soy*; *Tu palabra es mi cántico*	*Alzad la cruz*; *Cansado del camino* (*Sumérgeme*); *Castillo fuerte es nuestro Dios*; *Con el buen Jesús andemos*; *Dios de gracia, Dios de gloria*; *El Señor es mi luz*; *Firmes y adelante*; *Fui en tu nombre bautizado*; *Hoy, por los santos*; *¡Oh qué amigo nos es Cristo!*; *Tal como soy*; *Tu palabra es mi cántico*	*Arriba los corazones*; *Crea en mí, oh Dios; Enviado soy de Dios*; *Hazme un instrumento de tu paz*; *¿Qué ofreceremos al Señor...?*; *Santo Espíritu, excelsa paloma*; *Santo Espíritu, llena mi vida*; *Señor, despierta y llama*; *Tú has venido a la orilla*; *Una espiga*; *Vienen con alegría*

UNA FORMA SENCILLA DE ORAR

Introducción: En medio de las distracciones de cada día es difícil tomar tiempo para la oración y el estudio de la Palabra. Pero son precisamente éstas las armas que nos mantienen firmes en la fe ante la lucha diaria contra el diablo, el mundo, y nuestra carne. ¿Qué tal si tuviéramos al alcance una forma sencilla de orar que al mismo tiempo naciera de la meditación de la palabra de Dios? A continuación presentamos parte de un modelo de oración que Lutero usó en su estudio de las distintas partes del Catecismo y le sugiere a su amigo el barbero Pedro.[1] *Como un ejemplo, he aquí el proceso que Lutero pone en práctica para orar en base al Primer mandamiento:*

Cuando el tiempo y las circunstancias me lo permiten, procedo con los diez mandamientos como con el Padrenuestro; paso del uno al otro para entregarme a la oración en cuanto me es posible. De cada mandamiento hago un rosario trenzado con cuatro hebras, a saber: en primer lugar, tomo cada uno de los mandamientos como una enseñanza, que esto son en realidad, y me pongo a pensar en qué consiste lo que tan seriamente me pide el Señor por ella. En segunda instancia, profiero una acción de gracias por este motivo. En tercer lugar hago una confesión, y, en fin, formulo la petición. Y todo, más o menos, con las siguientes reflexiones y palabras.

Primer mandamiento: "Yo soy el Señor, tu Dios, etc." "No tendrás más dioses, etc."

Primero. Pienso que Dios me exige y enseña que confíe cordialmente en él para todo; que desea decididamente ser mi Dios. Que, como Dios, en él tengo que depositar toda mi confianza, so pena de perder la eterna bienaventuranza. Que mi corazón no tiene que apoyarse ni depositar su confianza en nada creado, como bienes, honor, sabiduría, fuerza, santidad.

Segundo. Le agradezco su insondable misericordia por haberse abajado tan paternalmente hacia mí, un hombre perdido; porque sin que mediase petición, búsqueda ni mérito por mi parte, él mismo se me ha ofrecido para

---

1 La versión española del texto que aquí reproducimos se encuentra en Martín Lutero, *Método sencillo de oración para un buen amigo* (1535), en *Lutero—Obras*. Editado por Teófanes Egido, 4ta edición (Salamanca: Ediciones Sígueme, 2006).

ser mi Dios, y porque está deseando ser consuelo, protección, ayuda y fortaleza en todas mis necesidades. Y, a cambio, aquí estamos nosotros, hombres ciegos y pobres, a la búsqueda de dioses tan variopintos; y los seguiremos buscando, como si no nos hubiese manifestado él mismo y en lenguaje accesible y humano que quiere ser nuestro Dios. ¿Quién será capaz de expresarle el agradecimiento por siempre y eternamente?

Tercero. Confieso y reconozco mis grandes pecados, mi ingratitud por haber menospreciado durante toda mi vida doctrina tan hermosa y tan excelsos dones, y por haber encendido su cólera terriblemente a causa de mis incontables idolatrías. Me arrepiento y le pido perdón.

Cuarto. Le dirijo esta súplica: "Señor y Dios mío: ayúdame por tu gracia para que cada día pueda ir aprendiendo y comprendiendo mejor este mandamiento tuyo y para que con corazón confiado pueda cumplirlo. Preserva mi corazón, para que no sea yo tan olvidadizo e ingrato. Que no ande buscando otros dioses, otros consuelos en la tierra ni entre las creaturas, sino que esté sola, única y completamente contigo, mi Dios único. Amén, querido Dios y Señor mío, amén".

Exhortación: Ahora que hemos visto cómo Lutero procede con la oración, nótese cómo ésta nace de la reflexión de la palabra de Dios. El texto bíblico nos da la enseñanza necesaria para hacer de ésta una oración en cuatro partes: 1. Instrucción; 2. Confesión de pecados; 3. Acción de gracias; y 4. Petición. Para poner este método en práctica, lea alguna sección de la Escritura cada día o semana e intente orar en base al texto bíblico de acuerdo al esquema de cuatro partes que recomienda Lutero. ¡Que el Señor bendiga su tiempo de meditación y oración!

GLOSARIO

Antinomismo: Oposición a la ley. Enseñanza que por enfatizar que las obras no son necesarias para la salvación cae en la opinión falsa de que la ley tampoco es necesaria en la vida del cristiano; p ej, para mostrarle su pecado o guiarlo en las obras de santidad que Dios demanda (véase *gracia barata*, *legalismo*, *ley*, *moralismo*).

Coram deo: Ante Dios. Término que describe la justicia pasiva, es decir, la relación recta que justifica "ante Dios" por medio de la fe en Cristo aparte de nuestras obras (*coram hominibus*, *justicia*).

Coram hominibus: Ante los seres humanos. Término que describe la justicia activa o relación recta "ante los seres humanos" que se lleva a cabo por medio de las obras que Dios demanda (véase *coram deo*, *justicia*).

Evangelio: En su sentido amplio, todo lo que la Escritura nos enseña acerca de la vida y obra de Jesucristo, ya sea por adelantado en el Antiguo Testamento o después de su muerte y resurrección mediante el Nuevo Testamento. El término se puede referir más específicamente a los cuatro evangelios que compilan las narrativas de la vida, ministerio, pasión y resurrección de Jesucristo. En su sentido más estricto, en distinción de la ley, el evangelio nos proclama las promesas de Dios en Cristo Jesús. Estas promesas resumen todo lo que Dios nos da por pura misericordia paternal y divina, y por ende, incluye sus promesas de vida, provisión y protección, así como la redención del pecado, el diablo y la muerte mediante la obra de su Hijo Jesucristo, y la promesa del don del Espíritu Santo para preservar a su iglesia en la fe y las buenas obras. En su sentido aún más estricto, el evangelio es el perdón de los pecados que se ofrece a pecadores mediante la absolución de los pecados que se proclama en el culto o en contextos de cuidado pastoral, así como por medio de los sacramentos del Bautismo y la Santa Cena y la consolación del perdón que los cristianos comparten entre sí (véase *gracia barata*, *ley*).

Favor dei: El favor de Dios. Manera de describir la gracia de Dios como una cualidad o disposición en Dios mismo que lo motiva a perdonar nuestros pecados por causa de la obra de su Hijo Jesucristo a nuestro favor.

Se distingue de la gracia que Dios obra en nosotros por su Espíritu (véase *gratia infusa*).

Gracia barata: Término que usó Dietrich Bonhoeffer para referirse al uso barato y por ende abusivo del evangelio del perdón de los pecados con el fin de justificar la falta del arrepentimiento en la vida del cristiano (véase *antinomismo*, *evangelio*, *ley*).

Gratia infusa: La gracia que Dios opera en y por medio de sus hijos. El término puede usarse como un sinónimo de la santificación si se le distingue claramente de la gracia de Dios como *favor dei* (favor divino) por la cual somos justificados ante Dios (véase *favor dei*).

Justicia (pasiva, activa): Del latín *iustitia*. Dícese de la relación recta, justa o santa ante otro, ya sea ante Dios (*coram Deo*) o ante los seres humanos (*coram hominibus*). El pensamiento luterano distingue entre dos tipos de justicia. Se denomina justicia pasiva o del evangelio aquella por la cual el injusto o pecador es declarado y hecho justo ante Dios por la fe en Cristo que otorga la proclamación del evangelio. La justicia pasiva es sinónimo de la justificación por la fe que salva ante Dios aparte de las obras. Por otro lado, se denomina justicia activa, civil, de la ley, o de la razón, aquel tipo de justicia que nos refiere a la actividad del ser humano ante el prójimo. La justicia activa promueve relaciones justas ante los seres humanos, y aunque no nos hace justos ante Dios es demandada por él y premiada con bienes temporales (p ej, paz y tranquilidad). Aunque imperfecta, la justicia activa puede ser practicada por todos los seres humanos. En el caso más específico del cristiano, su justicia activa se deriva de la pasiva y es sinónimo de la santificación que se manifiesta en las buenas obras (véase *coram deo*, *coram hominibus*, *santidad*, *santificación*).

Legalismo: Dícese de enseñanzas que presentan la salvación ante Dios como el fruto de las obras de la ley, ya sea por el cumplimiento de los diez mandamientos o por el intento sincero de vivir rectamente según la ley natural en el corazón o conciencia del ser humano. Se refiere además a la imposición de ciertas leyes a cristianos como condiciones que deben cumplir para ser salvos o para estar seguros de su salvación ante Dios (véase *antinomismo*, *gracia barata*, *moralismo*).

Ley: La voluntad de Dios escrita en el corazón y la conciencia (ley natural) o de forma explícita en el decálogo o diez mandamientos (ley moral). La ley es lo que, de acuerdo al mandato de Dios, debemos de hacer o dejar de hacer. Se habla de los usos de la ley para frenar el pecado en la sociedad (ley civil), mostrar el pecado y la necesidad de que éste sea perdonado (uso teológico de la ley o ley como espejo) y guiar al cristiano en las obras de santidad que Dios demanda (ley como guía, conocido también como el tercer uso de la ley) (véase *antinomismo*, *evangelio*, *gracia barata*).

Meditatio: Meditación en la Palabra. En el pensamiento de Lutero, no se trata de una meditación de tipo mística que busca la unión del espíritu humano con Dios sino de la recepción de la palabra de Dios por medio del oír, la lectura, la proclamación en la absolución de los pecados o los sacramentos (Bautismo, Santa Cena), y aún en el canto de los himnos. El término enfatiza la dependencia del cristiano a la palabra de Dios en el contexto de la vida de la iglesia; p ej, en el culto público o la devoción familiar (véase *modelo dramático*, *oratio*, *tentatio*).

Modelo bautismal: Descripción cíclica de la santificación o vida cristiana como un retorno periódico a las aguas del Bautismo, para ahogar al viejo Adán o pecador en nosotros por arrepentimiento diario y así ser resucitado a nueva vida por el perdón de los pecados con el fin de vivir en santidad (véase *modelo dramático*, *modelo eucarístico*, *santidad*, *santificación*).

Modelo dramático: Descripción de la santificación o vida cristiana como una batalla o lucha contra el maligno, en la cual Dios de forma paradójica usa los ataques espirituales del diablo para formarnos como teólogos que ponen su confianza en su Palabra y buscan su ayuda en la oración. Lutero describe el drama de la vida cristiana como un ciclo en el cual el cristiano, cada vez que es atacado por el diablo (*tentatio*), busca la ayuda de Dios en su Palabra (*meditatio*) y pone su vida en sus manos mediante la oración (*oratio*) (véase *modelo bautismal*, *meditatio*, *modelo eucarístico*, *oratio*, *santidad*, *santificación*, *tentatio*).

Modelo eucarístico: Descripción de la santificación o vida cristiana como acción de gracias (eucaristía) a Dios por la gracia recibida de parte de él en Cristo. La imagen predominante del modelo es la de la santificación como sacrificio agradable a Dios en servicio al prójimo. Se propone el modelo como un retorno a la Santa Cena o Comunión donde se nos promete una comunión muy íntima con Cristo y sus santos por medio de la cual recibimos de nuestros hermanos sus bienes y oraciones pero también les ofrecemos los nuestros según su necesidad (véase *modelo bautismal*, *modelo dramático*, *santidad*, *santificación*).

Moralismo: Dícese de enseñanzas que de diversas formas presentan la moralidad, la ética o el hacer buenas obras del ser humano como medios que contribuyen total o parcialmente a su salvación ante Dios (véase *antinomismo*, *gracia barata*, *legalismo*).

Ontología: Discurso acerca del ser, lo que constituye o define el ser. En cuanto al ser de Dios, se puede hablar de ontología sustancialista o personalista (véase *personalismo*, *sustancialismo*).

Oración: Dícese del hablar a (o con) Dios en distinción, p ej, del hablar por (o de parte de) Dios como en el caso del profeta o predicador (proclamación). Se incluye bajo el término una variedad de expresiones como lo son el lamento por el sufrimiento, la confesión de pecados, la petición (súplica o invocación), la acción de gracias y la alabanza. Se puede hablar de la oración del individuo a Dios (personal), de la congregación a Dios en el contexto del culto (comunal o litúrgico), o la que se refiere específicamente al Padrenuestro (dominical). También se distingue a veces entre aquella oración en la que el individuo habla a Dios por sí sólo (monólogo) –por ejemplo, acerca de su sufrimiento, pecado, necesidad –o se dirige a Dios en respuesta a su Palabra (diálogo) como en el caso de los salmos responsoriales o letanías donde se intercalan de manera enumerada invocaciones o peticiones entre textos bíblicos y en respuesta a los mismos (véase *oratio*).

Oratio: Oración por el descenso del Espíritu Santo para darnos la palabra de Dios con el fin de recibir la fuerza y el consuelo del Señor necesarios para combatir y mantenernos firme en medio de los ataques espirituales del maligno (véase *meditatio*, *modelo dramático*, *oración*, *tentatio*).

Pecado actual: Dícese de los pecados particulares (o pecados "en plural") que se derivan del diario vivir del pecado original que por naturaleza hemos heredado de Adán. Cuando el cristiano confiesa que ha pecado en "pensamiento, palabra, y obra" se está refiriendo precisamente a estos pecados actuales (véase *pecado original*).

Pecado original: Dícese del pecado o injusticia original de Adán que ha sido imputada o transferida a toda la raza humana (pecado "en singular"). Cuando confesamos que somos "por naturaleza pecadores e injustos" nos referimos al pecado original. Cuando al pecador le es imputada la justicia de Cristo por la fe en el evangelio, éste es liberado de la condenación del pecado original y justificado ante Dios (véase *pecado actual*).

Perfección cristiana: Se trata del crecimiento o madurez del cristiano en la fe y los frutos de la misma que obra el Espíritu Santo en su vida por medio del evangelio. En cierto sentido, el evangelio promueve la perfección cristiana en cada creyente durante su vida en el mundo, aunque tal perfección no se alcanza plenamente hasta el *esjatón* o último día con la derrota definitiva del pecado y la muerte en la gloriosa resurrección del cristiano para santidad y vida eterna (véase *perfeccionismo*).

Perfeccionismo: La idea de que la santificación perfecta se puede alcanzar en este mundo (véase *perfección cristiana*).

Personalismo (*personeidad, marco personalista*): Discurso acerca de Dios en el cual la distinción y relación entre las tres personas (Padre, Hijo, y Espíritu Santo), y su relación con el mundo, son las formas privilegiadas para hablar del ser de Dios. Se enfatiza la "persona", en particular en su *ser en relación a otro*, como la categoría ontológica más fundamental para referirse a Dios (véase *ontología, sustancialismo*).

Relación conceptual (*relatio rationis*): En el pensamiento tomista, manera de describir la relación entre Dios y la criatura de tal forma que Dios no se ve afectado por la relación aunque sí está consciente en su mente o razón de la misma. Se le conoce además como relación ideal o de la razón (racional) (véase *relación real*).

Relación real (*relatio realis*): En el pensamiento tomista, forma de describir una relación entre Dios y la criatura en la cual sólo el ser humano (y por ende, no Dios) se ve afectado. La relación es sólo real para la criatura (véase *relación conceptual*).

Sabbat: Dícese del sábado, día de reposo. En el Génesis, el séptimo día en el que Dios descansó al terminar su buena obra. Se asocia el Sabbat con el mandato de Dios de santificar el día de reposo, el cual incluye el culto a Dios, el oír su santa Palabra, y por ende el descanso del cristiano en la Palabra y las promesas de Dios que nos llevan a su Hijo. En el contexto del culto a Dios, el Sabbat incluye también la importancia de la oración que pone toda aflicción, preocupación y zozobra en las manos del Padre. Incluye además, en un sentido más amplio y ante el problema de la idolatría del trabajo, la importancia de buscar el lugar de reposo para orar y aún el lugar de sano esparcimiento para descansar (véase *trabajo, vocación*).

Santidad: La santidad es, en última instancia, un atributo divino que distingue a Yahvé radicalmente de los seres humanos en cuanto criaturas y en cuanto pecadores. La santidad divina, sin embargo, también puede ser comunicada por pura elección de gracia al ser humano cuando Yahvé santifica a su pueblo por medio de su Palabra y su Espíritu. La santidad se presenta en la visión bíblica como el don de Dios al ser humano (sentido indicativo) y a la vez como tarea a la que ha sido llamado (sentido imperativo) para mortificar los deseos de la carne en sí mismo y luchar contra los ataques del maligno en su vida con el fin de vivir según la voluntad de Dios y en servicio a su prójimo. Aunque el término se puede usar para hablar de santos específicos que por su testimonio en palabras y obras nos sirven como ejemplo de fe y vida cristiana, la santidad es en fin, por la fe en Cristo y el don del Espíritu, el patrimonio de todo cristiano tanto en la iglesia triunfante como en la iglesia peregrina (véase *justicia*, *santificación*, *santificación* [sentidos de]).

Santificación: Área de la teología que trata de la santidad o vida cristiana. Sinónimo de santidad. En esta obra se habla del sentido indicativo de la santificación del cristiano como don de Dios y del imperativo como tarea cristiana. Se presenta la santificación además en su sentido evangélico como santidad o justicia ante Dios, y por ende como sinónimo de la justificación por la fe en Cristo. Generalmente, sin embargo, la teología luterana distingue la santificación en su sentido estricto de la justificación. Se discursa entonces de la santificación como el fruto de la justificación. Se define tal santificación como renovación interna por la inhabitación del Espíritu en el cristiano y en términos externos como los frutos de tal renovación que se manifiestan en diversidad de buenas obras (véase *justicia*, *santidad*, *santificación* [sentidos de]).

Santificación (sentidos de): En su sentido evangélico, la santificación es la obra del Espíritu Santo de llevarnos a la fe en Cristo, y en este sentido es sinónimo de la obra divina de justificación por la fe aparte de las obras. En su sentido amplio, general, o inclusivo, la santificación es todo lo que hace el Espíritu en la vida del cristiano, incluyendo su justificación ante Cristo por el evangelio así como los frutos de la fe (p ej, dones del Espíritu, comunión con los santos, buenas obras, la santidad plena en la resurrección del cuerpo). En su sentido estricto o particular, la santificación se refiere al fruto o resultado de la justificación por la fe en la vida del cristiano –a saber, su renovación interna y sus obras externas –y por ende le sigue lógicamente a la justificación y se distingue de la misma. Finalmente, nótese que la santificación en su sentido evangélico es el motor y la presuposición de la santificación en sus otros sentidos (véase *santidad*, *santificación*).

Sustancialismo: Discurso acerca de Dios en el cual la unidad de esencia o sustancia, así como los atributos (p ej, omnipotencia, omnisciencia), que las tres personas tienen en común es la categoría ontológica privilegiada para hablar del ser de Dios. Se enfatiza además la distinción entre la "sustancia" de Dios, su existencia *en sí misma*, y la sustancia del mundo, como punto fundamental en la aproximación al misterio de Dios (véase *personalismo*, *teísmo*).

Teísmo (clásico, abierto): Discurso acerca de Dios basado en sus atributos divinos (p ej, omnisciencia, bondad, sabiduría). El "teísmo clásico", p ej, defiende la trascendencia de Dios, pero a menudo a expensas de su relación con el mundo. El "teísmo abierto", por otro lado, defiende la autolimitación de Dios en relación a sus criaturas a tal punto que éste hasta cierto punto deja el futuro en las manos de las mismas, comprometiendo así su poder, omnisciencia acerca del futuro y trascendencia (véase *sustancialismo*).

Tentatio: Aunque se puede traducir con la palabra "tentación", el significado es más amplio en el pensamiento de Lutero y es por eso mejor hablar de "ataques espirituales" del diablo (*Anfechtungen* en alemán). Se incluye cualquier tipo de ataque que el diablo usa para alejar a los santos de la palabra de Dios y la oración, buscando que éstos p ej, caigan en pecados manifiestos de tipo moral, tienten a Dios poniendo en tela de juicio sus promesas, o aún reemplacen su auxilio por la de otro dios o ídolo (véase *meditatio*, *modelo dramático*, *oratio*).

Teodicea: Intento de justificar el poder o la bondad de Dios ante el problema del mal. Se intenta justificar a Dios generalmente ante el problema de la elección o predestinación (a saber, ¿por qué Dios elige a unos y no a otros?), pero también ante toda tragedia en el plano temporal de la vida donde algunos son salvos de peligro y otros no lo son. Las manifestaciones de teodicea son muchas e incluyen el ateísmo (un Dios bondadoso no puede existir en un mundo trágico), el universalismo (Dios en realidad elige y salva a todos aunque no lo parezca) y el libre albedrío (somos nosotros los responsables de nuestra salvación temporal o eterna). Las teodiceas intentan justificar la vida –que ésta tiene valor y vale la pena vivirla –en un mundo trágico, generalmente apelando al poder de nuestras obras, nuestro albedrío o la razón para cambiar la situación. En contraste a la forma en que Dios se justifica a sí mismo y nos justifica en Cristo ante un mundo lleno de maldad, pecado, y sufrimiento, tales teodiceas son intentos fallidos de justificación (véase *teólogo de la cruz*, *teólogo de la gloria*).

Teólogo: Toda persona que habla acerca de Dios (explicación, enseñanza), en su nombre (proclamación) o a éste (oración). Puesto que todo cristiano en algún momento u otro lleva a cabo estas actividades, y por ende interpreta el mundo teológicamente, el término "teólogo" aplica no sólo a doctores en teología o a personas que han estudiado teología como en el caso de clérigos, sino al sacerdocio de todos los creyentes. En el contexto del problema de la idolatría que Lutero trata en su catequesis del primer mandamiento, todo ser humano –sea cristiano o no, lo reconozca o no –tiene algún "dios" (*zeos*) a quien da su lealtad y de quien espera todos los bienes (p ej, dinero y posesiones, amigos, logros) (véase *teólogo de la cruz*, *teólogo de la gloria*).

Teólogo de la cruz: Dícese del teólogo que ve las indeseables obras, voluntad y razón de Dios en la cruz de Cristo como méritos eternos, y depende de éstos para su justificación. Por ende, tal teólogo muere a sus obras, albedrío y razón, y los desecha como intentos de justificar a Dios o de justificación ante Dios. El teólogo de la cruz, por lo tanto, llama a las cosas como son ante el problema del mal o las tragedias de la vida sin tratar de hablar acerca de Dios y de ver la realidad humana aparte de su revelación en la cruz de Cristo y las promesas que nos llevan a Cristo aún en medio del dolor y la muerte (véase *teólogo de la gloria*, *teólogo*, *teodicea*).

Teólogo de la gloria: Dícese del teólogo que intenta buscar la justificación de Dios y su justificación ante él en sus obras humanas, libre albedrío, y uso de la razón. Por ende, tal teólogo termina llamando las obras buenas de Dios en Cristo malas, y las obras malas de los seres humanos buenas. El teólogo de la gloria pretende hablar acerca de Dios y de ver la realidad humana más en términos de lo que éste cree que Dios hace o no en la creación o la naturaleza, pretendiendo tener acceso a sus pensamientos secretos ante el problema del mal o las tragedias de la vida, y dejando a un lado la revelación de Dios en la cruz de Cristo y la Escritura que nos lleva a Cristo (véase *teólogo de la cruz*, *teólogo*, *teodicea*).

Trabajo: En el Génesis, tarea y responsabilidad dada por Dios al ser humano para cultivar el jardín como administrador de los bienes de la creación. Instituido por Dios antes de la caída al pecado, el trabajo es parte de la buena creación de Dios y se nos presenta como medio de preservación por el cual el Creador provee al mundo de vida y toda bendición física y material. Después de la caída al pecado, el trabajo pasa a ser fuente de ansiedad y dolor en su asociación con la maldición de la tierra que es parte del juicio divino por la rebelión de la criatura en el jardín del Edén. Se vuelve idolatría cuando éste se opone al Sabbat, también instituido y demandado por Dios. El trabajo es la acción que se realiza en el contexto concreto de la vocación (véase *Sabbat*, *vocación*).

Vocación: Dícese del estado de todo ser humano en los órdenes creados por Dios para ejercer el servicio al prójimo; p ej, los estados matrimonial (inclúyase a la familia), civil (o gubernamental) y eclesial. Se pueden incluir además estados como el económico o el educativo. La vocación puede verse como el oficio particular que se ejerce en el contexto de cada uno de estos estados (p ej, ser esposo, madre o hijo en el estado matrimonial y familiar; ser presidente, alcalde, militar o ciudadano en el civil o gubernamental; y ser pastor, diaconisa, o catequista en el estado eclesial). Para el cristiano en particular, su vocación se entiende como un llamado de Dios a servir sus criaturas, a ser instrumento de su provisión en el mundo, y por ende como el contexto específico en el que el cristiano cumple la segunda tabla de la ley. La vocación es el modo concreto de cumplir los mandamientos, aunque la ley no se limite a esta u otra vocación, y por ende el cristiano tiene varias vocaciones en su vida que lo ponen en relación con varios prójimos que necesitan de él y a los cuales éste sirve (véase *trabajo*).